高胜算股价形态图解手册

VISUAL GUIDE TO CHART PATTERNS

[美] 托马斯 · 波考斯基（Thomas N. Bulkowski）◎ 著　张慧生 ◎ 译

全国百佳图书出版单位
时代出版传媒股份有限公司
安徽人民出版社

图书：12171699 号
作品名：高胜算股价形态图解手册
Visual Guide To Chart Patterns by Thomas N. Bulkowski

图书在版编目（CIP）数据

高胜算股价形态图解手册 /(美) 托马斯· 波考斯基（Thomas N. Bulkowski）著；张慧生译 . —合肥 : 安徽人民出版社 , 2017.8

ISBN 978-7-212-09832-2

Ⅰ. ①高… Ⅱ . ①托… ②张… Ⅲ . ①股票交易－图解 Ⅳ . ① F830.91-64

中国版本图书馆 CIP 数据核字 (2017) 第 205177 号

GAOSHENGSUAN GUJIA XINGTAI TUJIE SHOUCE
高胜算股价形态图解手册
[美] 托马斯· 波考斯基（Thomas N.Bulkowski） 著 张慧生 译

出版人：徐 敏
策 划：中资海派
执行策划：黄 河 桂 林
责任编辑：任 济 王大丽
特约编辑：闵耀洋 乔明邦
版式设计：仙境设计
封面设计：胡小瑜

出版发行：时代出版传媒股份有限公司 http://www.press-mart.com
安徽人民出版社 http://www.ahpeople.com
地 址：合肥市政务文化新区翡翠路 1118 号出版传媒广场八楼
邮 编：230071
营销电话：0551-63533258 0551-63533292（传真）
印 制：深圳市福圣印刷有限公司

开 本：787 × 1092 1/24 **印 张**：13 **字 数**：257 千
版 次：2017 年 8 月第 1 版 2021 年 3 月第 3 次印刷
书 号：978-7-212-09832-2
定 价：59.80 元

目 录

本部分将介绍股价形态的基础知识：次高点和次低点、趋势线、缺口、回抽、回拉、支撑线和阻力线。掌握这些知识，是深入了解股价形态的必经之路。为了方便大家理解，我还准备了许多图表。这些知识是我们进一步学习如何辨识股价形态，并将其作为买卖信号的基础。

第二部分

这一部分的重点是辨识独特的股价形态。如何找到股价形态？从何处着手？它们缘何出现？我将为你一一解答这些问题，也希望你能善用每章末的练习题，巩固所学。

需要提醒你的是，市场上出现的股价形态种类众多，如果将其比作一座冰山，本书谈及的只不过是冰山一角。重要的是，学会灵活运用这些知识。

第三部分

股价形态产生的交易信号，我分为两类：买入信号和卖出信号。这一部分中，我们将关注代表买入信号的股价形态。这一部分使用的数据，是牛市中上百次完美交易得来的，所以别期望你也能收到同样的效果。

随着样本的增多，数字可能会继续变化。所以更为重要的，是关注数字背后的原理，而不是这些数字。接下来要谈到的方法技巧，都是以图像技术为基础的经验归纳。我的经验告诉我，混用指标只会将策略复杂化，而鲜有助益。

第四部分

决定何时卖出绝非易事，其难度并不亚于让你下决心扣动扳机。实际上，借助股价形态可以让这个决策过程容易许多，因为股价形态具备许多其他技巧没有的优势。

比如，一个经过证明的熊市形态就可以被看作卖出信号，我会用七个例子来解释。但并不是所有的熊市形态都意味着大幅度下跌。这里就需要用到测量规则。善用测量规则，就可以估测价格会在多远的未来下跌。如价格跌得过猛，你就知道该卖了。吸取教训，避免重蹈覆辙。

前言

掌握股价形态分析，成为聪明的投资者

每当进行交易时，心里总有一个声音在与我对话。有人认为，这个声音是来自我的经验，不过我更愿意称其为“知识与智慧之声”。它可以帮助我投资。

本书的一个重要目的，便是为你提供知识与智慧，形成心里的声音。无论你是专业操盘手还是理财经理，抑或退休在家的老教师，只要你想通过投资获利，这本书就是你的不二之选。

无论是新手，还是专家，本书讨论的股价形态知识，都能让你有所收获，它为股价形态的学习提供了形象生动指导。

你可以把这本书当成辨识股价形态的操作说明，从中找到学习股价形态的意义和股价形态的表现规律。

读完本书后，当你再审视股价图时，看到的就不再是一堆弯弯曲曲的线条，而是聪明的投资者留下的足迹；图表也不再是起伏不定的山脊，而是具有特殊意义的双顶、矩形和头肩形态。

本书的第一部分，我们会先从基础知识入手，以便统一术语和概念，掌握这些知识，是了解股价形态的必经之路，也是我们深入学习的前提。

第二部分，我们会进入股价形态的学习。你会发现，不是所有波峰或波谷都可以组成股价形态。你会明白形态如何形成，以及辨识形态要从何做起。

第三、四部分介绍如何捕捉股价形态释放的买入和卖出信号。在这两部分中，没有呆板的交易系统，有的是可视化的交易规律。

当翻到本书最后一页时，你对股价形态的认识和理解已经大为加深。我相信，你也会听到属于你自己的“知识与智慧之声”。

第一部分

什么是股价形态

本部分将介绍股价形态的基础知识：次高点和次低点、趋势线、缺口、回抽、回拉、支撑线和阻力线。掌握这些知识，是深入了解股价形态的必经之路。为了方便大家理解，我还准备了许多图表。这些知识是我们进一步学习如何辨识股价形态，并将其作为买卖信号的基础。

第1章 构成形态的基本要素

我在坦迪公司工作时，通常会在墙上挂一幅公司股价图。那时，我发现有一种形态看起像是一个人的头和两个肩膀。在这种形态的左右两侧，股价跌到谷底。整体看来，就像从深渊里爬出来的一个幽灵。

这是我第一次研究股价形态。从此以后，我开始自学、辨认股价形态——这是一项技能，并且谁都能够掌握。那么，我们的学习就从几个简单的股价图形开始吧。

◎空表

空表从来就不空。价格像山脊线一样绵延攀升，7 月过后，如果登山者仍然迷失山中，就会跌落万丈深渊（图 1.1）。从这些形象的文字描述中，你可以学会两件事情：

首先，股价在 7 月之前迅速飙升，而在 7 月之后一落千丈。如果你恰好持有这只股票，那你肯定希望可以提前预测下跌趋势，因为你会想在崩盘前抛售或实施保护头寸的行动。

其次，到 10 月，除搜寻“遇难者的遗骸”，你还得仔细甄别这只股票反转上行的蛛丝马迹。如果你发现这样的迹象，那么，你就应该买进或补仓，抓住这次反弹的机会。

如何才能找到能预测下跌的股价形态呢？答案是，从波峰入手。

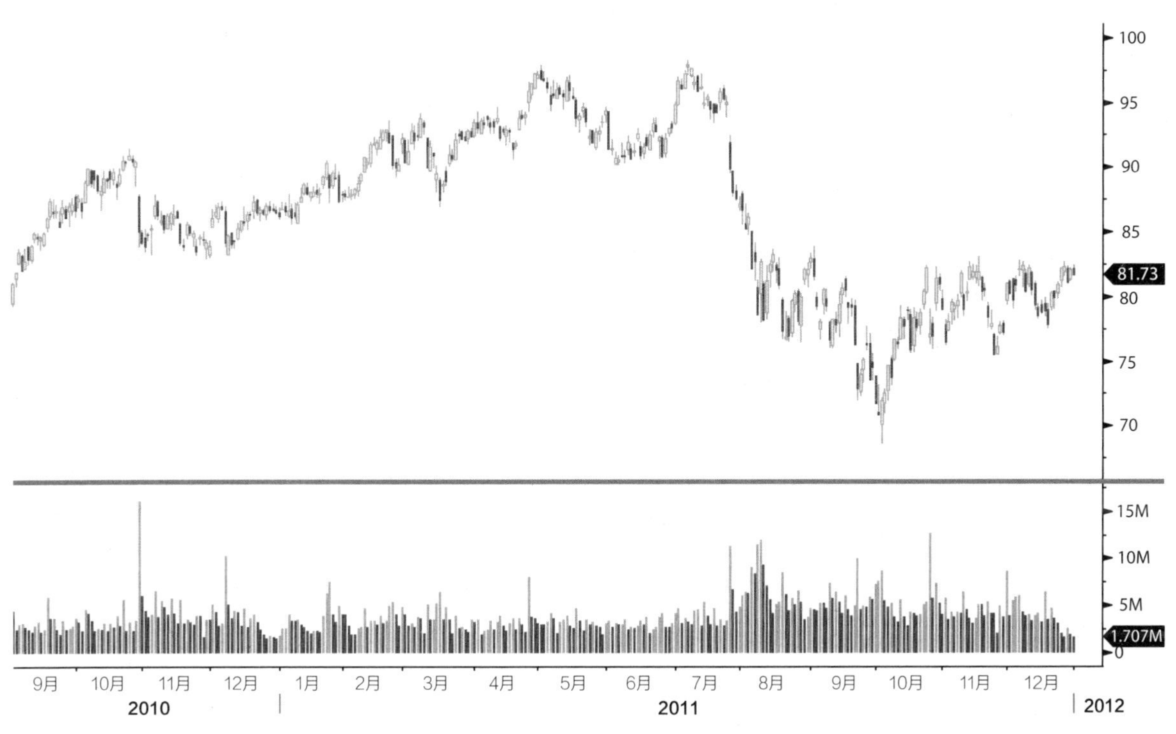

图 1.1 美股 3M 公司

◎波峰

当我观察一幅股价图时，我会先找出相同或相近的价格波峰。以线 A 为例，好几个波峰都触碰甚至突破上方线条。这条线就是上行阻力线。当股价终于突破这道屏障时，就意味着这只股票的走势已发生变化，从横向振荡演变成上涨行情（图 1.2）。

在图 1.2 中，首先，我们找到上方的线条；然后，在谷底附近找到与之平行的另外一条线——线 A 下方的那条线。上下两条线构成一个矩形。这个矩形的名称不重要，

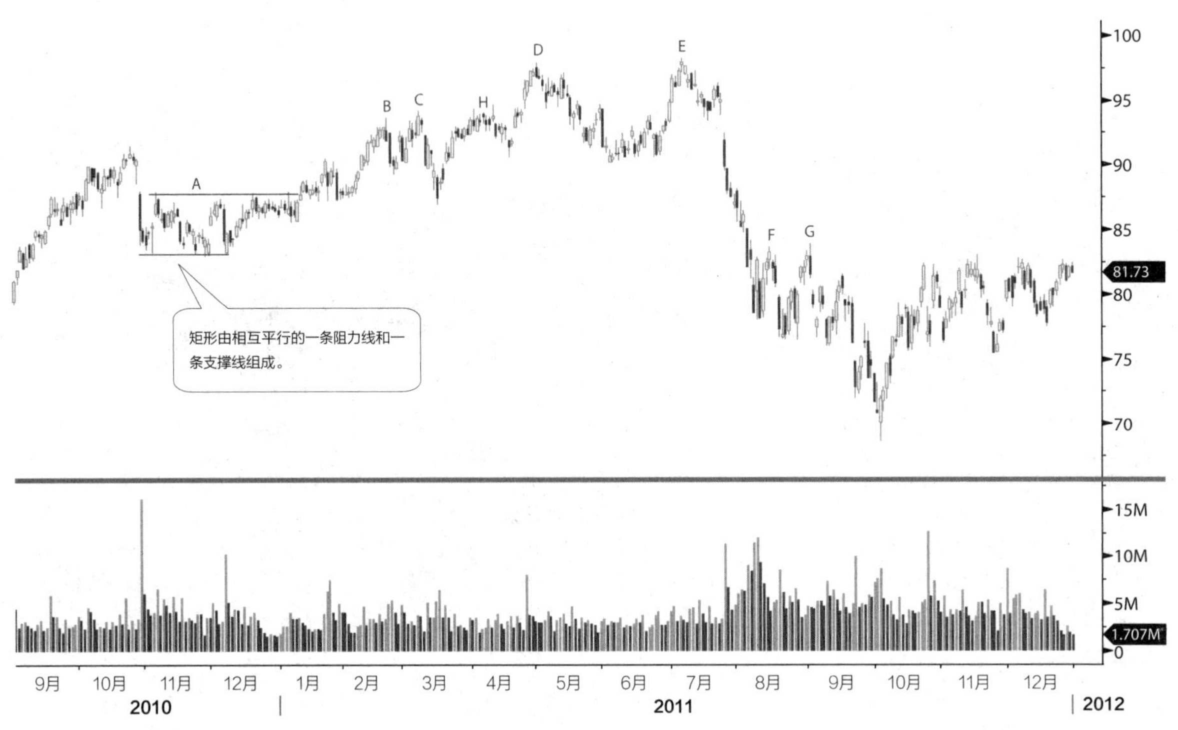

图 1.2 美股 3M 公司

重要的是如何找到它。想象一下，一条水平线经过几个波峰，另外一条水平线穿过几个波谷。

波峰 B 和波峰 C 也存在上行阻力。我是怎么知道的呢？因为它们的波峰都接近相同价位。在它们上方，一层无形的天花板阻挡价格继续上行，并被迫在短期内下行。波峰 H 也在同一层天花板碰壁。

我们对比 B、C、H 这三个波峰与 D、E 这两个波峰。D、E 两点形成双顶，它们相隔较远——也是较大形态的波峰。

通常而言，大形态比小形态的作用更大。

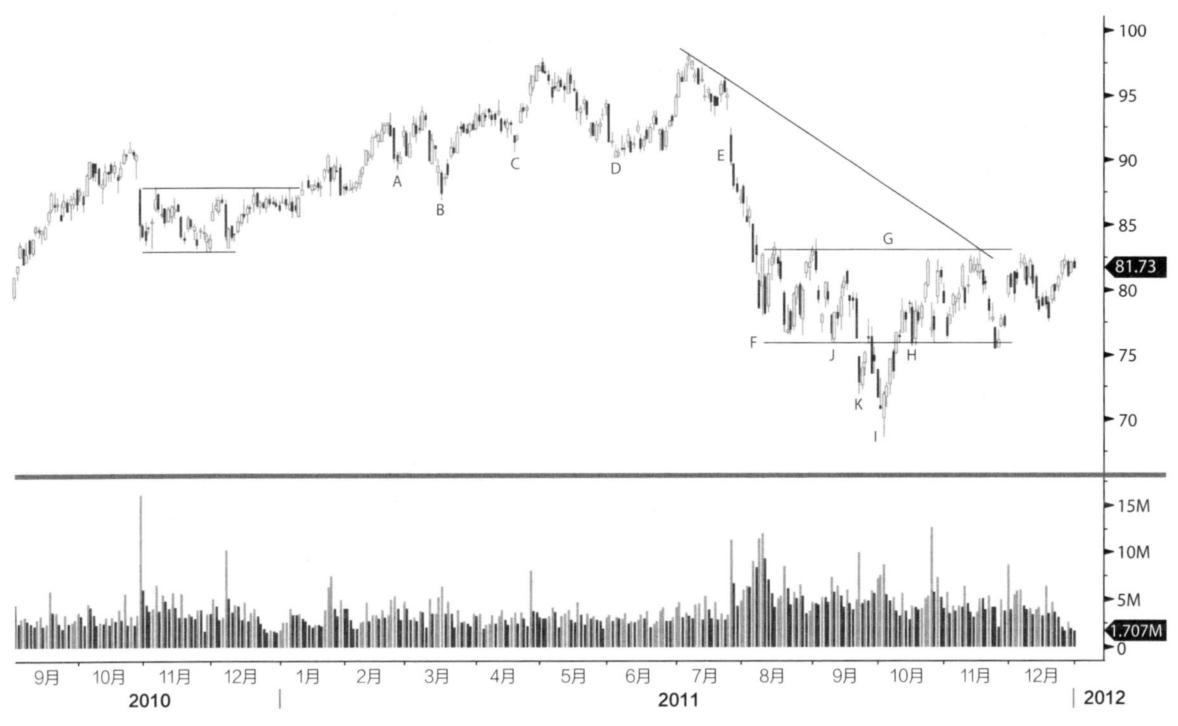

图 1.3　美股 3M 公司

与小形态相比，大顶形态过后，价格往往下跌得更加惨烈。就这只股票而言，比起 B、C 两点，D、E 两点后面的下跌更为猛烈。

波峰 F 和 G 代表另一轮上行阻力。在 F 和 G 两点之前，价格呈下行走势，而在 B、C 和 D、E 之前，价格呈上行走势。

B 和 C、D 和 E，以及 F 和 G 这三对波峰，都很好地展现出双顶形态的主要组成要素。

双顶形态也就是指两个波峰在同样价位遭遇上行阻力。

◎波谷

图 1.3 突出显示波谷。与波峰相似，我们找到两个或两个以上在相近价位触底的点。这些波谷落在一个强有力的支撑面上，足以支持该股票发起一轮新反弹。波谷 C 和 D 就是很好的例子。

我把这一对波谷标出来，是因为它们构成底部支撑线。价格到达 C 点时遇到支撑，在 D 点反弹。最终，该股票一路下探，如石沉大海一般跌穿支撑点 E。

波谷形态的作用在于，确定下行走势过后，价格是进入横向震荡，还是上扬回升。注意观察 G 线上的几个波峰。前面两个波峰穿过阻力线 G，其实这也是正常现象。因为一般来说，波峰或波谷都不会准确落在绝对一致的价位上。这条线只是代表上行趋势遭遇的短期阻力。

我们暂时先不管 I 点处的 V 形底。我们看看 G 线下方有哪些波谷落在同一价位附近。找到它们，画一条线 F，也就是连接 J 和 H 两个波谷的支撑线。如果分别向前后延伸线 F，还可以找到更多相交的波谷。

在 G、F 交易区间是否意味着价格趋势从下跌转变成上涨呢？可能是，不过现在下结论，还为时尚早。

究竟价格为何会急速暴跌至 I 点？这次急速跳水可能是由恐慌性抛售所造成，使该股票价格下跌到价值投资者认为足够低的位置。这个针状 V 形底就是最好的证据（价格在 I 点仅维持了一天，就迅速触底反弹）。

注意观察 H、I、J 形态，这是一个倒转的头肩形态。H 和 J 代表肩部，I 代表头部。K 处虽出现一定增长，不过它对于形态的最终表现影响不大。

A、B、C 三点也构成一个头肩底（也就是倒转的头肩顶）。这种类型的头肩底并不常见，甚至极为罕见，因为在这个形态之前，价格呈上升趋势，而不是下跌趋势。

到目前为止，股价能否反弹还不是重点。重点是训练你的眼力，迅速锁定出现在相近高价的波峰和在相近低价的波谷。锁定波峰和波谷，你就能轻易找到股价形态。就是这么简单。

◎曲线

找到对应的波峰与波谷后，试着想象一下，价格按照曲线轨迹变化。我在图 1.4 中标示两个例子。

注意这条从 A 点开始上攻的价格棒，经过直线爬升之后，在波峰上勾勒出一条曲线。你可以连接上升趋势价格棒的底端，也可以连接它们的顶端。但连接底端得到的曲线形态更加完美。

我们把 A 形态叫作反转上行扇贝形。这个形态十分常见，可真正注意到它的人不多。虽然它的名字听起来像海鲜，但其实它指的是那个碗形图，可不是真的扇贝。如果你发现这种图形，千万不要把它放到嘴巴里啊。

B 处的圆形弯转形成另一个曲线形态。B 就是圆底，此时价格下行。形态 B 就像是一个破损的杯子，而把手在 C 处。严格来说，要成为一个合格的杯子还要满足许多条件，B 这个杯子，显然是次品。其实，这个形态该有的部分都不缺：上行价格趋势，弧形弯转，紧随其后是一个短短的杯柄。

◎斜线

还是图 1.4，现在我们看左边的形态 D。前文中，我们在这里找到的矩形底发生了什么？当然，它还在这里，只不过是一种新的直线形态。

在同一个地方，多个股价形态可以嵌套起来，同一个图形也可能代表两种不同的形态。就好比“他们”“她们”“它们”，听起来一样，含义却截然不同。

这次，价格沿斜线变化。这条斜线在 D 形态上方，它与价格交叉 3 次，如图 1.4 所示。与此同时，另一条线在 D 形态的底部，也和价格发生 3 次交叉。这一形态就是下降三角形。

◎构建形态

你需要有意识地训练自己，每看到一幅股价图，就立即找出相近价位的波峰。这些波峰，可能会形成特殊的股价形态（双顶），未来可能会出现下行趋势。还要找出相近价位的波谷（双底）。波谷形态是一种警示，意味着这只股票价格的未来趋势不被看好。

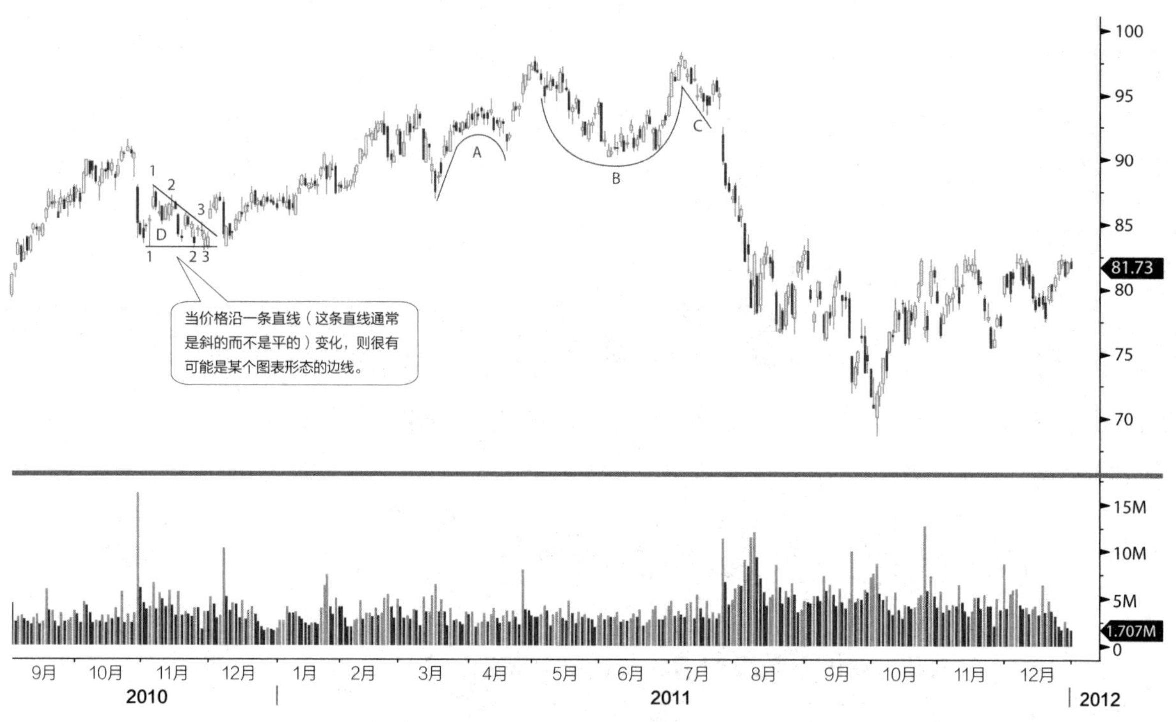

图 1.4　美股 3M 公司

斜线形态（下降三角形）和曲线形态（扇贝形、圆底、带柄水杯）都可以透露未来的价格走势。我们把波峰、波谷、曲线和斜线形象化地连接起来，就形成股价形态。

图 1.5 已标注我们到目前为止找到的所有形态。矩形底部会形成复合型头肩底（右下角），这种形态里有多个肩或头，但一般来说，同时具备多个肩和头的情况很少。

辨识形态，就如同在夜里辨识天上的北斗星座或仙后座。在第 2 章中，我会从次高点、次低点开始，统一本书用词。别紧张，这比学法语简单，虽然我没学过法语。

双顶
双顶
矩形
左肩
头
右肩
反转上行扇形
双顶
下降三角形
头肩底
左肩 左肩 左肩
右肩 右肩 右肩
复合型头肩底
头
100
95
90
85
81.73
80
75
70
15M
10M
5M
1.707M
0
9月
10月
11月
12月
1月
2月
3月
4月
5月
6月
7月
8月
9月
10月
11月
12月
2010
2011
2012

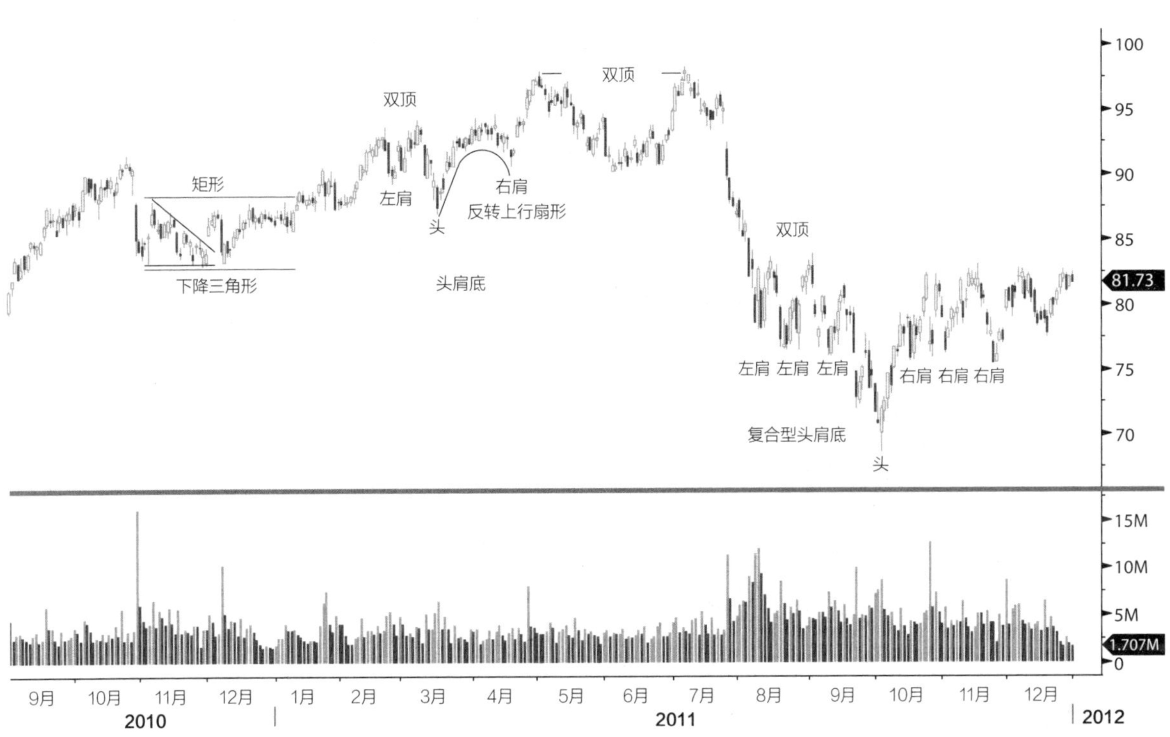

图 1.5 美股 3M 公司

自测题

判断下列表述是否正确：

1. 上行阻力线出现在股价停滞或逆转的时候，总是低于股价。

2. 底部支撑线出现在股价停滞且与之前的停滞在同一水平的时候，绝不高于股价。

3. 底部阻力线和上行支撑线之间，形成矩形。

4. 在同一价格范围（天或周），大的股价形态总比小的有更好的作用。

5. 同一个股价形态可以有很多个名字。

6. 股价形态可以像套娃一样，一个套一个。

答案：1. 错误　2. 正确　3. 错误　4. 正确　5. 正确　6. 正确

第2章 确认次高点和次低点

次高点和次低点与波峰和波谷相似，不过，它们的定义更加严格，也可以更好地帮助我们辨识股价形态。在本书接下来的内容中，我都会使用这些术语，所以我们还是花点儿工夫学习一下这些术语的含义，以及如何辨认它们吧。

次高点不是指过头，次低点也不是描述一次令人烦闷的旅途。它们代表着股价形态的辨识基础。如果你能够研发一款可以识别次高点和次低点的电脑程序，那么，你就可以把形态辨识过程自动化。例如，三重顶形态就在同一价格水平附近有3个次高点。

毕竟，我们的大脑还是人脑，我给出次高点和次低点的定义，你就可以快速地找到它们。在你脑海里，把它们串联起来，就可识别形态。同样的形态会反复出现，并且会给你带来滚滚财源。

◎特殊的波峰：次高点

次高点是股价图上重要的波峰，为什么说它重要呢？在我写 Patternz 程序（一款可以自动辨识股价形态的免费软件）时，这是一个必须找到答案的问题。我发现，3到5个交易日的波峰最有利于辨识形态（具体天数还是视形态而定）。

次高点一般选取间隔5日的波峰，但不排除特殊情况。

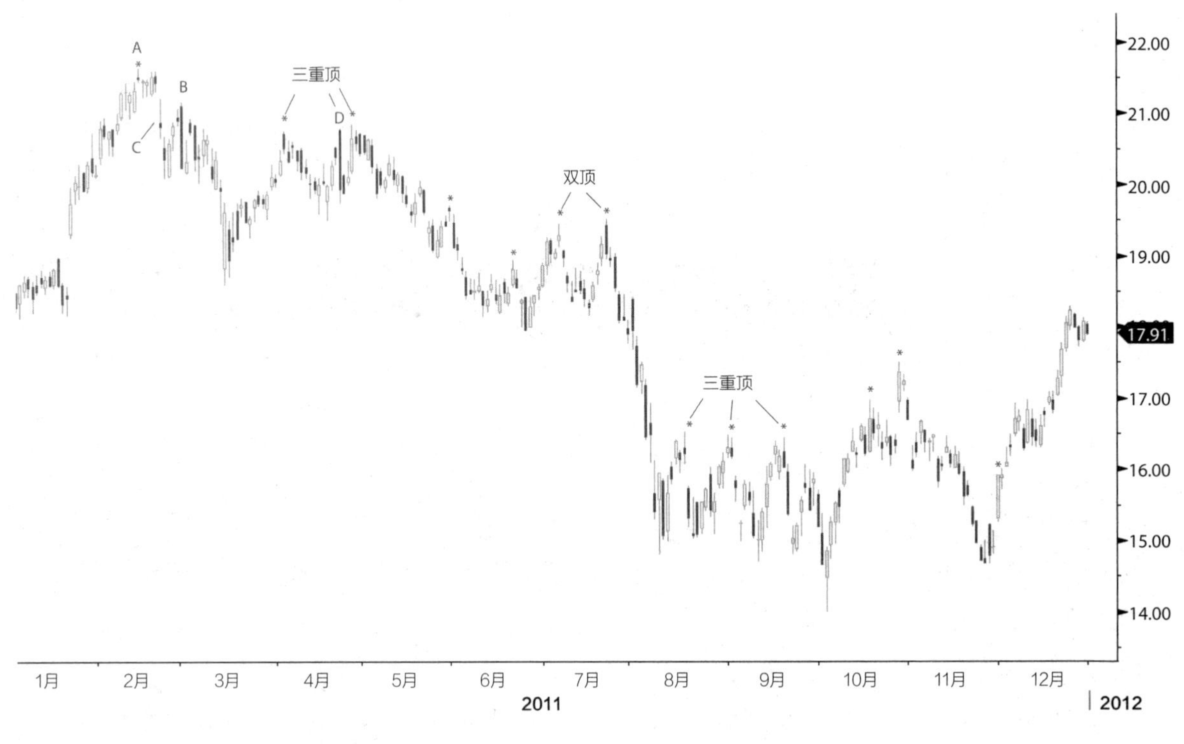

图 2.1 美股通用电气公司

图 2.1 显示，每一个波峰用星号标示出来，且距离另外一个更高的波峰至少 5 个交易日。例如 A 点是一个最高的高点，距离前面和后面高点至少 5 个交易日以上。

注意，波峰B有标示星号。在我的程序看来，它不算是一个次高点。为什么？因为C是一个高于B的次高点，且C与B相隔5个交易日。

D 点也是如此，它距离更高的波峰仅有 3 个交易日。然而，我仍旧会把 B 和 D 看作次高点。次高点是价格趋势的重要波峰，关键是掌握这个概念，不要把注意力过多地放在计算两个波峰之间相隔几个交易日。只要你可以一

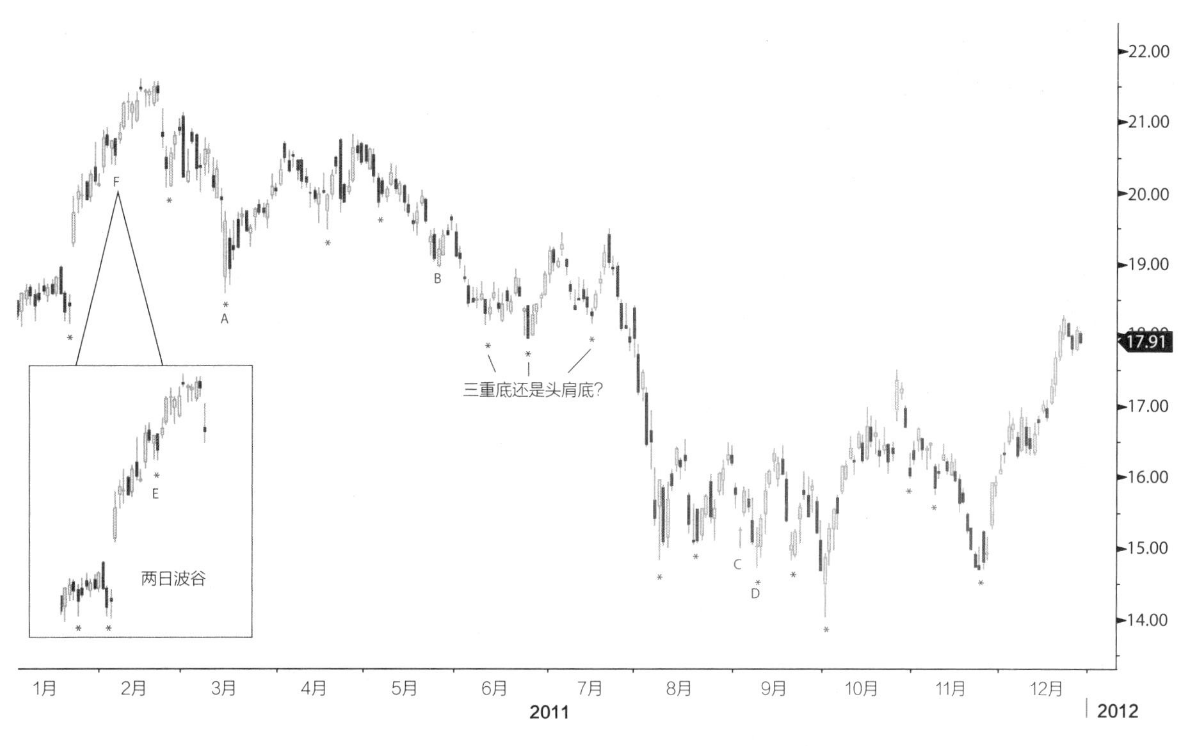

图 2.2 美股通用电气公司

眼看出次高点，就无须计算间隔多少个交易日。当然，它有助于醒酒。

◎特殊的波谷：次低点

与次高点类似，次低点与更低的波谷至少相隔 5 个交易日。也就是说，它可能与前面的波谷间隔 5 个交易日，也可能与后面的波谷间隔 5 个交易日

图 2.2 给出一个例子，已用星号标出次低点。例如，波谷 A 比前后至少 5 个交易日的价格棒都要低。

注意，B 点没有星号。如果你向 B 的右侧数 5 个交易日，你会发现有一根价格棒略微比 B 低一些（或许不太明显，就姑且听我的吧）。严格来说，价格棒 B 不算是次低点，不过还是姑且把它看作一个次低点吧。

价格棒 C 也不是严格的次低点，因为它和比它更低的价格棒距离太近。但如果这也是一个头肩底形态的左肩，那么我可能也会把它看成一个次低点。

换句话说，我们在寻找次低点时，需要保持灵活性。如果股价出现反转迹象，那么就可以把它看成是一个次低点。

如果确实有必要计算价格棒的数量，确定你看到的是不是一个次低点，那就这么干吧。

图 2.2 中的插图显示，该波谷是一个 2 日波谷，用星号做了标记，并不是我们前面说的 5 日。注意 E 点，它满足我们的条件，可是它看起来像次低点吗？不。它是上行趋势的一部分，并不是重要的转折点。所以，它不是次低点。

在第 3 章里，我们会讨论趋势线。你能说出 3 种趋势线吗？

需要一些提示吗？一种是曲线，可其他两种既不是直线也不是斜线。要不，还是先完成本章的作业吧。你会发现，把这些题都答对，比让你吞下一个保龄球还难。

自测题

回答下列问题：

1. 依照本书，次高点表示一个重大转折点。

2. 依照本书，次低点表示次要的转折点。

3. 选择题：次高点是该波峰前后各5日内的最高波峰。如果波峰A的前后4个交易日出现一个更高价格的，请问波峰A还是一个次高点吗？

A. 一定是

B. 绝不是

C. 不一定

答案：1. 正确　2. 正确　3. C

第3章 趋势线入门

趋势线之于股票技术分析，就像锤子之于木匠。学会正确运用趋势线，既可以省钱，又能让你信心满满地执行每一笔交易。

在第 2 章末尾，我问你能不能说出 3 种趋势线的名称。现在，是时候公布答案啦。这 3 种趋势线分别是：内部趋势线、外部趋势线、弯曲趋势线。进入主题之前，我们先了解一下坐标系。

图 3.1 展示一幅用价格的对数坐标描述的股价图。注意看，A 点处（右下角）的价格分布间隔比 B 点处（右上角）宽很多。如果用于描述长期变化的股价图（比如以周或月为单位），对数刻度可以让股价形态的底端部分可表示的区间更大，这样我们查看起来就方便很多。

我画了一条直线，把波峰连接起来，这条线一路朝下，与每个波峰相接。

同样一条线，在线性坐标系里，它就变弯曲了（图 3.2）。是不是你的眼镜有问题，镜片被刮花啦？

在图 3.2 中，经过与图 3.1 同样波峰的线条变成一条曲线。为什么？因为在图 3.1 中，股价在对数坐标系上，每个纵向分布的高度都相同。

那么，我们究竟应该采用哪种坐标系查看股价形态呢？这么说吧，我更倾向对数坐标系。

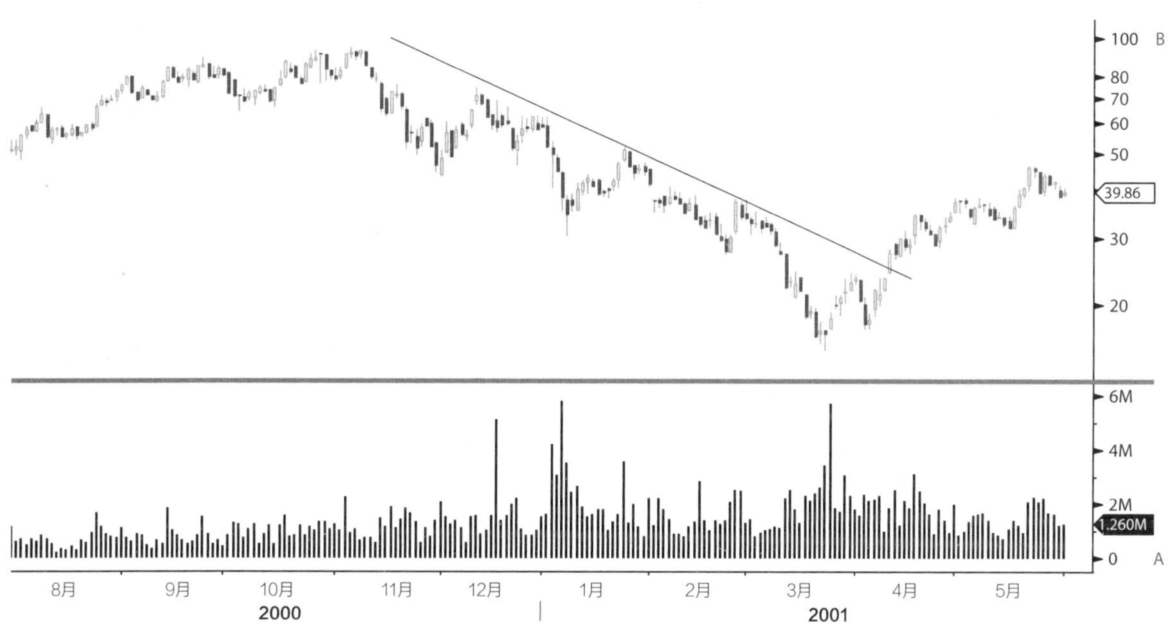

图 3.1　美股艾基尼斯公司

不过，本书选取的绝大多数股价图是采用线性坐标系表示。

我在这里以英特尔公司 2000 年技术泡沫期间的股价（月线，线性坐标）为例，谈谈坐标系的重要性。

在图 3.3 里，股价走势如此陡峭，连第一个登顶珠峰的人丹增·诺尔盖都会望而却步。

1998 年，走势图上出现一个下降三角形。在较低价位，我们看不到更多的股价形态。1995 年以前，股价走势平缓，山峰好像被巨人一脚踏平。

对比图 3.4，我们还是关注同样时间段

图 3.2 美股艾基尼斯公司

内的英特尔股价走势，不同的是用对数坐标表示。

股价的崎岖之势凸显出来，股价形态也随之显现，比如图中所示的上升楔形和另一个下降三角形。这么一看，你会选择哪个坐标系呢？

但是，一旦你觉得有必要实际测量某一个股价形态的高度（比如拿尺子在电脑屏幕上比划），还是采用线性坐标吧。在线性坐标系中，假设 1 厘米相当于 10 美元，而在对数坐标系中，1 厘米就可能等于 50 美元。测量起来，高度是相当重要的因素，我还会在后面详细讨论这方面内容。

图 3.3 美股英特尔公司

选用哪种坐标都可以，但最好不要在两种坐标系之间来回倒腾，因为这样只会让你更加糊涂。寻找股价形态时，选定一个坐标系，若非必要，不要随便更换。

◎上升趋势线

有价格，就有趋势。用线条表示趋势，就形成趋势线。一般来说，趋势线要么是直线，要么是斜线，但也不排除特殊情况。

当你看到一幅股价图时，应该先看哪里已

图 3.4　美股英特尔公司

形成趋势。在你的脑海中，用直线把几个波谷连接起来，上行趋势就显而易见。例如，图 3.5 的价格趋势沿线条 A（最左侧）发展。这条线发挥作用，将 F、G 和 H 等次低点都连接起来，这些价格棒都与线 A 相交。事实上，H 开启了一段新的下行趋势。

线 B 体现了价格的横向趋势，同样是沿次低点发展。趋势线 C 和 D 与趋势线 A 的长度相近，斜度相似。不断尝试画趋势线，你就会发现，那些陡峭的上行趋势线往往持续时间不长。因为一只股票价格上涨过快的话，投资者就会从中获利。面对这种巨大的抛售压力，股

图 3.5 美股 3M 公司

票价格就会突破趋势线，不得不横盘，甚至下行一段时间。

平缓趋势线一般能演变成强大的发电站。在此，股票价格保持强劲势头。在短期、中期的强劲趋势中出现突破，仅仅是因为即将形成新趋势，而新趋势的坡度可能很小。我们看，趋势线 E 是图 3.5 中最长的一条趋势线，也是最重要的一条趋势线。为什么这么说呢？

因为股价在 7 月暴跌，突破趋势线 E，标志着上升趋势终结。我画的每一条趋势线都是沿着波谷而非波峰画出来。这是为了表现趋势变化。沿波峰画上行趋势线没有这样的效果。

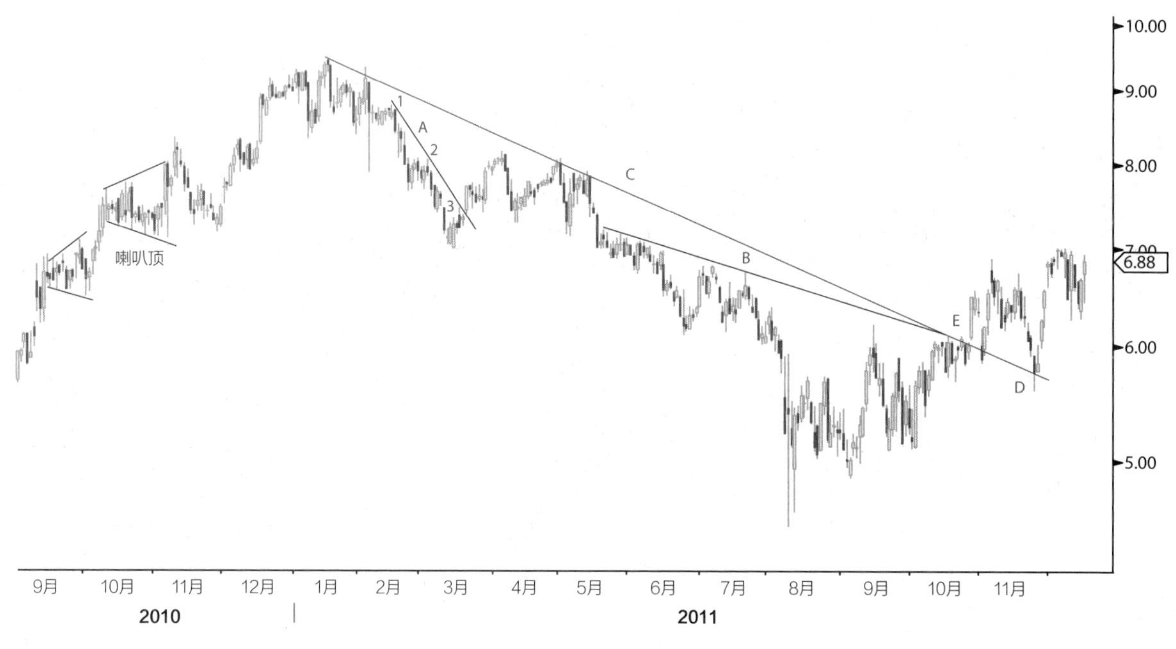

图 3.6　美股阿塞托公司

◎内部趋势线、外部趋势线、弯曲趋势线

图 3.5 中的趋势线 A 是内部趋势线，因为它在 F 和 G 两点（不用考虑 H 点，它是这段趋势的终结点）穿过价格棒。画完内部趋势线，你应该就能想到，这条线很好地代表大多数投资者的想法。少数人会在这个交易日的确切高点或确切低点补仓，那么，为什么还要画一条趋势线，把这些离群值连接起来呢？

我的想法有些不一样。如果我把止损点设置在趋势线的下方，我的确不想因为趋势线与价格相交而被迫止损，或被一个异值触发止损。我更加倾向于把趋势线画成线 C 的样子。线 C 就是外部趋势线的范例。外部趋势线勾勒出股价走势，只在趋势结束时和价格相交，不会穿过股价。

线 I 表示第 3 种趋势线：弯曲趋势线。开始时，线 I 是笔直的，但在反转上升扇贝股价形态中变弯曲。对于某些股价形态和某些抛物线状走势（一种弯曲走势，就像一架双翼机，先水平飞，后垂直飞）来说，弯曲趋势线很关键。

合适的才最好，趋势线也是这个道理。如果你画的趋势线穿过股价，先别急着拍大腿。如果弯曲趋势线更能表现趋势，那就采用弯曲趋势线呗。

◎下降趋势线

下降趋势线和上升趋势线异曲同工，不同的是，下降趋势线是沿着波峰画线，目的就是查看走势变化。图 3.6 中的这几条趋势线，让我们看到一只下跌股票。A 线是外部趋势线，又短又陡，经过 3 个波峰。

我起初不这么画 B 线。从 5 月开始，我一直画到 B 点，然后画延长线。这条趋势线在终点又经过一根价格棒，形成缓跌急涨反转底的股价形态，预示这只股票将会出现一次上行突破，事实也证实了这一点。

C 线是一条很重要的趋势线，不仅因为它足够长，更因为它标志着趋势将发生变化。股价不仅在 E 点穿过 C 线，还在略靠上的位置收盘站稳。新一轮涨势即将到来。

次低点 D 也在趋势线上找到支撑，尽管股价在反转之前就越过趋势线一个交易日。E 至 D 这段叫作“回抽”，稍后我们再详细讨论这个形态。

我们再看一下图 3.6 的左侧，这里有两个股价形态。我们称这样的形态为“喇叭顶”。连接波峰的顶部趋势线和连接波谷的底部趋势线，共同构成一个喇叭形态。

如果你已经学会了怎么画趋势线，你很可能早就注意到了这两个形态。趋势线不仅能告诉你趋势的变化，还可以为你勾勒出相关的股价形态。

找到股价图上成排的波峰，然后画趋势线把它们连接起来，再用趋势线把波谷连接起来，看看它们的表现。这一点在股价图右侧最为重要，因为这里的趋势往往能揭示股价走向。

◎辨识技巧

画完趋势线，现在我们一起看看使用趋势线的辨识技巧和使用原则吧。下面列出 9 条原则和技巧。

1. 趋势线应至少连接两个波峰（次高点）或两个波谷（次低点），最好有 3 个或 3 个以上。

2. 马蹄铁或手榴弹形收盘有重大意义。价格不必和趋势线相交，但至少非常接近。

3. 为发现趋势变化，股价上升时，沿波谷画趋势线；股价下跌时，沿波峰画趋势线。

4. 趋势线和价格棒的间距越宽，价值越大。

5. 2006 年，我在《股价形态的 10 堂必修课》（*Getting Started in Chart Patterns*）一书中写道：“趋势线就好比跳水的跳板，长跳板给你的弹跳助力比短跳板更大。”

6. 陡峭趋势线的作用不如平缓趋势线，即平缓趋势线预示股票走势的变化更大。

7. 趋势突破后，沿着上行趋势线，不断增加的成交量使得价格向下突破的力量更强大，而不断缩减的成交量对价格下行的牵引力弱一些。

8. 对下行趋势线而言，价格穿过趋势线继续上升后，不断缩减的成交量可能会带来更好的表现。

9. 价格收在下行趋势线上方或上行趋势线下方，不能作为趋势变化的依据。这只表明有一定可能性，不是绝对保证。

在第 4 章中，我们将讨论一个非常重要的话题：支撑和阻力。

自测题

判断下列表述是否正确：

1. 上行价格趋势下，判断趋势是否可能发生变化，沿波峰画趋势线。
2. 下行价格趋势下，判断趋势是否可能发生变化，沿波谷画趋势线。
3. 如果价格收在下行趋势线上方或上行趋势线下方，就意味着可能发生趋势变化。
4. 内部趋势线会穿过股价。
5. 你应该避免使用内部趋势线。
6. 对数坐标系的笔直趋势线在线性坐标系下会变成弯曲的。
7. 如果需要测量实际距离，最好用线性坐标系。

答案：1. 错误　2. 错误　3. 正确　4. 正确　5. 错误　6. 正确　7. 正确

第4章 鉴别支撑阻力区间

如果说趋势线是锤子，那么支撑阻力区间（SAR）就是板子。价格遇到支撑阻力区间，可能会停止，甚至反转。这有利于我们预测价格趋势。幸运的是，我们有很多种方法来识别支撑阻力区间。在本章中，我们将对此进行详细讨论。

1987年秋天，我的一个朋友告诉我，她买进了一家共同基金公司的股票。这是她第一次投资股市，她感到非常兴奋！

1987年10月19日是一个“黑色星期一”。在这一个交易日内，道琼斯工业指数下跌22%。这时她不再兴奋！事实上，她发誓，只要一回本，就尽快卖掉股票。她也真的这么做。

她的行为完全是一个典型的新手行为。想象一下，所有人都像她一样带着情绪抛售，那只会迫使价格下跌。有些人在下跌前或在抛售刚开始时买入股票，他们也会在股票崩盘时感到垂头丧气；他们也会发誓，只要一回本，就卖光股票。

如果你把与这类行为对应的价格标示在一张股价图上，你会发现，价格会在这一价位附近形成另一个顶点。集体性抛售给股价上行运动制造一道屏障，也就是所谓的上行阻力区间。不过，它不是由钢筋水泥铸造，价格终会翻越这道屏障。

谷底附近也存在同样的行为模式。人们希望以10美元买入一只股票，但是紧随着出现的

图 4.1 美股 A&F 公司

价格缺口和急速上涨，让该股票的价格上涨到15 美元。他们踏空此轮行情，并发誓如果价格跌回 10 美元，就买入。

当股价再次跌到 10 美元时，他们和大家一样买入。这种购买行为给股价搭建一层地板，这就是支撑区间。不过股价可以像白蚁一样侵蚀它、穿过它。支撑区间和阻力区间是人为构造的，是我们情绪的形象化体现。支撑阻力区间意味着在这块区域或范围内，股价可能会出现停滞或反转。股价可以穿过支撑区间，并进行一周的短暂休整，就像行人会在路边的休息站稍事休息一样。

◎趋势线的支撑阻力区间

趋势线起到支撑阻力区间的作用，又能让支撑阻力区间更加明显。比如说，在图 4.1 中，谷底趋势线从 A 点开始，经过 B、C、D 和 E，价格在 F 点穿过趋势线，掉头向下。

我们可以注意到，价格反弹到 G、H 和 I 三点时，好像已触碰到一层看不见的天花板。这条趋势线曾是支撑区间，现在却转变成阻力区间。

另外一条趋势线 JO 也是如此，只是看起来没有那么直观，J 到 M 是支撑线，而 N 到 O 是上行阻力线。

画出一条趋势线后，我们就要设想股价的未来走势。通过延长趋势线 AF，股价触及趋势线后，投资者可以预计价格在何时反转。

虽然趋势线是一个强大的预测工具，但并非时时灵验。

下降趋势线也有同样表现，它可以在任何时候变成支撑区间或阻力区间。趋势线 PR 就是一个很好的例子。下降趋势线 PR 在 P 和 Q 两个顶点之间扮演上行阻力区间，而在 R 点，则变成底部支撑区间。

◎缺口处的支撑阻力区间

当一只股票某日的最低价高于前一日的最高价，就会产生一个看涨缺口；如果某日的最高价低于前一日的最低价，那就会产生一个看跌缺口。

图 4.2 给出几个例子，说明缺口的支撑作用和阻力作用。我经过统计发现，缺口起支撑作用的概率是 20%，起阻力作用的概率是 25%，可信度堪比那个答应到机场接我却忘得一干二净的同事。

缺口 A 在波谷 B 处发挥支撑作用，但在波峰 C 处却发挥上行阻力作用，阻止价格继续上行。

缺口 D 在波谷 E 处起到支撑作用（股价穿过缺口后，迅速反转），在波峰 F 处起到阻力作用之后，就逐渐变得力不从心。

2 月，缺口 G 的支撑作用强劲，但到了 3 月，面对强劲的下行趋势，其支撑作用就如春雪般迅速消融。缺口 H、I、J 和 K 并没有过多干预股价运行方向。在蜡烛图里，我们还把缺口称作窗口，或许就是因为投资者过于依赖缺口，而最终不得不爬出窗口，一跃而下。

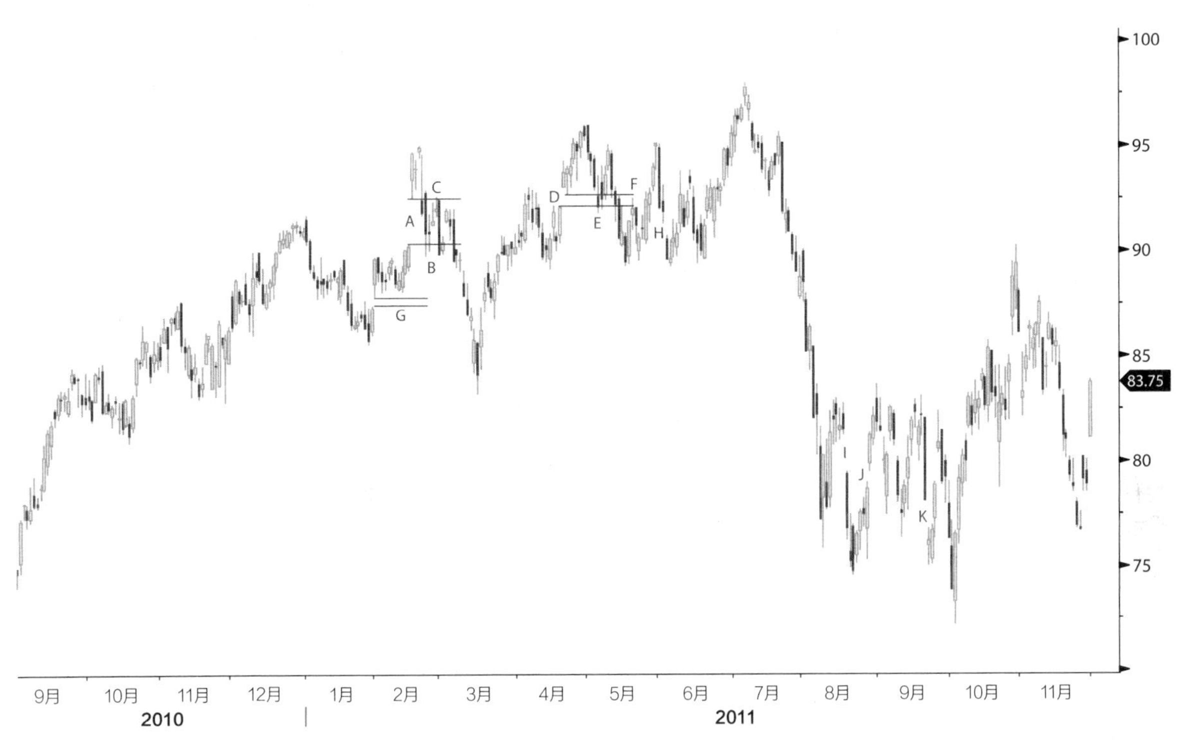

图 4.2　美股空气化工产品有限公司

◎横向盘整区

如果你读过我的其他作品，你或许对横向盘整区（HCR）这个词并不陌生，横向盘整区可以起到强大的支撑作用或阻力作用（概率可以达到 41% ~ 55%）。图 4.3 给出几个例子。

横向盘整区是股价图上股价横向运行的一段区域。理想的横向盘整区有平坦顶部或（和）平坦底部。如果横向盘整区出现在某种股价形态之前，那么这一个股价形态被突破后，前期的横向盘整区可能会对价格形成阻力作用或支撑作用。

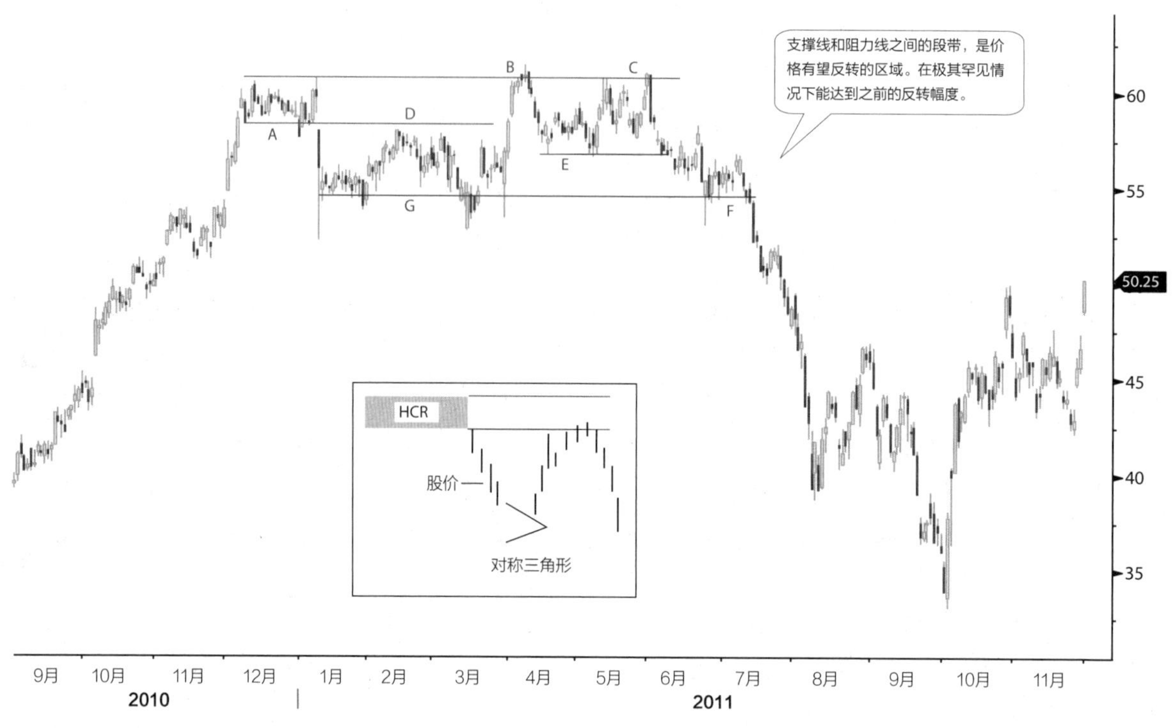

图 4.3　美股敏度品牌照明设备公司

图 4.3 中的插图可以对此进行解释，这是一个完美的例子。

横向盘整区用灰色表示，股价跌出此区，一路向下，最终构成一个对称三角形。价格突破上涨后，股价进入横向盘整区，形成反转。

图 4.3 也向我们展示横向盘整区如何发挥作用。比如说，A 处两条线间的区域，形成一个长达 1 个月的横向盘整区。

D 处的横向盘整区成为上行阻力区，形成一层天花板。在 B 点和 C 点处，价格再次遭遇上行阻力，出现停滞。

D 和 G 之间，因为价格起伏不定，形成的

图 4.4　美国联合数据系统公司

横向盘整区就较弱。再看 E 区，它在 DG 区得到了支撑。

我从 F 至 G 画趋势线，来判断该趋势线在什么地方与 DG 横向盘整区联系。注意，F 点在 DG 区底部找到支撑。

◎整数支撑阻力区间

支撑阻力区间是投资者的心理恐慌和贪婪造成的结果，而整数支撑阻力区间则是这个定律的最佳案例。

当投资新手打算买入某只股票时，他会让

经纪人在10美元买入，而不是9.91美元。这样以0结尾的整数，就极有可能出现在支撑阻力区间。交易者设定卖出目标价位时，也倾向于选择整数，比如50美元，而不是49.87美元。如果投资者一窝蜂地选择同一个整数价格进行交易，他们的买入卖出就会带来上行阻力或下行支撑。图4.4向我们展示一个很好的例子。

水平线表示整数价格，比如20、30、40等。用圆圈画出来的地方，要么接近水平线，要么正好落在水平线上。

图中A处就是一个整数支撑阻力区间的绝佳案例。5～12月，价格暴涨至80美元，稍作挣扎，便一路下跌。

既然人们总是喜欢在整数价位抛售，那我们可以稍稍提前一些，在79.93美元处卖出。

这种思维还可以运用在止损上。同样地，我们要避开整数价位，因为投资新手总是在整数价位止损。一旦市场出现大量止损盘，价格就会暴跌，而价格暴跌又会带来更多止损盘，进而形成恶性循环。巨大抛售压力会导致崩盘。如果你持有的股票出现这样的情况，可别搬起石头砸自己的脚。你应该把目标定在价值略低的价位。

因此，你可以借助整数来判断价格会在何时停滞，即便它此前从没涨到过那么高的价位（未见明显的上行阻力时）。

举个例子，如果一只股票涨到17美元，创下新高，我们就可以这样猜想，它会在20美元处遭遇上行阻力。交易员和投资者会把20美元作为卖出点，一旦实际售出形成规模，股价也将在20美元反转。所以，我们应当先发制人，在19.95美元时卖出。

日内交易者也可以把整数当作目标。当股价逼近整数时，就考虑卖出吧。

◎顶点、谷底和股价形态附近的支撑阻力区间

支撑阻力区间一般形成于顶点、谷底和股价形态附近。图4.5已囊括这三种情况。

从图4.5左端开始，在G点附近形成一个上升三角形。横向盘整区具备平顶，并且价格在两条线间波动，却不十分紧密，好像会在未来形成支撑阻力区间，事实也的确如此。横向盘整区的中央位置形成一个对称三角形，图4.5右端I这个顶点的价位与G点一致。

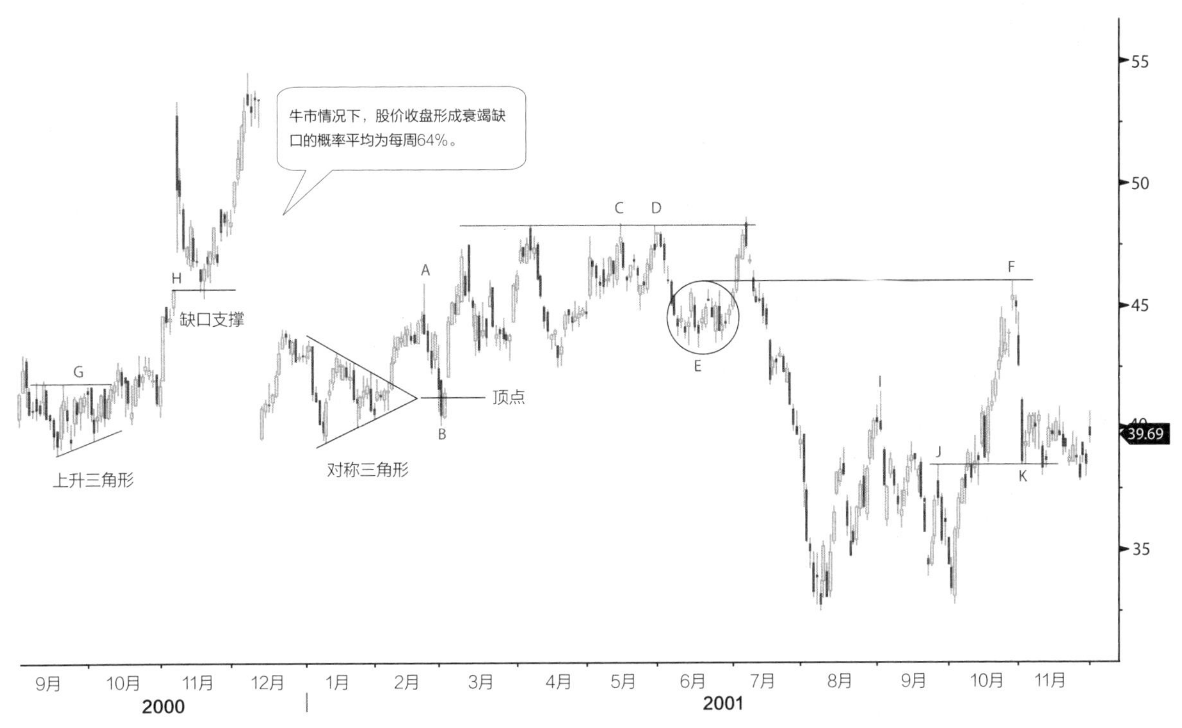

图 4.5　美股阿姆斯壮世界工业有限公司

H 则是一个衰竭缺口。注意，价格稍后于缺口底线遇到支撑。

出现一个对称三角形是一件好事，因为这是该股价形态的绝佳范例。股价在趋势线间回弹波动，使该股价形态充满波动痕迹。该形态的顶部和底部都与两条趋势线无缝接触。

注意到，价格在 A 点回落，而此点与对称三角形的顶点近乎在同一条垂直线上。我们会在后面的章节就这种现象做详细讨论（详见第 26 章）。

对称三角形顶点也是形成支撑阻力区间的地方。尽管谷底 B 滑落至对称三角形顶点下方，价格反转却发生在对称三角形价格区间内。

连接顶点C和D的水平线条，形成阻力线。价格在此遭遇阻力。前进过程中，我们应当推测价格会在同一高位发生反转（推测可能成功也可能失败，但还是要把这一点记好）。

这对谷底也同样适用。圆圈内是一个松散的横向盘整区E，当价格试图突破F价位时，进入横向盘整区，遭遇上行阻力。

最后，价格一路探底，在K点找到支撑，而K点与顶点J有关系。

观察价格趋势的时候，要学会判断价格会在什么地方停滞或反转。有可能是此前的顶点价位或谷底价位，也可能是横向盘整区、缺口、趋势线、股价形态，或者整数价位。

听起来我好像把股价图上所有价位都数过一遍。你要记住这个定律，价格一定会在支撑阻力区间反转。

第5章会讨论缺口的4种类型。投资者为什么喜欢看到缺口？读过下章自然能够明白。

自测题

回答下列问题：

1. 下列现象中，哪些不会形成支撑区间或阻力区间？

A. 趋势线　B. 缺口　C. 股价形态　D. 横向盘整区

E. 顶点　F. 谷底　G. 整数　H. 厨房的水槽

2. 判断这个表述是否正确：支撑区间总是在价格下方。

3. 如果价格在 10 美元达到顶点，那么未来将会在什么价位出现阻力区间？

A. 10 美元　B. 10.50 美元　C. 9.50 美元

D. 以上都不对　E. 以上都对，包括 D

4. 判断这个表述是否正确：为规避无效的止损，千万不要在整数价位下止损单。

5. 支撑线意味着什么？

A. 股价上涨，遭遇阻力后回弹波动，然后不再上涨。

B. 股价下跌，像触到地板一样，弹起又跌落，如此向前波动。

C. 股票趋势和同一行业内的其他股票近乎一样。

D. 股价于 10 美元处达到波峰，一个月后，于 9.50 美元处形成次高点。

6. 判断这个表述是否正确：支撑区也可能起到阻力区的作用。

答案：1. G&H　2. 正确　3. E　4. 正确　5. B　6. 正确

第5章 定位缺口

在股价图上，缺口有许多种类型，但我们只讨论其中四种。其他缺口，诸如除息缺口和开盘缺口，要么不那么重要，要么太深奥。

缺口令人激动！如果缺口出现在股价形态的突破位置，那么就像助推器把火箭送上太空一样，股价也会一飞冲天。例如，对称三角形的突破缺口（牛市的上涨缺口）可以带来36%的平均涨幅，比未能形成缺口的对称三角形高8%。但助推器有时也点不着火，上升三角形的缺口就是如此。它反而影响股价表现：形成缺口的上升三角形会带来29%的平均涨幅，而未能形成缺口的上升三角形的平均涨幅达35%。

准确辨识缺口的类型，可以帮助投资者预判股市趋势。突破缺口过后，是否意味着走向新趋势？衰竭缺口是否意味着香槟未启，筵席已戛然而止？

◎四种经典缺口

我给出了一个柱状图，方便确定四种缺口类型：普通缺口、突破缺口、中继缺口和衰竭缺口（见图5.1）。

首先，我们看一下圆圈内价格密集区右侧的突破缺口B1。突破缺口总会留给我们一个密集区。而这个密集区意味着股价在一定时间内

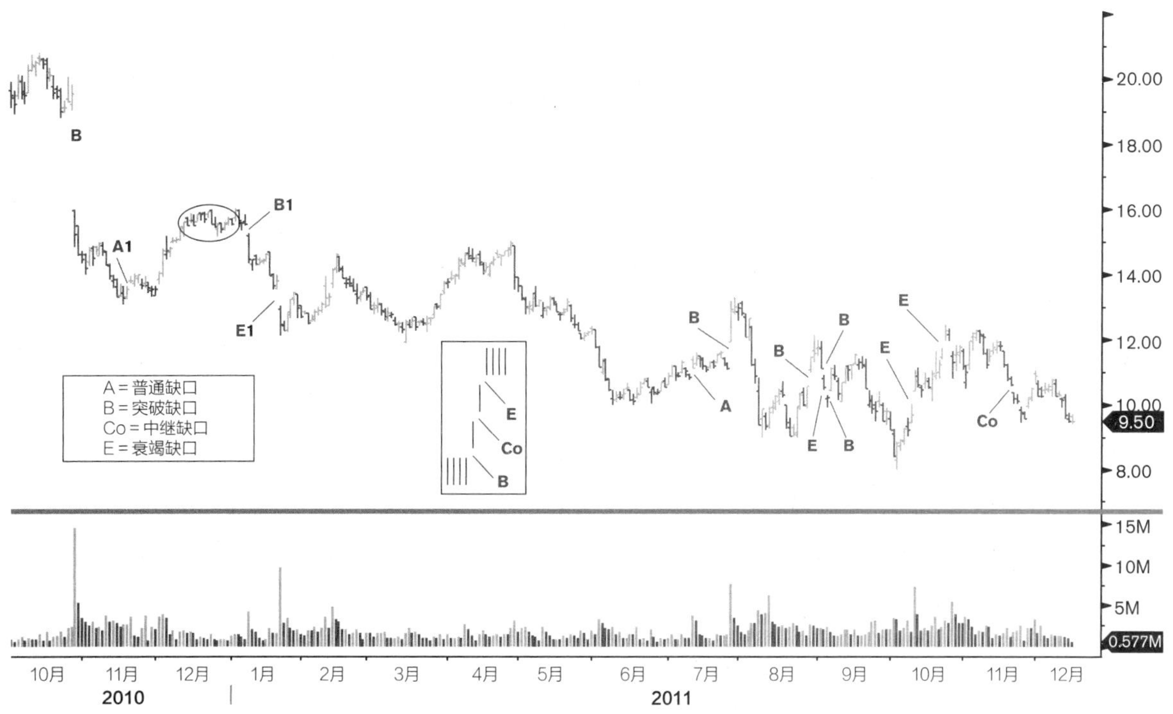

图 5.1 美股琼斯集团

横向盘整。这时间可能持续几天，也可能更长（如圆圈区域）。突破缺口从这种区域突破出来，其名称也来源于此。

向下滑动过后，我们看到缺口 E1。这是一个典型的衰竭缺口。因为这种缺口意味着当前价格趋势即将终结。衰竭缺口过后，价格会迎来快速反转，有时候是强劲反转，但也可能后劲不足。

图 5.1 左侧的缺口 A1 是一个普通缺口。这些讨厌鬼的口袋里好像装着上千斤的重物。看起来像是突破缺口，可是并未形成趋势。价格波动下行，迅速完成缺口收盘。

图 5.1 还给出第四种缺口——中继缺口的典型例子。密集区过后，形成突破缺口 B，然后形成中继缺口 Co，价格趋势最终以衰竭缺口 E 终结。

中继缺口也叫衡量缺口，这种缺口有时会在价格趋势中途形成。中继缺口较为罕见。在图 5.1 中，我也仅在最右侧找到唯一的中继缺口。

◎辨识技巧

缺口和缺口之间有什么差别？请看表5.1。

我对每种缺口都进行过深入研究，最终发现普通缺口平均在第 3 个交易日收盘。

突破缺口在牛市上行趋势中，平均收盘周期达 136 个交易日，下行趋势中，时间更长，平均需要 168 个交易日。

表 5.1　不同类型缺口的特征

缺口类型	特　征
普通缺口	出现在盘整区（市场走势不明朗时），迅速收盘。普通缺口在当日拥有很高的成交量，但会在一两个交易日内恢复正常水平。缺口过后，价格上行趋势中，无明显顶点，下行趋势中，无明显谷底。判断此类缺口的显著标志是，缺口收盘时会形成明显曲折
突破缺口	标志着新趋势的开始，出现在盘整区的突破口。伴随连续数日的高额成交量，该缺口形成后，趋势继续。上行趋势中，形成数个新顶点；下行趋势中，则形成数个新谷底
中继缺口	出现在直线上涨或下跌趋势中途。价格持续，形成新顶点或谷底，但缺口不收盘。成交量一般很大，推动价格沿趋势发展
衰竭缺口	出现在趋势结束时，成交量大。次高点或次低点紧随其后，缺口通常较大。缺口过后，价格进入密集盘整区。一般出现在中继缺口之后。迅速收盘，一般不超过一周

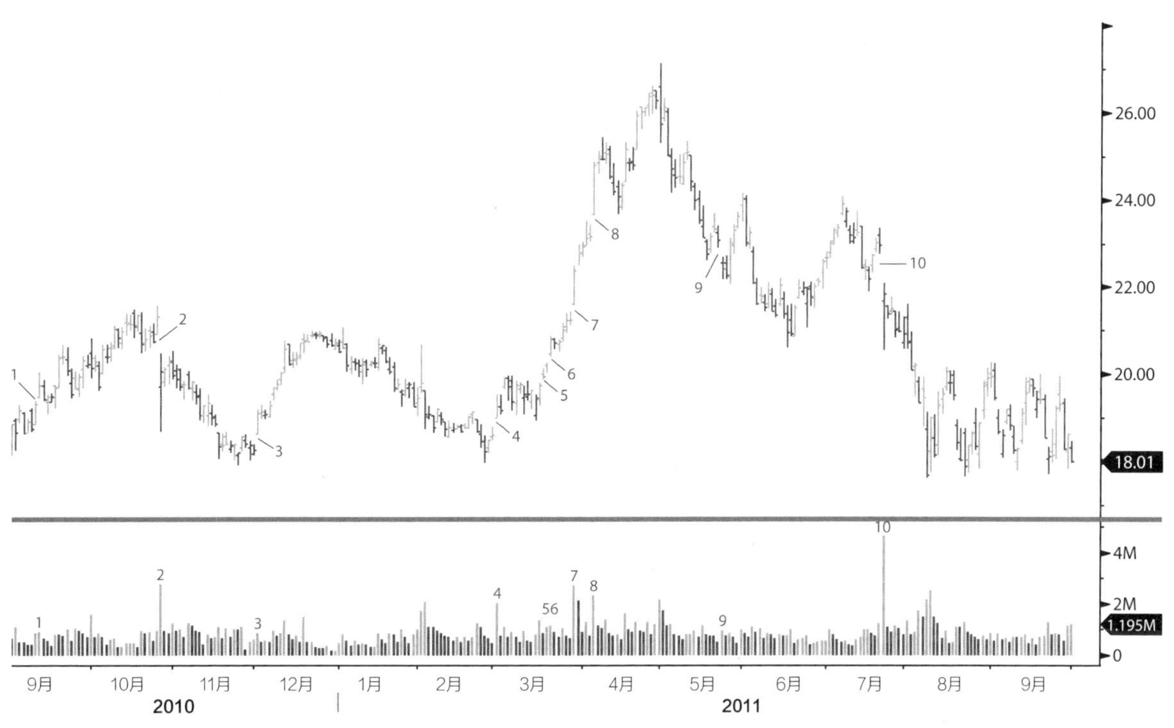

图 5.2　美股欧林公司

中继缺口在上行趋势中，平均在第 98 个交易日收盘，下行趋势中需要 77 个交易日。

衰竭缺口在上行趋势中，收盘周期平均为 9 个交易日，下行趋势则需要 14 个交易日。

◎本章测试题

每年，我做牙科检查时，都会拿出他们推送的杂志，寻找藏在里面的梳子、耙子、牙刷等器具的素描图片。而我们寻找股价图的股价形态，就像我在书中寻找插图一样。

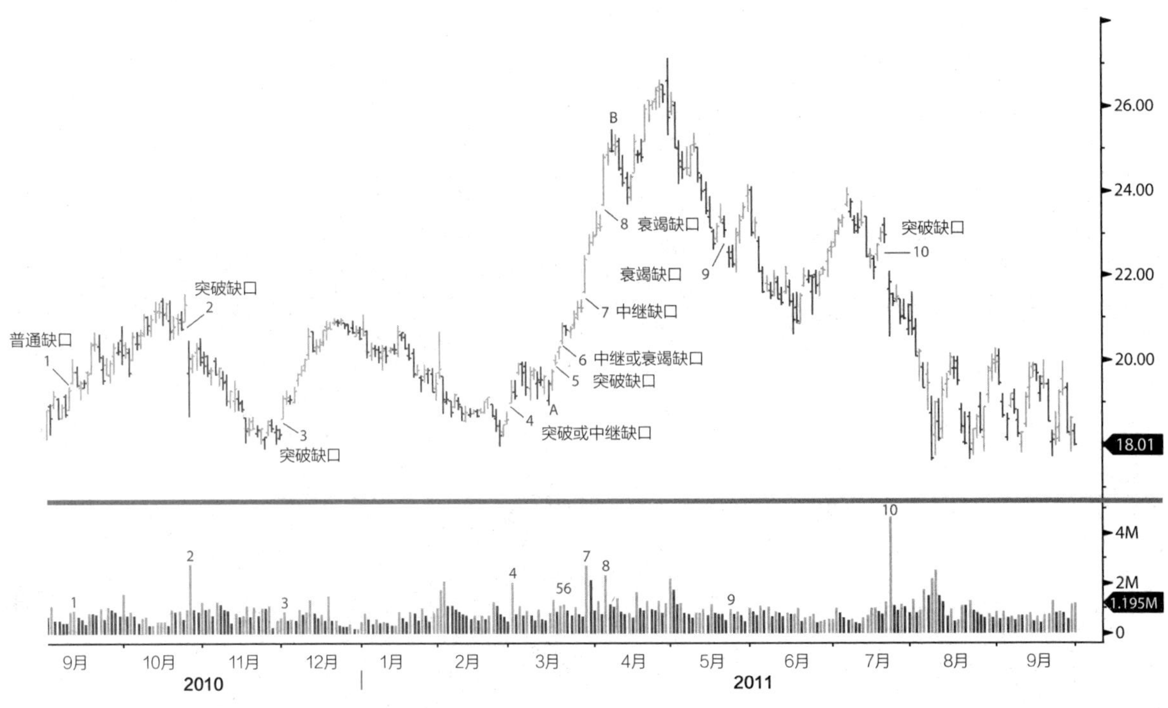

图 5.3 美股欧林公司

接下来的内容将会考查你对缺口知识的掌握情况。试着辨认各个缺口吧。数字指向每个缺口和当日成交量。图 5.2 已囊括前文讨论过的四种缺口。

答案在图 5.3 中。突破缺口撤离盘整区，就好像逃离火灾现场一样，所以突破缺口尤其容易识别。有时候，突破缺口会变成普通缺口。中继缺口并不常见，而且仅出现在趋势强劲时。

要找到含有中继缺口的股价图还真要花些时间。衰竭缺口标志着一段趋势终结。所以，如果在强劲趋势中，缺口过后形成盘整区，那么这个缺口就是衰竭缺口。

◎利用缺口进行交易

如果你是日内交易员，那么你唯一需要关注的就是开盘缺口。或许会因为过低成交量而出现其他缺口，但你不需要理会它。

如果你是波段交易者，那么你需要关注每一种缺口。当日成交量放大，盘整区过后，形成缺口，你就应该知道，新趋势即将到来。这是买进信号（但你不一定非要接受）。

如果新趋势未能形成，该缺口是普通缺口。如果普通缺口在两三个交易日内收盘，情况就明朗。一旦缺口收盘，立即退出。

当普通缺口价格波动回抽时，一般会在5个交易日内形成鱼钩状，但若5个交易日内没有形成鱼钩状，那么这应该是一个突破缺口。

既然中继缺口很罕见，趋势中途出现的缺口更有可能是衰竭缺口。

◎缺口的衡量

对中继缺口而言，从趋势开端到缺口中点的价位差距，近似于其中点到目标价位的差距。

以图5.3的中继缺口7为例，所在趋势以A点为起点，至B点结束。缺口出现在趋势中点位置。A点价格是18.95，趋势中点位置为21.57，缺口高2.62。那么目标价位，根据计算等于21.57 + 2.62，即24.19。而B点的实际价位是25.45。

有人说，中继缺口总是紧随突破缺口，但我本人没有验证过。如果趋势已经形成，但突破缺口并未出现，那么你应该期待的或许是衰竭缺口。

同样的，衰竭缺口也可以很大。如果你看到的缺口开口很大，那么它很可能是衰竭缺口。如果确实是衰竭缺口，那么你就应该根据新趋势调整投资策略。

暴力反转可以与衰竭缺口为伴。图5.3的缺口8和9就是很好的例子。注意，新趋势会持续大约一周，所以你的头脑必须时刻保持敏捷灵活。

既然现在已经把有关“缺口”的知识补上，接下来我们就要讲回抽和回调。你知道这两者的区别吗？给你点提示吧：有回抽的股价形态比没有回抽的表现差。而回调对于股市而言，是否就像后卫对于足球？对此，我无法给出明确答案。

自测题

回答下列问题：

1. 缺口收盘意味着什么？

A. 缺口交易的机会变小

B. 缺口收盘周期短于一个月

C. 未来价格回调，使缺口回填

D. 以上都不对

2. 突破缺口具备以下的哪些特点？

A. 伴随大交易量

B. 伴随小交易量

C. 一般收盘周期短

D. 一般收盘周期长

E. 此前会留下盘整区

3. 判断这个表述是否正确：衰竭缺口收盘迅速。

4. 判断这个表述是否正确：衰竭缺口的出现意味着股票疲乏，衰竭缺口也因此得名。

5. 判断这个表述是否正确：中继缺口总是在价格趋势中途出现。

6. 突破缺口和普通缺口的区别是：

A. 只有其中一个在日成交量大的时候出现

B. 突破缺口的开口通常比较大

C. 突破缺口收盘迅速

D. 普通缺口收盘迅速

E. 突破缺口收盘周期较长

答案：1. C　2. A, D, E　3. 正确　4. 错误　5. 错误　6. D&E

第6章 掌握回抽和回调

之所以说回抽和回调都是重要的形态，是因为价格发生突破后，半数情况下都会出现回抽和回调。如果你还不了解它们，当价格回到突破位且继续走低时，灾难就不远。你宁可遭受损失也要把它卖出，但之后只能眼睁睁地看着价格反弹上行。

◎回抽

图 6.1 给出了一个典型的回抽形态。想象一下，你在上升三角形上方 1 分钱处挂买单，在 A 点成交。你是有经验的投资者，善于使用止损，于是把止损点设在次低点下方的 D 点。股价连续几天保持上涨势头，然后该公司在开市前（C 点）公布盈利。股票在趋势线下方开盘，并且大幅下跌，触及你的止损点，于是你退出交易。但在收盘时，该股价格反而收在更高位置！价格持续上涨 38%，攀升到 B 点，而你只能沉浸在无尽的伤痛中。恭喜！你刚被一种叫回抽的股价形态“蜇了一口”。

◎回调

你这回吸取教训，不再把止损点设得太近。你只想在下一单交易里大赚一笔，所以选择图 6.2 显示的支付红利的股票，在 A 点买入。

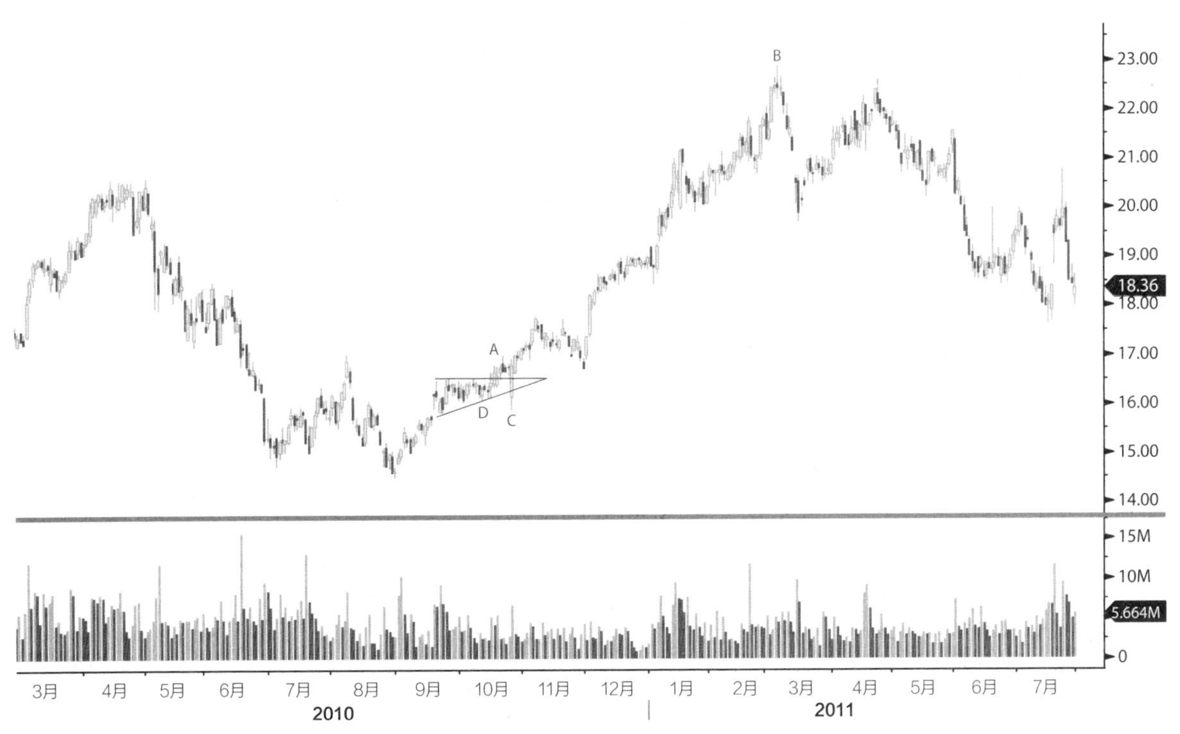

图 6.1　美股亚美利交易控股公司

因为在牛市中，上升三角形突破后，价格出现上涨的概率是 67%，所以你对这只股票非常有信心。在这次交易中，你把止损点设置在一个相当远的地方，三角形底部下方 1 分钱处的 B 点。

买入当日，价格开始下跌。第二天，你不得已在 C 点止损卖出。股价却又迅速反弹，恢复到突破价位，并持续上涨，这与你的预期一样。实际上，D 点已经高出你的买入价位 32%。你不仅亏损，还错失大笔红利。

而跌落至 C 点并调整恢复的过程，就是回调。

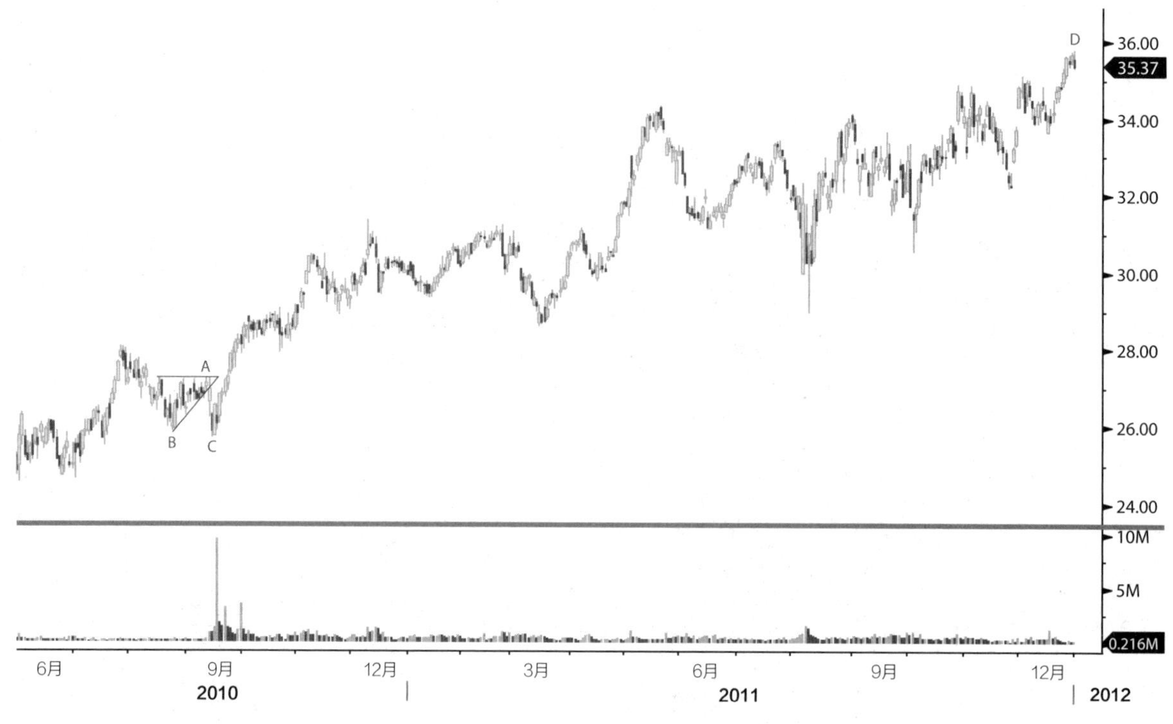

图 6.2 美股乌伊尔控股公司

◎辨识技巧

我们该如何辨识回抽和回调？表 6.1 给出答案。图 6.3 对回抽与回调的一般表现进行了生动描述。左侧描述回抽。购买激情促使价格上涨，直到在股价形态顶部突破。然而，面对像山一样的抛售压力，购买需求慢慢退去。股票在平均 6 个交易日内上涨 8%。然后，开始回落到股价形态内部。

4 个交易日内，股价就来到趋势线边界或突破价位附近，这样一轮循环总共花费 10 个交易日。

表 6.1 回抽和回调的主要特征

特 征	描 述
股价形态	形成一个股价形态，价格突破，回抽后上涨，或回调后下跌
回 落	价格继续按照突破趋势方向发展，几日后，回落到突破价位
空 白	股票回落到突破价位后，在股价图的突破价位和回归之间留下空白
时 间	股票必须在 30 天内达到突破价位或趋势线边界

自此，价格或许继续走低，或许迅速反弹。价格重新上涨，突破趋势的概率是 65%；而价格沿着股价图底线波动的概率是 35%。

回调也是类似模式，但仅适用于股价形态后面的下跌突破。突破过后，抛售势头压过买进需求，价格开始下跌。

平均 6 个交易日过后，股价探底，买入需求增大，使下行趋势得到反转。返程仅用 5 个交易日，而从突破到回调的往返全程，共用 11 个交易日。

价格收在股价形态上方，继续上涨的概率是 53%，而股价下跌的概率是 47%。

虽然图 6.3 是对上千幅股价图的总结，但遇到特殊情况时，还是要特殊对待。

不是所有股价形态都会出现回抽或回调。表 6.2 是主要股价形态出现回抽和回调的概率。

出现回抽的概率最高的形态是矩形顶，出现回调概率最高的是三重顶。下降三角形出现回抽的概率最低，而出现回调的概率最低的是矩形顶。至本章结束，新生训练营也就结业。在第 7 章里，我们将通过股价形态，逐个进行真枪实弹的演练。

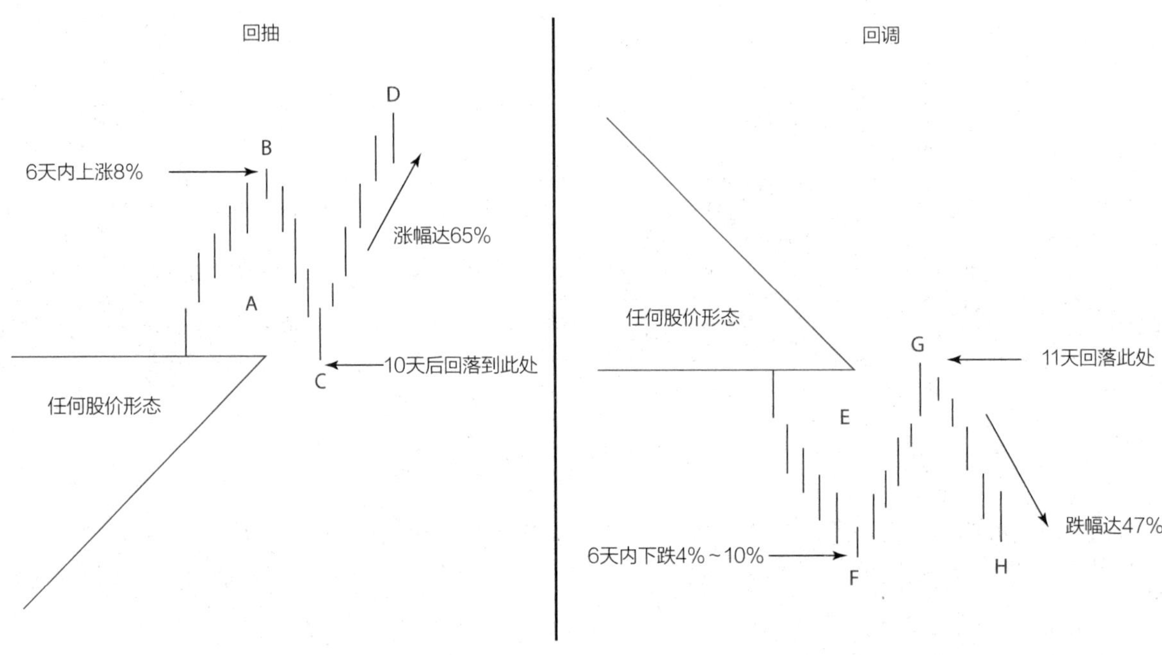

图 6.3　回抽与回调的典型表现

表 6.2 股价形态出现回抽和回调的概率

股价形态	出现回抽的概率	出现回调的概率
上升三角形	60%	56%
下降三角形	50%	55%
双底	56%	不适用
双顶	不适用	57%
头肩底	57%	不适用
头肩顶	不适用	59%
矩形底	59%	59%
矩形顶	64%	54%
对称三角形	58%	58%
三重底	58%	不适用
三重顶	不适用	63%

自测题

回答下列问题：

1. 回调出现在价格从股价形态上方回落时，对或错？

2. 回抽绝不会出现在下行突破时，对或错？

3. 假若价格在 10 美元向下突破下降三角形，31 天后回到 10 美元。这意味着：

A. 出现回抽

B. 出现回调

C. 什么都没发生

4. 价格突破后，出现回调，价格继续上升的概率是？

A. 大于 50%

B. 小于 50%

C. 50%

D. 未知

答案：1. 错误　2. 正确　3. C　4. A

第二部分

如何辨识常见形态

这一部分的重点是辨识独特的股价形态。如何找到股价形态?从何处着手?它们缘何出现?我将为你一一解答这些问题，也希望你能善用每章末的练习题，巩固所学。

需要提醒你的是，市场上出现的股价形态种类众多，如果将其比作一座冰山，本书谈及的只不过是冰山一角。重要的是，学会灵活运用这些知识。

第7章 寻找矩形

既然我们已经成为识别次高点和次低点、画趋势线，以及辨识支撑阻力区间的行家，那么，现在就让我们开始寻找第一个股价形态：矩形。

试着把矩形想象成错综复杂的下水管道，它有着平坦顶部和平坦底部。再把价格看作一条响尾蛇，在管道里面蜿蜒穿梭。

图 7.1 给出一个典型的矩形底。在该图的下行趋势中，自 10 月至 12 月，股票价格在阻力线和支撑线的双重限制下，升高又跌落，形成一个矩形底。

我画出了阻力线和支撑线所在的两条平行趋势线。在此处：价格三次触顶（1、2、3），三次触底（4、5、6）。而且股价是在下降趋势中，从矩形顶部进入这个矩形。

矩形的出口叫作突破口，趋势可上可下。在此例中，该突破为下降趋势。股价只有收在矩形底下方，才会形成下行突破。

成交量方面，突破前夕，成交量明显下降。一般而言，股价突破股价形态前一两天内，成交量会显著下降。

◎辨识技巧

矩形并不常见，看到它的概率，相当于在住宅区看见蜂鸟。

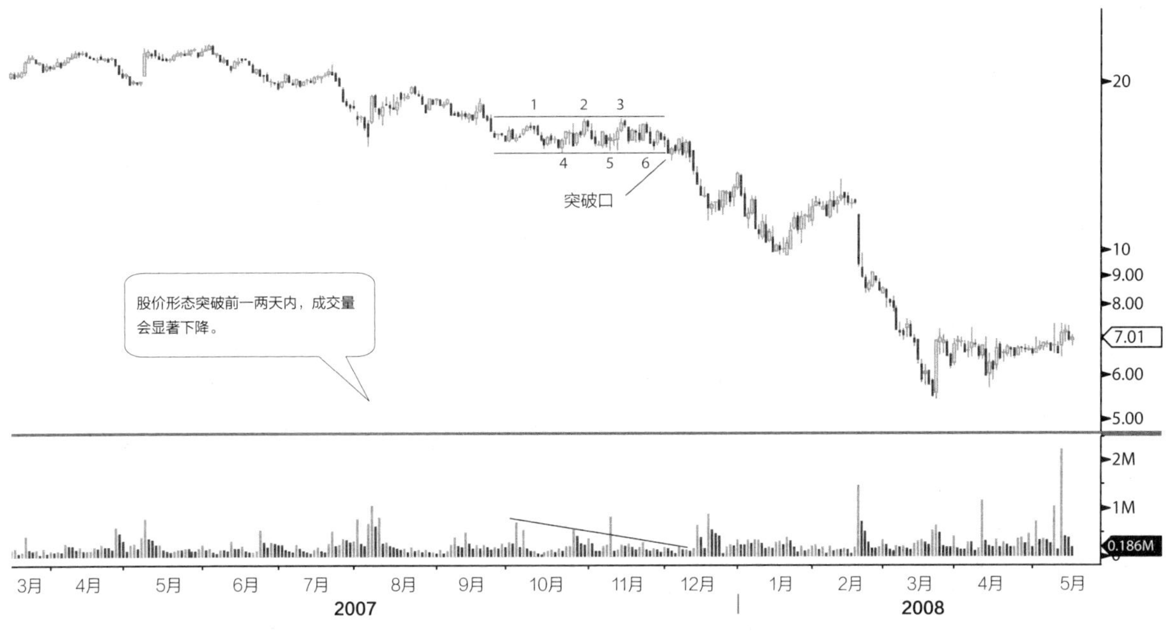

图 7.1 美股 AC Moore 手工艺品公司

表7.1列举了矩形特征和辨识矩形的技巧。

要想在股价图中寻找矩形，首先要找到股价横向盘整区，而且这个横向盘整区至少应已持续了几周。我曾研究过 1991 年至 2011 年间的 1 228 个矩形，它们的平均持续时间多达 71 天。

其次，价格应当在支撑阻力区间反复波动。用两条近乎平行的水平线分别把次高点和次低点连接起来。有时，其中一条会略有坡度，但只要不是太陡都可以接受。

一个有效的矩形，价格必须分别与两条趋势线接触两次以上（三次为佳）。触点不一定要上下错开，但至少应该有两个清晰的次高点和次低点，与趋势线相接触或相近。

表 7.1　矩形的主要特征

特　征	描　述
价格趋势	矩形中，短期价格趋势导向矩形底的为下降趋势，反之，则为上升趋势
水平趋势线	股价受到两条几近平行的趋势线限制
触　点	股价与每条趋势线至少接触两次
成交量	在矩形底，成交量随突破趋势变化而变化：上行突破则成交量增长，下行突破则成交量下跌。在矩形顶，突破前的成交量通常会下跌

理想情况下，触点应该均匀分布，既不挤在矩形中间，也不集中在矩形一端。换句话说，趋势线不能像跳水板一样，一端有支撑，另一端却处于悬空状态。

判定一个矩形是矩形顶还是矩形底，我们要看导向矩形起点处的价格趋势。如果股价在矩形出现之前是下行趋势，那就是矩形底；而如果是上行趋势，那么就是矩形顶。矩形出现前一周内，如果遇到过冲或下冲，可以忽略。

对矩形底而言，成交量变化通常与突破趋势一致。矩形顶的成交量总是呈下降趋势。话虽如此，但不要因为某个矩形的成交量变化与我的结论不一致就全盘否定它。

例如，图 7.2 是一个周线图，其中有一个矩形顶。股价在 B 和 C 两条趋势线之间波动，分别和趋势线进行了多次接触。这一点也不像跳水板！

股价自 A 点起呈上升趋势，尽管在 2004 年上半年（矩形前期）出现下跌波动，我们也可以判定这个矩形是矩形顶。

在矩形前半部分，成交量呈上升趋势，此后一路走低。

E 点位置有一个小矩形。该矩形前期的价格呈下降趋势，表明这是一个矩形底。

图 7.3 是个周线图，其中给出一个矩形底。价格趋势向上，于 A 处达到波峰，然后跌入矩形底部，反复波动后，最终上行突破。

突破之后，趋势线 C 的坡度与趋势线 B

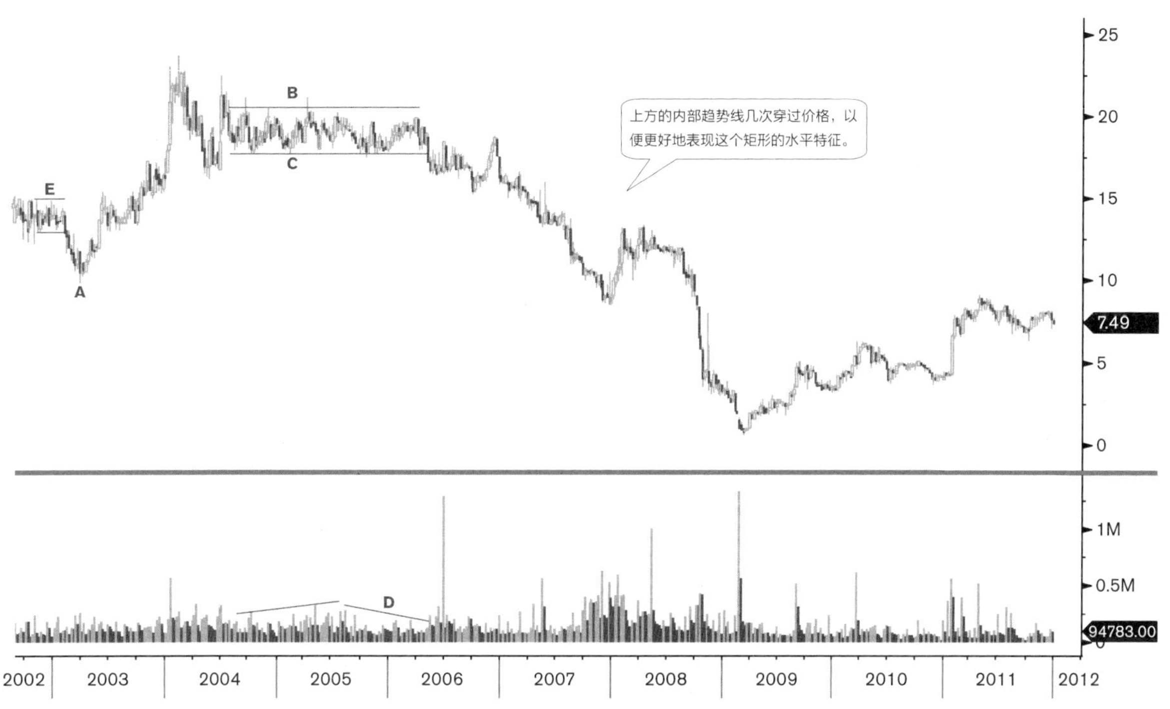

图 7.2 美股巴西特家具公司

的坡度近乎一致。这意味着，价格从股价形态突破后的变化幅度与进入该股价形态前的幅度一致。

这一特征，不仅适用于矩形，还适用于其他股价形态。要是你手头资金有限，又恰巧发现了两只都带有股价形态的股票，一定要选那只上涨幅度更大的进行投资！

成交量方面，D 段呈上升趋势，同价格爬升速度一致，至 E 点形成了一段长长的爬坡。

矩形前几周的位置，出现一个下冲（F），可以直接忽略。下冲或过冲，是股价形态出现之前的短暂下跌或上涨。它们唯一的作用不过就是打乱新手投资者的阵脚，让像我这样的作者有机会借题发挥。

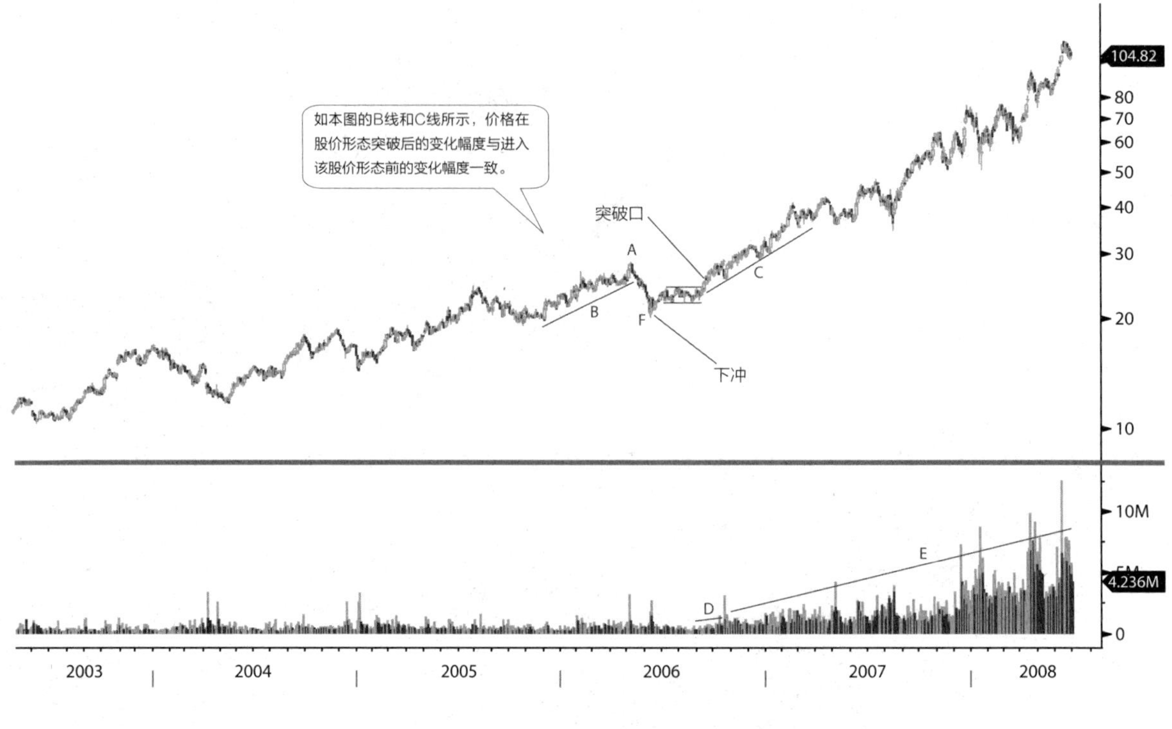

图 7.3　美股加阳公司

在图 7.3 中，导向矩形底（从 A 点开始）的价格趋势下行，而不应该从下冲（F）开始判定，认为是向上的。

◎交易心理分析

矩形如何形成？假设你运营一家小型共同基金，从基本面和技术面分析，你都认定应该在 5.5 美元购入佛雷德里曼工业。于是你让交易部在该价位买入该股（详见图 7.4）。

如果你想购买几十万股，但该股每天只交易约 16 000 股，那么购买几十万股可能需要好几个星期。为什么？因为如果你在短时间内向市场砸下 450 000 股的交易单，那一

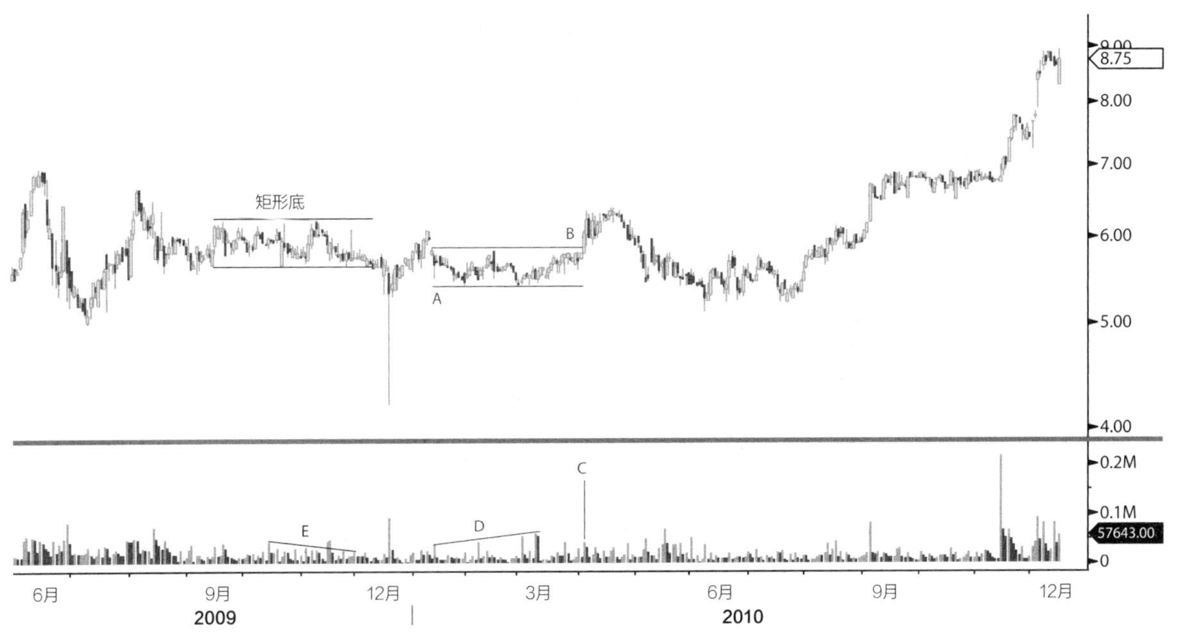

图 7.4　美股佛雷德里曼工业公司

定会让这只股票的价格飙升。这会导致每股购买成本大幅上涨。

我的建议是，你买入或卖出的股票数量都不要超过该股日均交易量的 1%。在本例中，意味着不超过 160 股。最近的一次交易中，我为了从某只股票退出，不得不使用限价单，因为我怕会影响到股价——这只股票的交易量太惨淡。

交易部在 1 月初于图中 A 点入手该股。强劲购买需求使得股价上涨到将近 6 美元。这太贵，你的交易员不得不因此停止购买该股票。

与此同时，另一家基金认为即将到来的经济衰退会使股价下挫，希望把该股清仓。但是他们不想卖出价低于 5.75 美元。

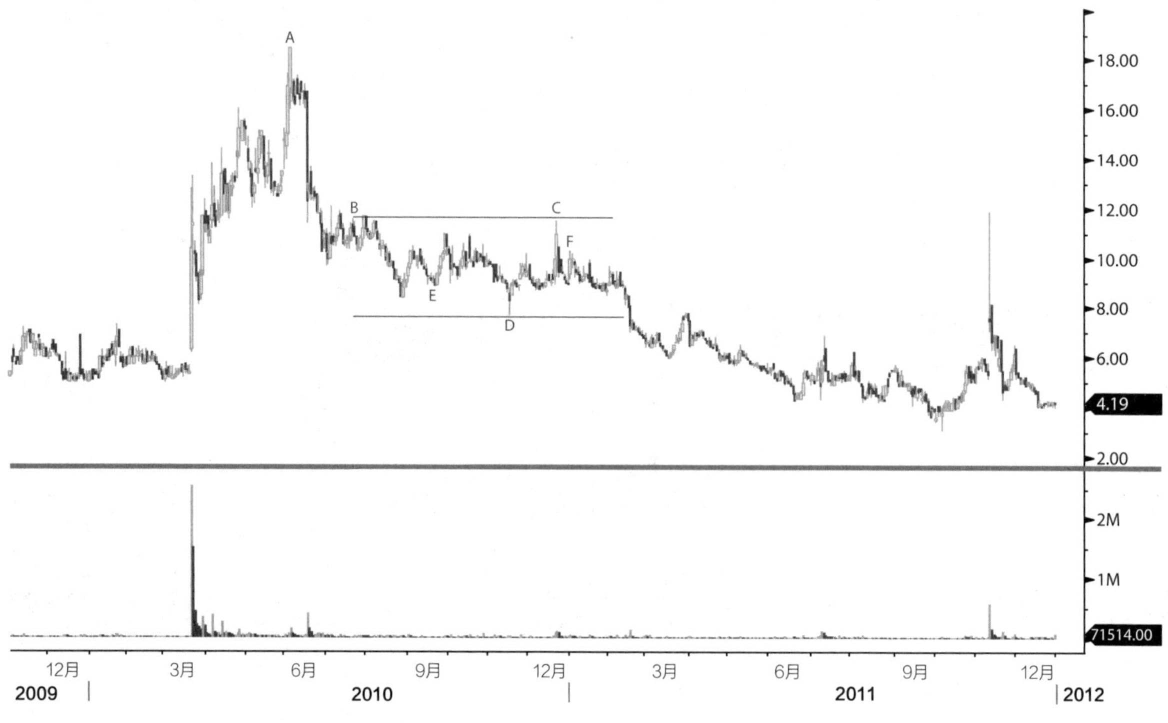

图 7.5　美股佛雷德里曼工业公司

其他机构投资者和散户则分别支持其中的一方，由此形成 6 美元处的阻力线和 5.75 美元处的支撑线。

当股票上涨到 6 美元时，该基金立即尽可能地卖出持有的股票，直至股价回落；而当股票跌至 5.75 美元时，其他共同基金开始纷纷买入，再次推高股价。

最终，为了达成自己的目标，一方重设买入价，或者另一方降价抛售。价格出现变化，要么涨到阻力线以上，要么跌到支撑线以下。

在本例中，上行突破时就像软木塞从香槟酒瓶飞出一般。C 是突破日，当日交易量高达 40 700 股，而前一日仅为 12 200 股。

◎矩形的变体

这一部分将对寻找矩形时可能遇到的变体展开讨论。比如说，图 7.5 给出一个不常见的股价形态，它是否也是矩形呢？

自 A 点起，股价就像断了绳索的蹦极选手一样，一落千丈，沉入大海，而后慢慢漂浮到股价形态的顶部。由此判定，这个矩形是一个矩形底。

股价于 B 处三次触及上趋势线。前文提到过，至少应有两个触点，且分布均匀。那么图中所示是否符合要求呢，还是说这又是一个跳水板？

这个股价形态特别长，所以三个触点紧挨着的确是个问题。还好，在矩形的另一头，还有另一个触点 C。

如果我们将上趋势线下移至 F 点，它就成了内部趋势线。但是没关系，只要能方便我们观察阻力线的位置就好。

现在我们看看下趋势线，你能数出几个触点呢？只有一个触点 D。这条线画得并不准确。如果我们将该线上移，让它和包含 E 在内的波谷相接，那样支撑线就变得清晰。

这幅图上是矩形底，但不足以作为典型。记住你要找什么——在横向盘整区内波动的价格。

下一幅图让我联想到一封邮件，邮件读来就像发件人嗑了药似。“这是个平坦底部吗？这是矩形吗？这到底是哪种股价形态？价格开个大缺口，然后一路横着走！”（详见图 7.6）

只看一眼股价图，我就知道原因，但我还是搜了搜新闻。A 点处，Global Industries 接受了另一家公司的合并邀请。这样的并购使得股价飙升，然后保持在同一个价位，直到合并结束。

我可不认为 A 点之后的走势是个矩形。原因很简单，这是新闻的影响。这是典型的事件性走势——一只股票接受合并邀请后的走势。

◎本章测试题

本章有两个练习。分别找出图 7.7 和图 7.8 中的矩形。从价位相近的次高点入手，可以更快找到。在脑海中，用平直的趋势线连接各个次高点。然后目光下移，在连接次高点的趋势线下方寻找价位相近的次低点。这样，一个矩形就出现了！

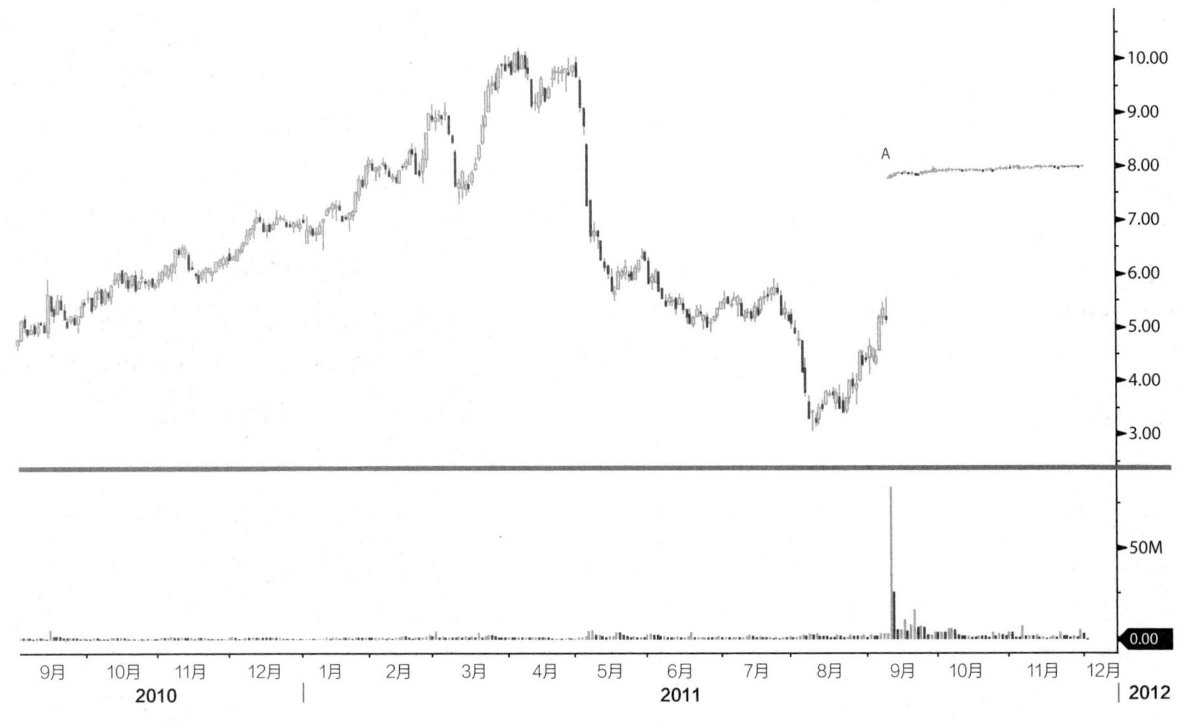

图 7.6　美股 Global Industries 有限公司

那么，你最后找到的是矩形顶还是矩形底呢？查看矩形出现前的短期价格趋势。如果是上行趋势，就是矩形顶；如果是下行趋势，则是矩形底。

图 7.7 中有两个矩形。你都找到了吗？

图 7.8 揭晓答案。该区域内是一个矩形底。自 A 点起，价格一路下行进入矩形，这正是矩形底的前兆。然后，价格横向波动，形成了次高点（1、2、3、4、5）和次低点（6、7、8、9、10、11）。

次高点 1 突破了上趋势线，但这无碍大局。等你发现这是一个矩形底时，这个小波峰已无关紧要。

当然，把上趋势线画得与次高点 1 齐平也

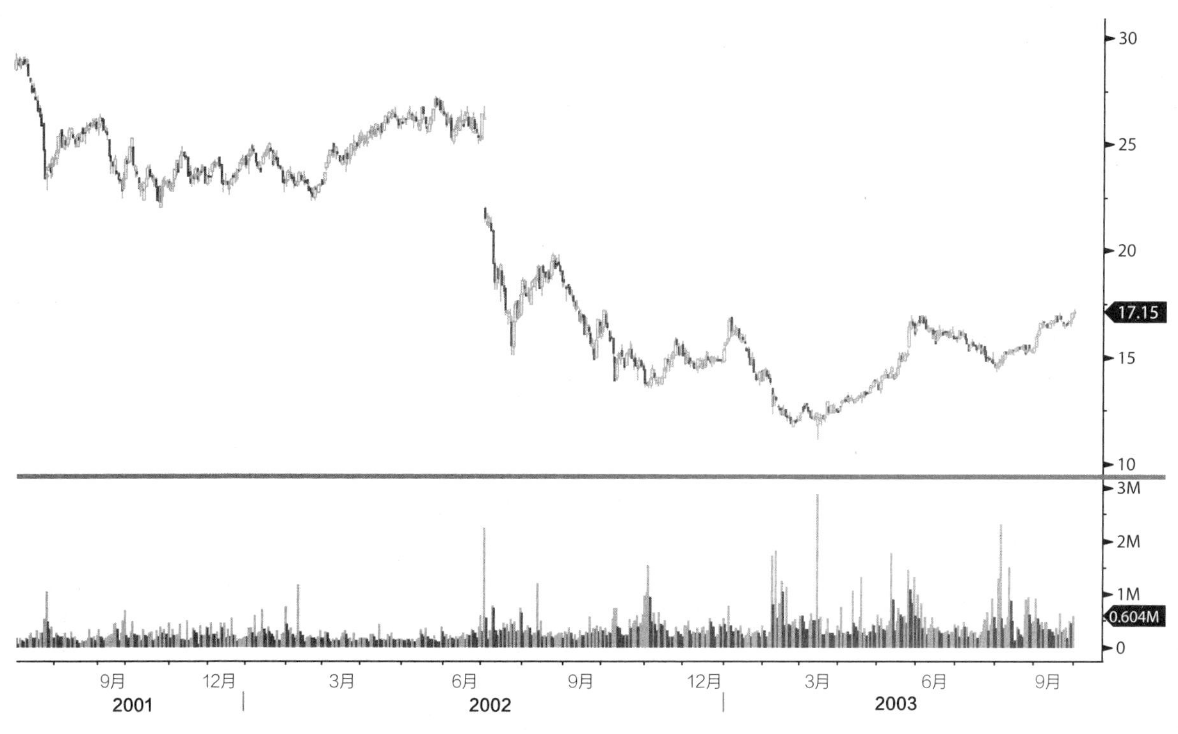

图 7.7 美股 DPL 公司

可以，但那样会显得其他上触点与上趋势线距离过远。

波谷 8 也是同样的道理。尽管此处价格跌破下趋势线，但不影响我们的整体判断。成交量曲线（F）呈上涨趋势，价格由此上升突破。

区域 CED 是一个矩形顶，价格自上升趋势进入矩形，多次与上下趋势线接触。为了让趋势线和价格接触得更好，我过 E 点画上趋势线。

同样，第一个下触点 B 是一个上升趋势的一部分。没有趋势线的帮助，次低点 B 极不易辨识。这不是一个典型的矩形顶，但还能用。

成交量曲线（G）呈上涨趋势，但矩形突

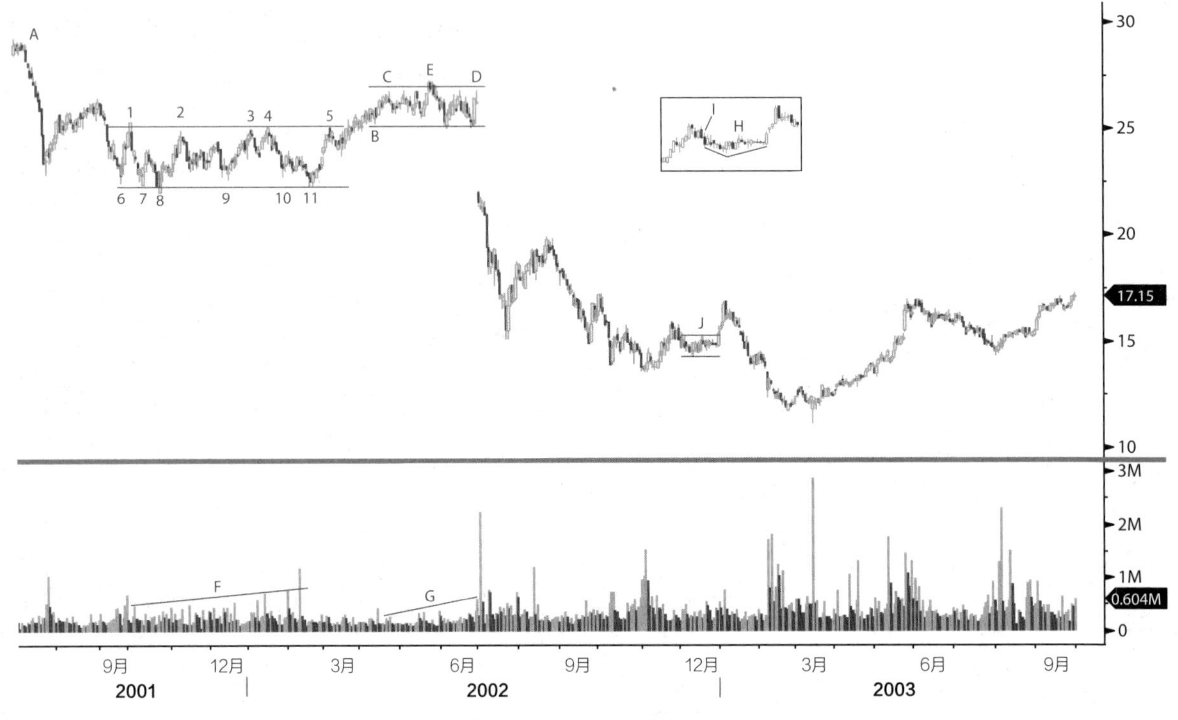

图 7.8 美股 DPL 公司

破下跌。一般来说，矩形顶的成交量下降，不过也有特殊情况。

你注意到 J 处吗？放大的插图显示，下趋势线上只有一个触点，产生了 V 形价格趋势。而上趋势线上也只有一个触点 H 。I 并不是一个次高点，它只是山坡上普通的价格柱，不是一个单独的峰头（一定不要把非次高点或非次低点算作触点）。所以 J 不是矩形，而只是股价图上的一个不规则波段。

图 7.9 中也有至少一个矩形。尽你所能去寻找，但也要做好出错的准备。

图 7.10 揭晓了答案。我们就从最右边的区域（C）开始分析，因为图中只有这唯一一个矩形底。

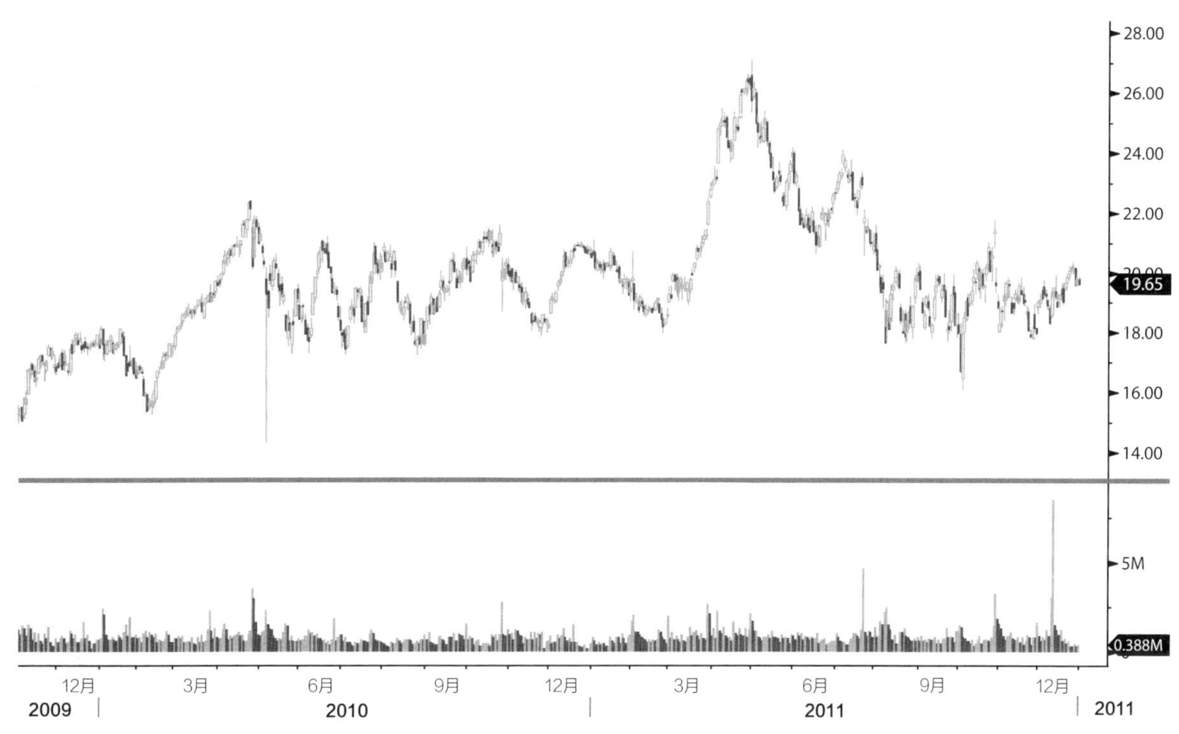

图 7.9　美股欧林公司

价格趋势下行，进入股价形态，然后在趋势线之间横向波动。它与上下趋势线各接触了至少两次。

接着看 D 区域。进入矩形之前，价格呈上升趋势，在波峰 B 处有一个典型的过冲。这是一个矩形顶。

再看矩形顶 E，进入股价形态之前，价格呈上升趋势，与矩形 D 的进场轨迹很相似。A 点并不是一个次高点，所以不能作为一个上趋势线触点。

切记，触点只能是次高点或次低点！ D、E 都是矩形顶，不过我更喜欢把 D 和 E 合并，当作一个长矩形顶。

在第 8 章将会讨论上升三角形。我以前总

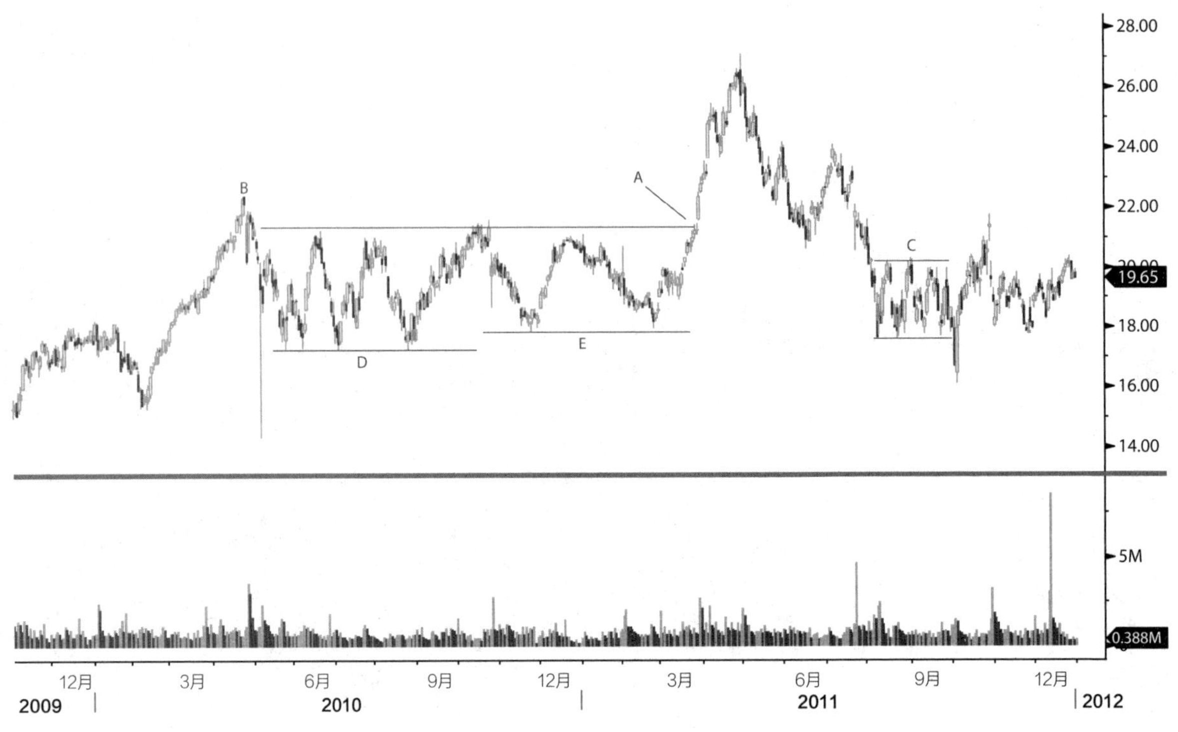

图 7.10　美股欧林公司

是用上升三角形进行交易。可是后来，我发现这种形态的表现并不理想。换句话说，我连裤子都已亏掉，你明白吗？

自测题

回答下列问题：

1. 进入矩形底之前，价格趋势通常朝下，对或错？

2. 矩形中，其中一条趋势线可以稍微有一些弯曲，对或错？

3. 矩形中，两条趋势线都可以稍微有一些弯曲，对或错？

4. 成交量曲线呈下降趋势，是判定一个股价形态是否为矩形底的决定性因素，对或错？

5. 突破现象，是指价格冲破其中一条趋势线，对或错？

6. 矩形底和矩形顶的区别在于？（多选）

A. 矩形底持续时间较短。

B. 价格从底部进入矩形底，从顶部进入矩形顶。

C. 它们的成交量曲线不同，因此名称不同。

D. 矩形底是一段横向盘整区，而矩形顶不是。

E. 根据定义，价格从底部进入矩形顶，从顶部进入矩形底。

7. 矩形顶是一段横向盘整区，对或错？

答案：1. 正确　2. 正确　3. 正确　4. 错误　5. 错误　6. E　7. 正确

第8章 识别上升三角形

从本章开始，我们讨论一些不被双水平趋势线所限制的股价形态。三角形用的是一种更复杂的趋势线：倾斜趋势线。凭借此前打下的基础，我们辨识它们的难度并不大。

图 8.1 给出一个上升三角形。价格进入上升三角形前，在 A 点出现过冲，但这并不会影响整体趋势。对上升三角形来说，没有三角顶或三角底之分。股价于 B 点突破上升。通常认为，上升三角形出现后，突破趋势向上。但图中这只股票，突破后不久，旋即下跌，收在形态下方的 C 点。这种现象被称为上升三角破裂。

人们喜欢看到上升三角，因为大家都相信股价随后会一路上涨。但是我慢慢不看好这种形态，因为大多数情况下都和此例中的股票一样，涨了几个百分点之后就一落千丈。

有些关注成交量的投资者看到这个股价图，会说："成交量怎么这么低？按理说，应该要高于平均水平。"突破日的成交量（D 点），确实远低于平均水平。但我也见过价格走势大好而成交量表现一般的股票。事实上，我不会特意去查看成交量变化。对我来说，这毫无意义。

◎辨识技巧

寻找上升三角形时，先从次高点分布密集的区域着手（次高点之间相隔数周，价位

图 8.1　美股 LSB 工业材料

相近），然后看这些次高点下方的波谷，是否沿斜线分布。

有时我会先看到一排沿上倾斜线依次分布的波谷，然后再往上看，如果能看到一排沿水平线分布的波峰，那么这一定是上升三角形。

在上升三角形顶部，价格沿一条水平或近乎水平的直线分布，而在底部，价格则沿一条上倾斜线分布。参照图 8.2。A 到 D 四个次高点都落在同一价位附近。E 到 G 三个次低点与下趋势线近乎重合。这就构成一个上升三角形，但它随后向下突破。

要确保价格在形态中上下振荡次数够多，

表 8.1 上升三角形的主要特征

特 征	描 述
水平上趋势线	顶部价格沿一条水平直线分布
上倾下趋势线	在三角形中，价格波动频繁，形态中间空白较少
价格变化	股价与每条趋势线至少接触两次
成交量	在三角形中，成交量递减，突破日前夕，成交量尤其低
突 破	突破方向不定，但突破上行的概率较大

形态中间的空白尽量少。后文中我会给出一个空白很多的反例。

一般而言，在三角形周期内，成交量呈下降趋势，但也会有特殊情况。该图中，在三角形的前半个周期内，成交量上涨；在后半个周期则呈下降趋势。所以，不能仅因为成交量趋势异常，就轻言这不是上升三角形。

上升三角形的突破方向不定，但突破上行的概率更大。

图 8.2 是一个典型的上升三角破裂。价格突破下行，但是没跌多少（不到 10%）就反转上升，收在三角形顶部上方。

可惜后劲不足。或许是因为三角形出现之前的上升期拉得过长。实际上，出现上升三角破裂已隐隐暗示将来的疲软。

◎交易心理分析

上升三角形中，价格形成波峰的原因与矩形相同：投资者在股票涨到其目标价位时抛售。

让我们来假设这样一种情况。莫莉负责一家共同基金的运作，她打算把持有的 ABC 口香糖公司的股票卖掉几十万股。所以，每当股价上升到 35 美元时，她就会卖掉一部分。她的抛售给这只股票带来上行阻力。

哈里是一家对冲基金的交易部经理，他

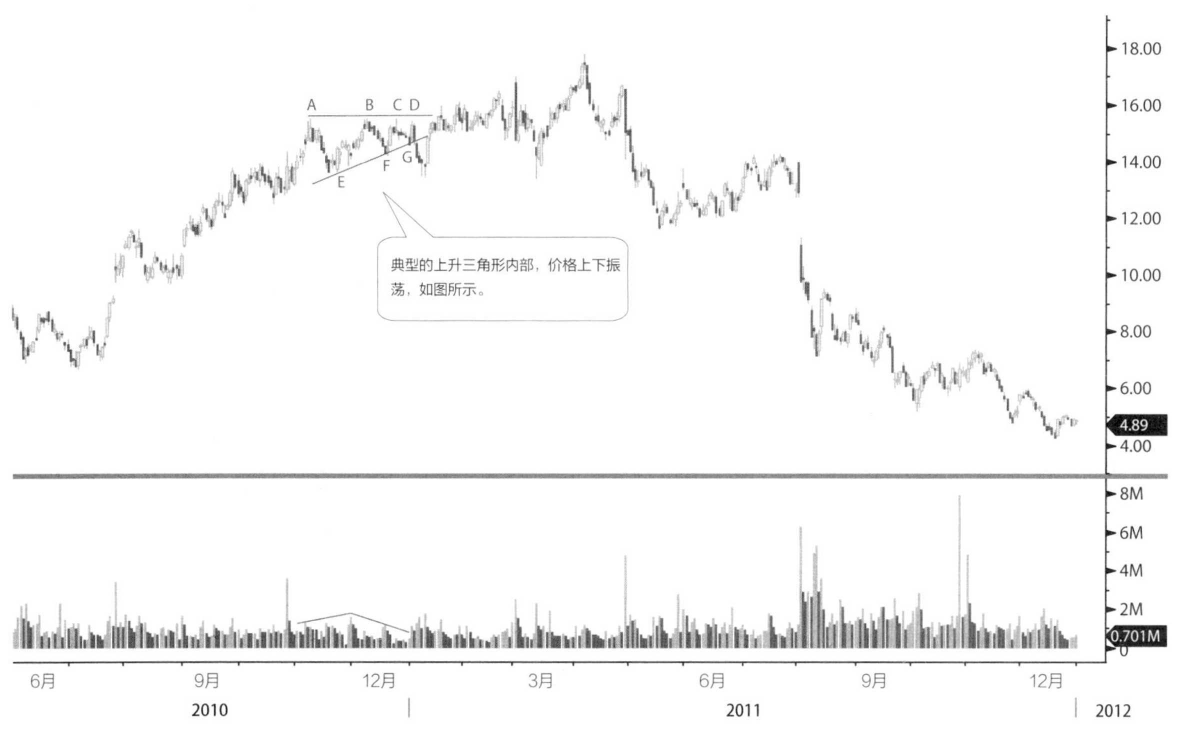

图 8.2 美股 LSB 工业材料

特别钟爱 ABC 口香糖公司。每当股价跌到 30 美元时，他就买进股票，而且是能买多少就买多少。可是，如今股价飙升，贵得让他买不起。

强尼是一个经验丰富的波段交易员。他察觉到莫莉在 35 美元处创造的上行阻力，也看到了哈里在 30 美元处构建的下行支撑。

当股票跌到 30.25 美元时，强尼开始大量买入。他有信心在 35 美元价位附近卖出手中持有的股票，因此有些喜不自胜。

哈里注意到成交量还在上涨，觉得有人比他买得更多。于是，他把自己的买入价提到

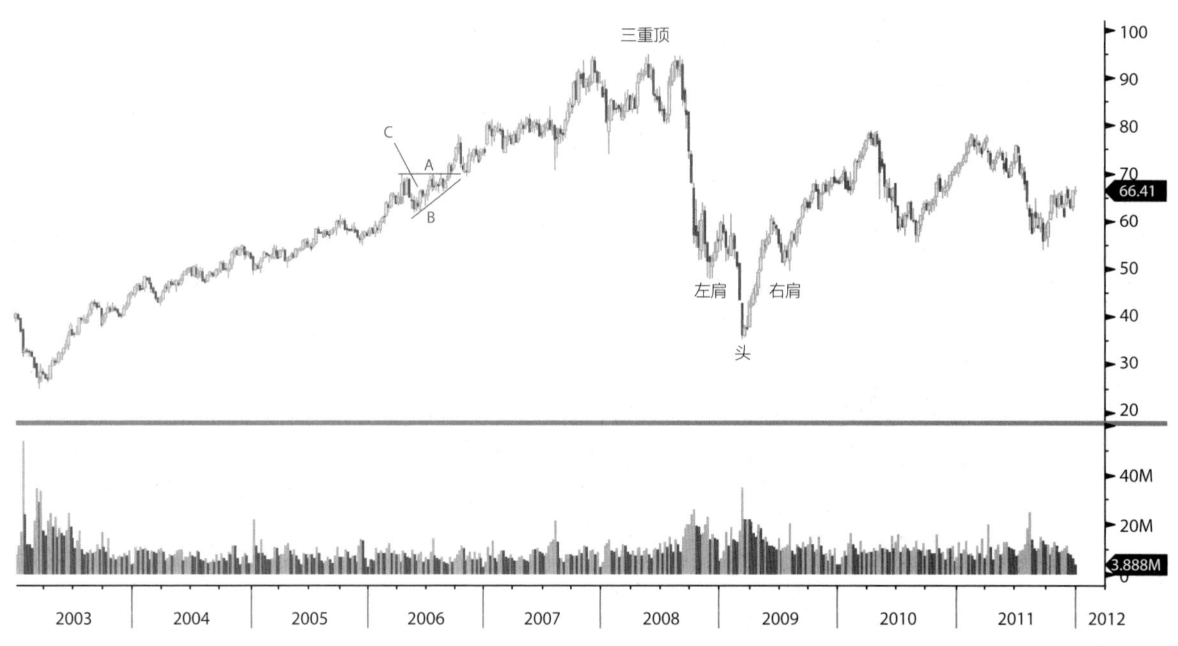

图 8.3　美股通用动力公司

30.50 美元，希望尽可能地把 ABC 口香糖公司的股份都收入囊中。

下一轮股价下行时，哈里必须把买入价提到 31 美元，才能抢占先机。

这场厮杀最终将以一方停止交易而告终，或者是莫莉抛出手中的所有股份，或者是哈里买入的股份达到上限。

无论是哪一种结果，另一方将继续交易，直至形成突破，上升三角形结束。

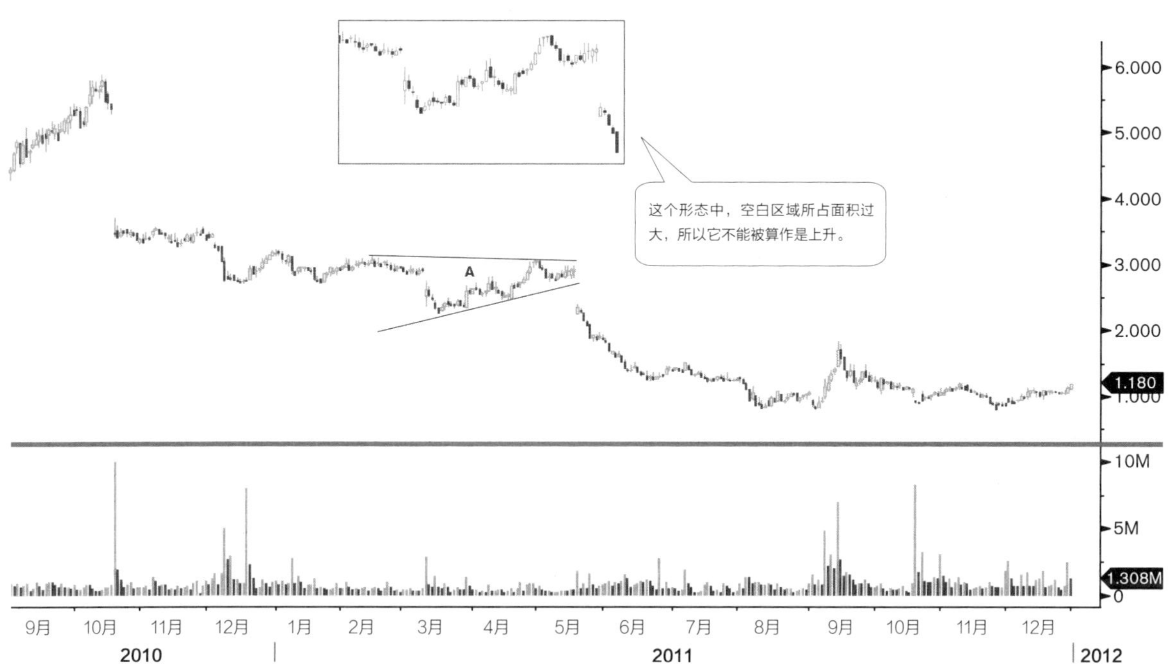

图 8.4 美股 Coldwater Creek 公司

◎上升三角形的变体

图 8.3 是一个周线图，其中有一个上升三角形。在这个形态内部，价格三次探顶上趋势线（A），三次探底下趋势线（B）。

你可能已经注意到，C 处有较大面积的空白。如果次高点 A 能靠左一点的话，空白就会少许多。不过我依然认为这是一个合格的上升三角形。虽然它不甚完美，但要知道，完美的股价形态并不常见。

即使把时间刻度换成日线或时线，形态的形状也不会有任何改变。甚至在分钟线下，上升三

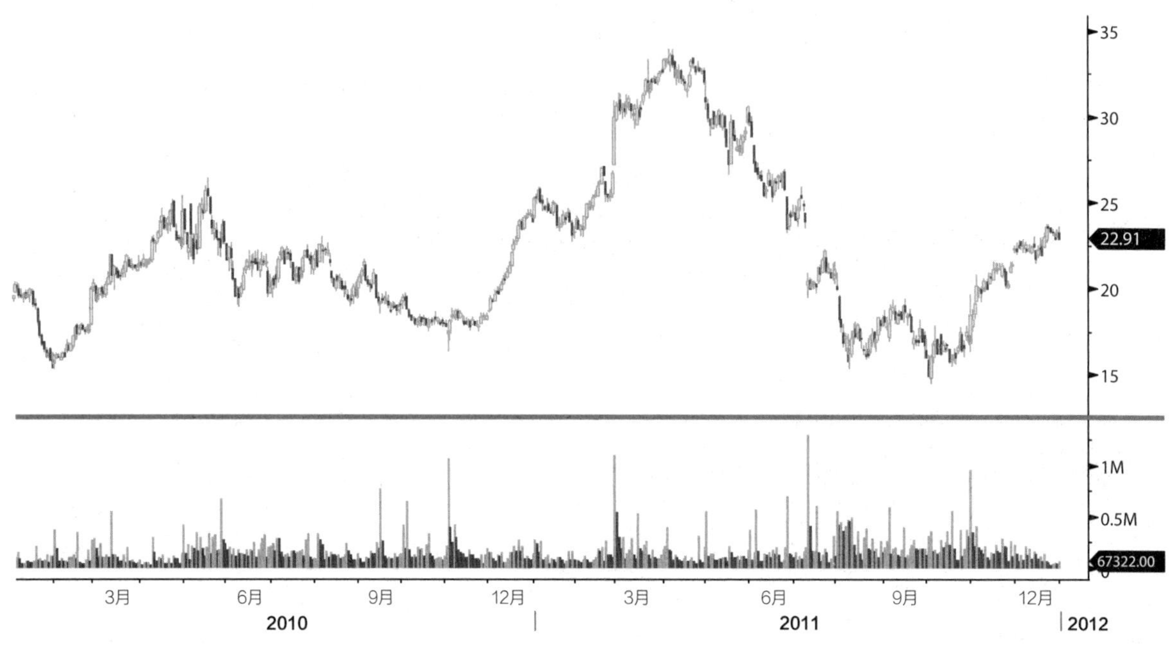

图 8.5　美股 Trex 公司

角形的平坦顶部和上倾斜底部依然十分明显。

留意一下图中右侧的头肩底。头肩底是趋势反转，熊市变牛市的绝佳前兆。

左肩和右肩看起来还正常。但那伸长的头和颈在警告我们，千万不要和黑洞玩捉人游戏。

图 8.4 是个无效的上升三角形。价格两次探顶上趋势线，多次探底下趋势线。上趋势线水平，下趋势线向上倾斜。

但是 A 处的空白实在太大，大得波音 747 都可以穿过。而且在形态内，价格上下振荡的次数太少，所以这个上升三角形无效。

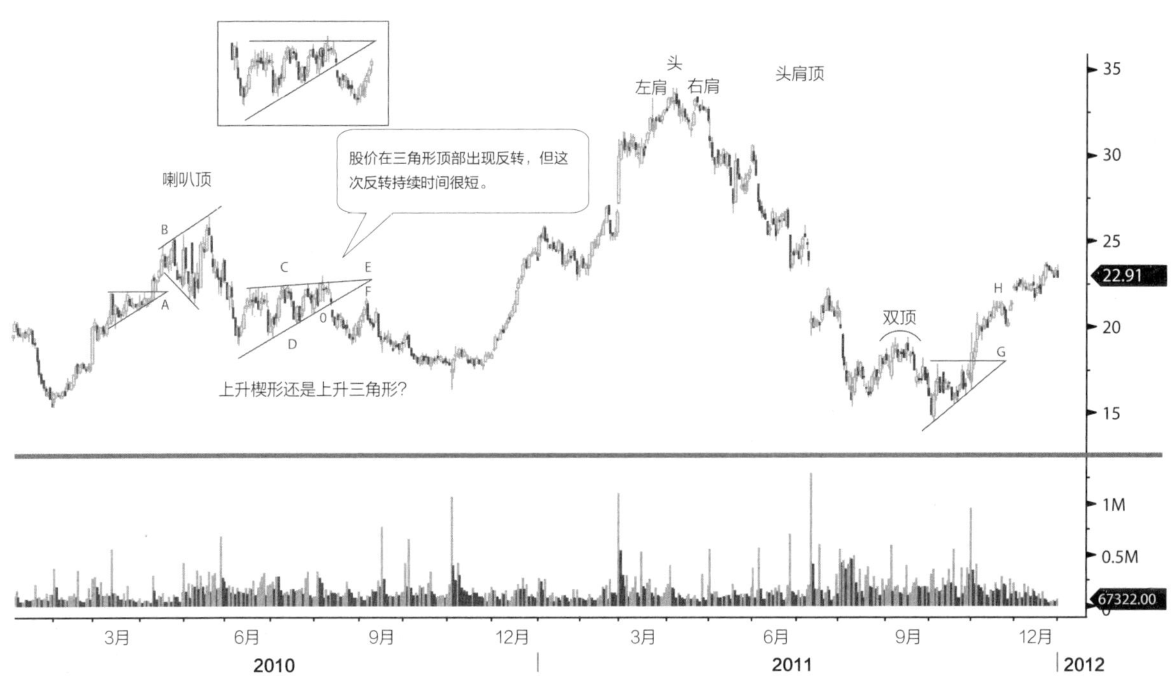

图 8.6　美股 Trex 公司

◎本章测试题

找一找图 8.5 中有几个上升三角形吧。你应当能够找到两个，如果再敏锐些，你或许能找到三个，还有一个喇叭顶，一个头肩顶和一个双顶。还不知道怎么找三角形以外的形态？没关系，我只是想让你的眼睛尽快适应各种股价形态而已。

图 8.6 揭晓答案。

对比顶点 A 和反转 B，顶点 E 和波峰 F，以及顶点 G 和缺口 H。每个顶点上方或下方都形成对应的价格反转。价格反转要么很快消失，要么就此引发新的价格趋势。

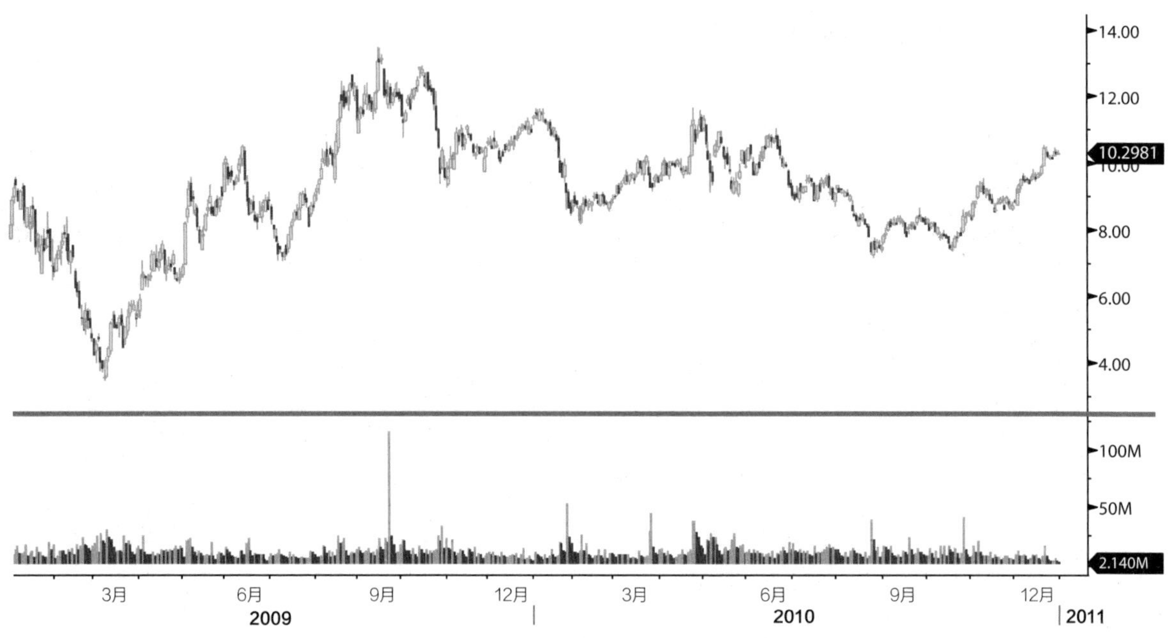

图 8.7 美股西麦克斯公司

我们无法判定价格反转的持续时间，但三角形的这个特征可以帮我们找到短期价格反转。

看一下形态 C。价格三次探底下趋势线（结束点不算在内，因为价格跌出三角形），多次探顶上趋势线，可上趋势线不是水平的。

上趋势线必须是水平的吗？并非如此。让我们看一下上方的插图。换一种画法，上趋势线就变得水平。这是一个上升三角形吗？

插图内，上趋势线后方，形成上行突破；而大图中，上趋势线后方，下行突破。仅仅是画法不同。

在我看来，后一种画法显示的是上升楔形，

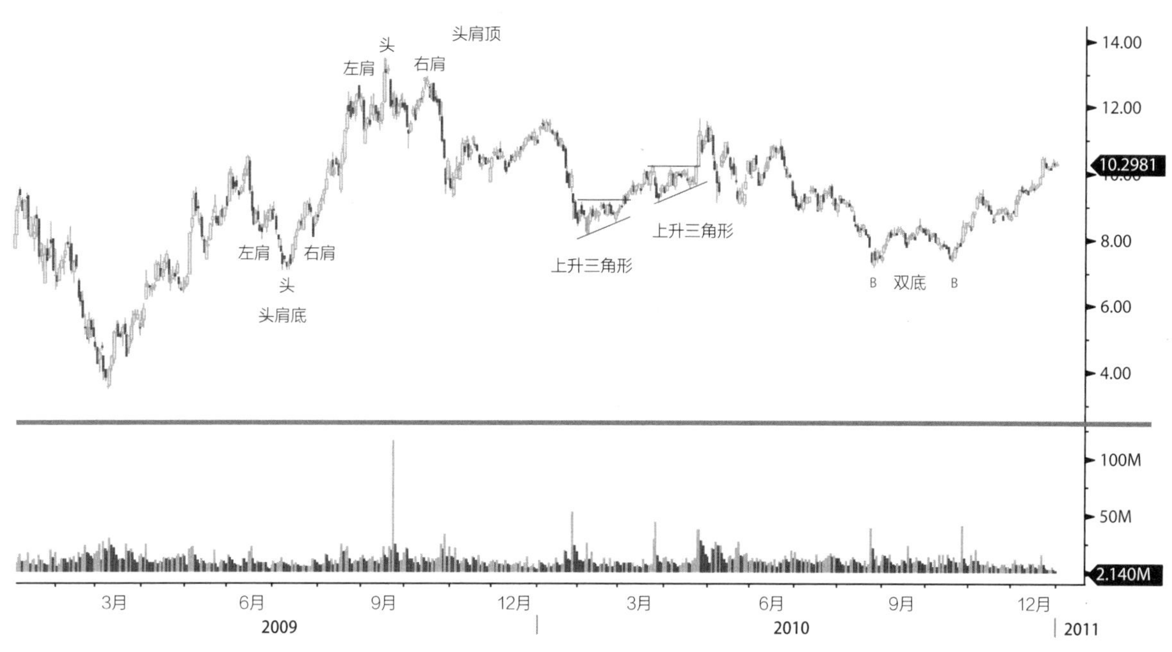

图 8.8　美股西麦克斯公司

而不是上升三角形。不要急着看下一幅图。多观察一下其他股价形态，这样你就能找得更快更准。

图 8.7 中有两个上升三角形，一个双底，一个头肩顶以及一个头肩底。虽然到目前为止，我们还未涉及那么多形态，但多练练眼力没错。图 8.8 揭晓答案。

希望你找出了该图中的两个上升三角形。

在第 9 章，我们将讨论下降三角形。这种形态可以说是患了抑郁症的上升三角形。

自测题

判断下列表述是否正确：

1. 上升三角形的下趋势线是水平的。

2. 上趋势线可以轻微歪斜，但不可以倾斜过度。

3. 上下趋势线在三角形的顶点交会。

4. 三角形顶点的上方或下方可能是趋势转折点。

5. 多数情况，上升三角形突破后呈上涨趋势。

答案：1. 错误　2. 正确　3. 正确　4. 正确　5. 正确

第9章 找出下降三角形

下降三角形和上升三角形十分相似，它们都有一条水平趋势线和一条倾斜趋势线。

图 9.1 给出两个例子。从 5 月开始，股价开始一波波砸向支撑线 A，就像得克萨斯州的冰雹一样，同时还出现多次反弹，形成下降三角形。

A、B 和 C 三个波谷沿水平下趋势线分布。D、E 和 F 三个波峰则沿向下倾斜的上趋势线分布。两条趋势线于三角形顶点处交会。成交量（G）呈下降趋势，突破日才有所回升，这一表现与许多股价形态相似。

心情有些激动：这是我最喜欢的交易形态之一。价格先是下行突破，但突然逆行而上，最终收在三角形上方。下降三角形破裂，这通常会带来向好表现。如图所示。

对三角形 H，我还有些犹豫。它的下趋势线被画成水平线，但其实是向上倾斜的。如果我们重新画过，它就成为对称三角形，而那是下一章节要讨论的内容。但在本例中，价格趋势的波谷近乎落在同一条水平线上，所以姑且将其视为下降三角形吧。

◎辨识技巧

为了更好地理解下降三角形的主要特征（表 9.1），请看图 9.2。三角形的底部与水平

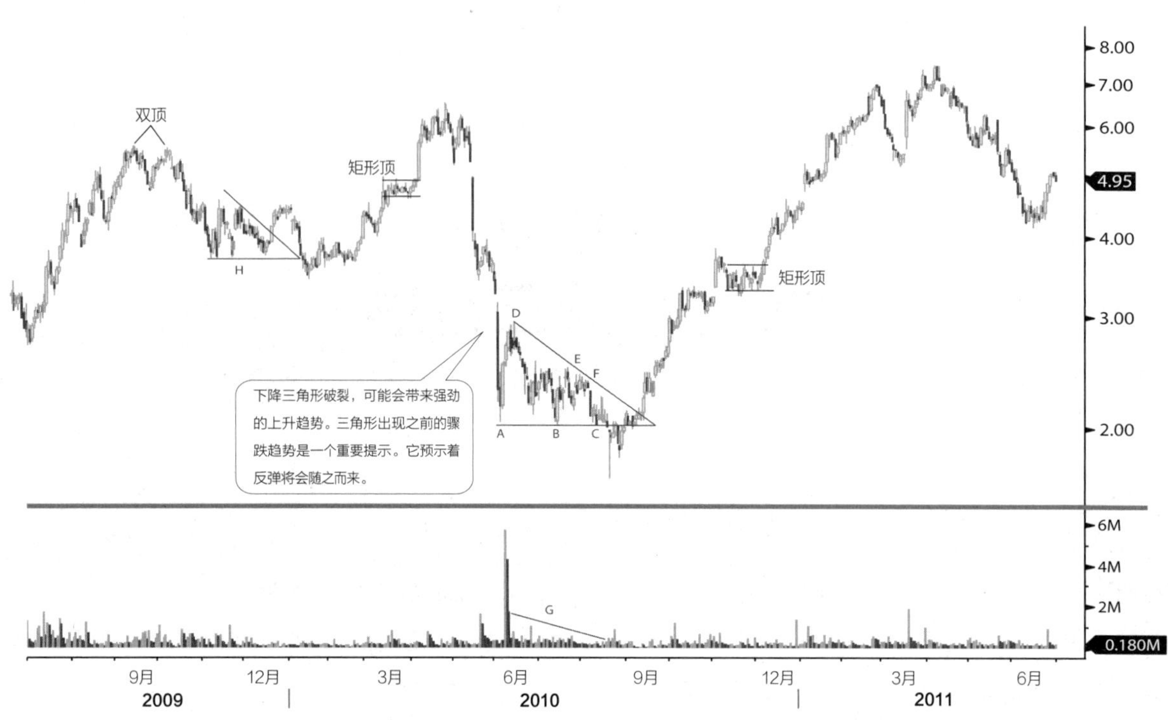

图 9.1 美股 New York & Co Inc 公司

表 9.1 下降三角形的主要特征

特 征	描 述
水平下趋势线	底部价格沿一条水平直线分布
下倾上趋势线	顶部价格沿一条下倾斜线分布，波峰渐低
价格变化	在三角形中，价格上下振荡，分布紧凑，形态内部空白较少
成交量	在三角形中，成交量逐渐减少，突破日前夕，成交量达到最低点
突破	突破方向不定，但突破下行的概率较大

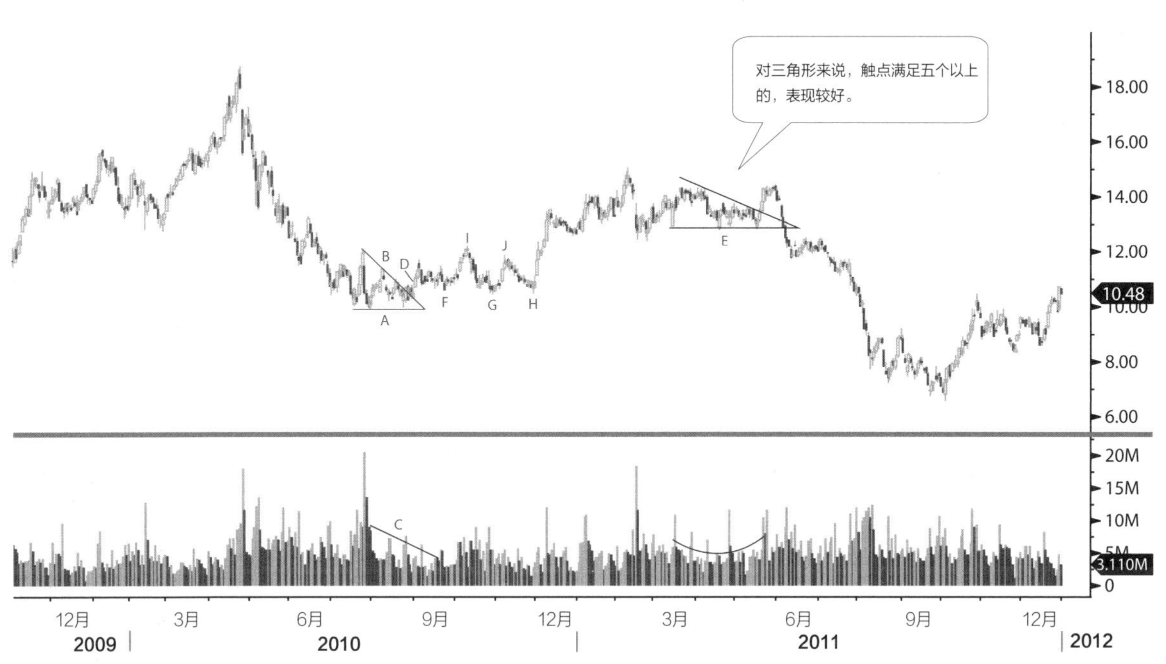

图 9.2　美股马斯科公司

趋势线有两个触点。还有一个触点十分相近，看起来也像是在同一条趋势线上。

因为底部仅有两个触点，所以在顶部附近我找到三个接触点，另外在该三角形内部，价格上下振荡，形态内部空白较少。

通常情况下，下降三角形对应的成交量呈下降趋势，但不要仅凭这一点就轻易下结论。尽管 E 的成交量曲线呈 U 形，但它依然是一个有效的下降三角形。下降三角形的突破方向不定，但多数情况下，它会向下突破。

看一看 F 至 J 五点。这是否也是下降三角形呢？是。但我不喜欢只有两个上触点的下降

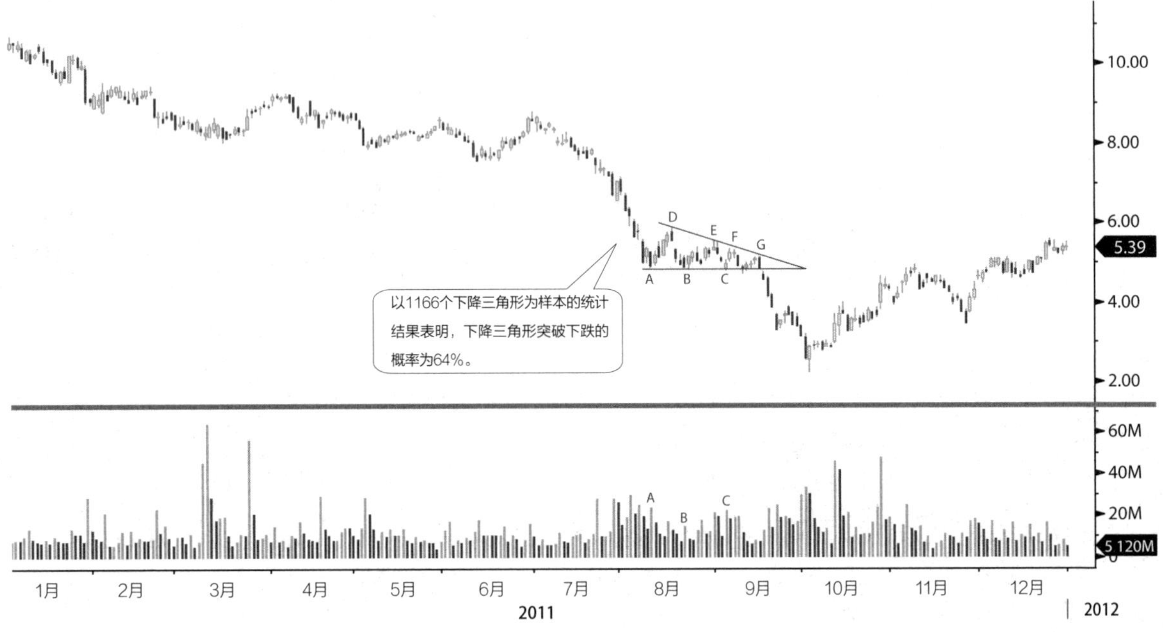

图 9.3　美股西麦斯公司

三角形，而且它的下趋势线不够水平。但从整体来看，它算是下降三角形。图 9.2 中还有一个下降三角形，在股价图最左侧。

这个下降三角形于 2009 年 11 月中旬开始形成，至 2010 年 1 月上旬，突破上行。它有三个上触点和三个下触点。

◎交易心理分析

假设你是一家大型投资机构的老板，如图 9.3 所示，你想在 5 美元价位处买入西麦斯。当股价跌到 5 美元时，你在 A 点买入，并注意着成交量的变化。

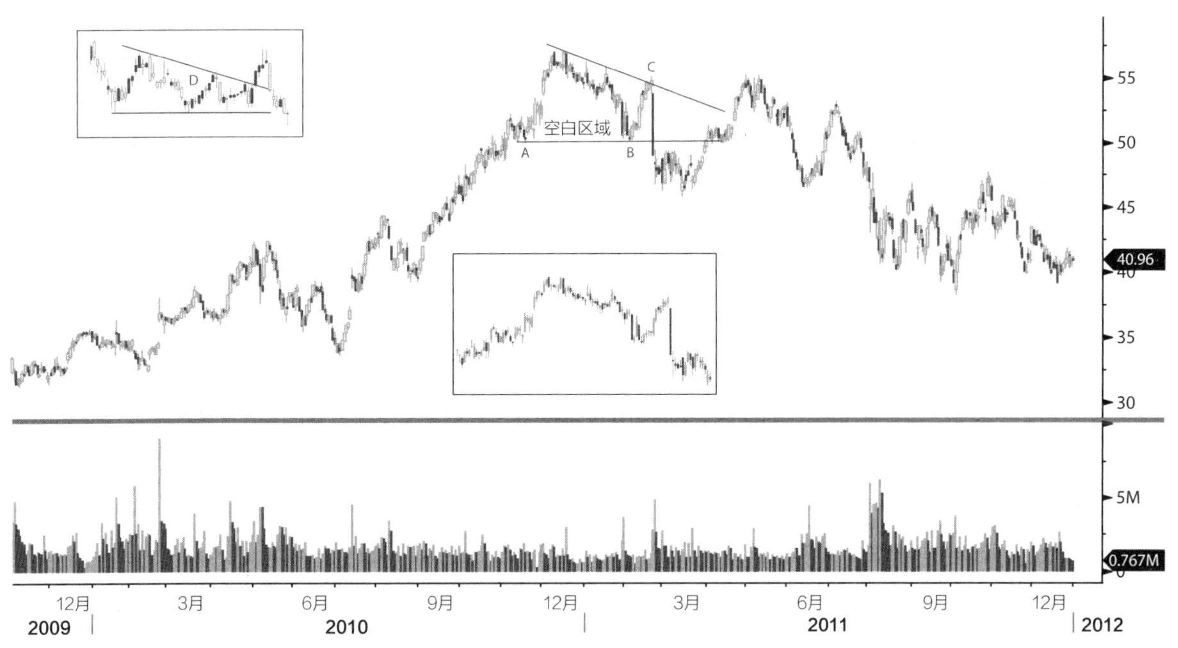

图 9.4　美股康捷国际物流公司

你盯着报价系统，眼看股价不断变化，一会涨到 5 美元，一会又跌下去。你随即对这只股票进行调查，发现对它而言，这个价位必须入手。最后，你和其他众多投资者一道推动股价上升。

当股票涨到 6 美元时，你把持有的西麦斯股票全部卖出，赚了个盆满钵盈。其他投资者也同样觉得这个价格过高，决定在 D 点卖出套现。抛售压力下，价格跌至 5 美元以下（B 点），吸引更多的投资者买入。

当股价再次上涨，此前错过机会的投资者在 6 美元处卖出。交易在 E、C、F 和 G 之间循环。

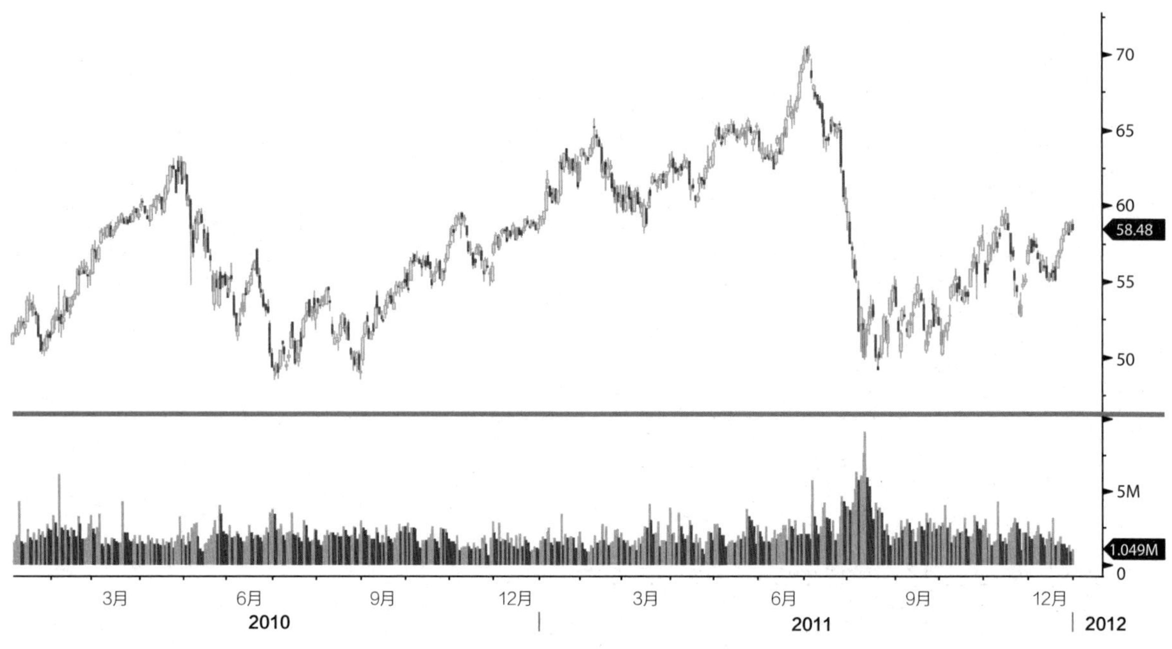

图 9.5　美股诺斯洛普·格鲁门公司

股票在 G 点处表现最差（9 月），抛售压力空前强大，促使价格冲破支撑。股票就此崩盘。这轮交易的全过程，就形成图中所示的下降三角形。

◎下降三角形的变体

图 9.4 暴露出形态辨识的一个缺点。

价格在 A 和 B 两点两次探底，价位一致。形态顶部，价格多次探顶上趋势线，最终于 C 点突破三角形。

问题出在哪？形态中央的空白面积太大。形态内部，价格未能如织网般上下振荡，因而留下大量空白。把三角形边界拿掉以后，你再仔细观察一下插图，这只是一次寻常的波动：股票攀升至波峰，而后骤跌。这并不是一个三角形。对比 ABC 区域，三角形 D 内的空白面积就相当少，且与上下趋势线都有多个均匀触点。这是下降三角形的范例。

◎本章测试题

要找到图 9.5 的下降三角形绝非易事。给你一点建议吧：从下倾趋势线入手。在这过程中，你或许还会遇到一个双底，并且下降三角形和双底都是大块头。

图 9.6 揭晓答案。这个下降三角形有三个上触点和两个下触点。价格在形态内部上下振荡，填补空白。但由于此图中的三角形过大，相比其他下降三角形来说，空白面积还是很大。

你可能已经注意到，双底和下降三角形在同一个位置出现，但它们都有效。

下一个练习很简单。你会找到一个下降三角形，两个双顶，一个双底，以及一个对称三角形。尽可能地在图 9.7 中把它们都找到吧！

下降三角形位于 A 处（详见图 9.8），价格分别与两条趋势线多次接触，形成一个漂亮的楔形。它让我想起夏天防风用的橡胶门档。

你或许已放弃三角形 B，这是对的。它的确不是下降三角形，因为形态内部的空白过多。

股价图右侧有一个对称三角形。这种形态更为复杂，有两条相交线。它与上升三角形、下降三角形的不同之处，在于对称三角形突破后的趋势无法预测。而股价图中，对称三角形多得让人心烦。我会在第 10 章中做针对性讲解。

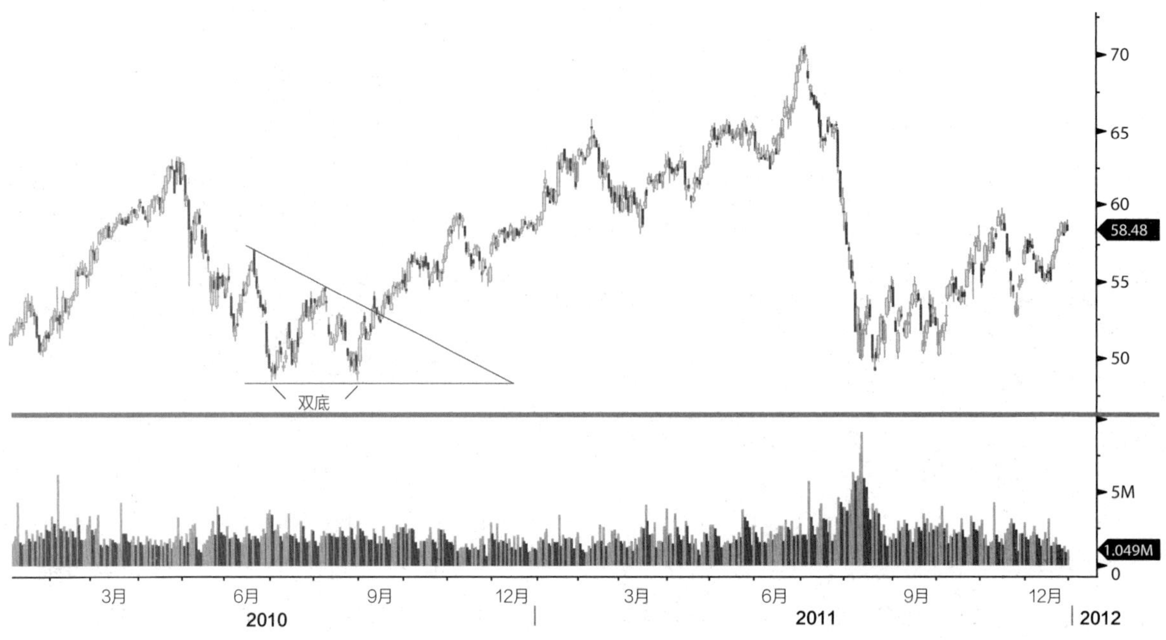

图 9.6　美股诺斯洛普·格鲁门公司

图 9.7　美股 Cache 公司

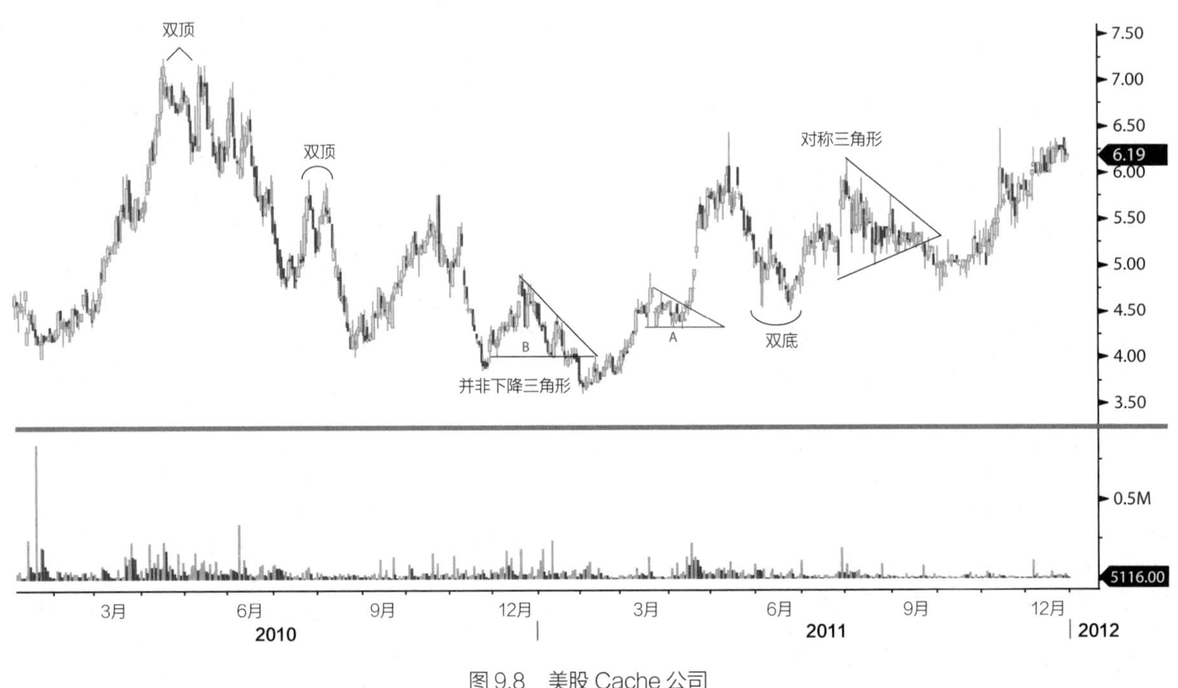

图 9.8　美股 Cache 公司

自测题

判断下列表述是否正确：

1. 上升三角形具有水平上趋势线。　　2. 下降三角形具有向下倾斜的上趋势线。

3. 合格的下降三角形需要至少四个触点，五个或者五个以上为佳。

答案：1. 正确　2. 正确　3. 正确

第10章 辨识对称三角形

对称三角形是股价形态的进阶形态。在辨识对称三角形时，我们需要用到倾斜的趋势线，而不是水平趋势线。

图 10.1 展示两个对称三角形。它们在股价波浪中游泳的样子，使我想起我住在波士顿附近时，饲养在 55 加伦水族缸里的天使鱼。

我喜欢 C 点的三角形。股价与两条倾斜趋势线相接触，两条趋势线交会于三角形顶点。波峰落在三角形的正上方。我此前已提到过三角形顶点及伴随它的价格反转现象。如果价格趋势有变，投资者常常能借此得到一些线索。

这个三角形的顶点 D 在波峰 E 的正下方。虽然不及其他三角形的预测及时（波峰 E 一经出现，价格立即下跌），但这个信息仍有一定价值。

三角形 D 的上下趋势线均被突破过，所以这个形态不是特别理想。成交量方面，与其他对称三角形一致，呈下降趋势。

◎辨识技巧

图 10.2 可以帮助你更好地理解表 10.1 的内容。

图中 C 处是一个对称大三角形，两条趋势线是它的边界。价格与两条趋势线各有三个触点（每条趋势线至少应有两个触点，三个或三

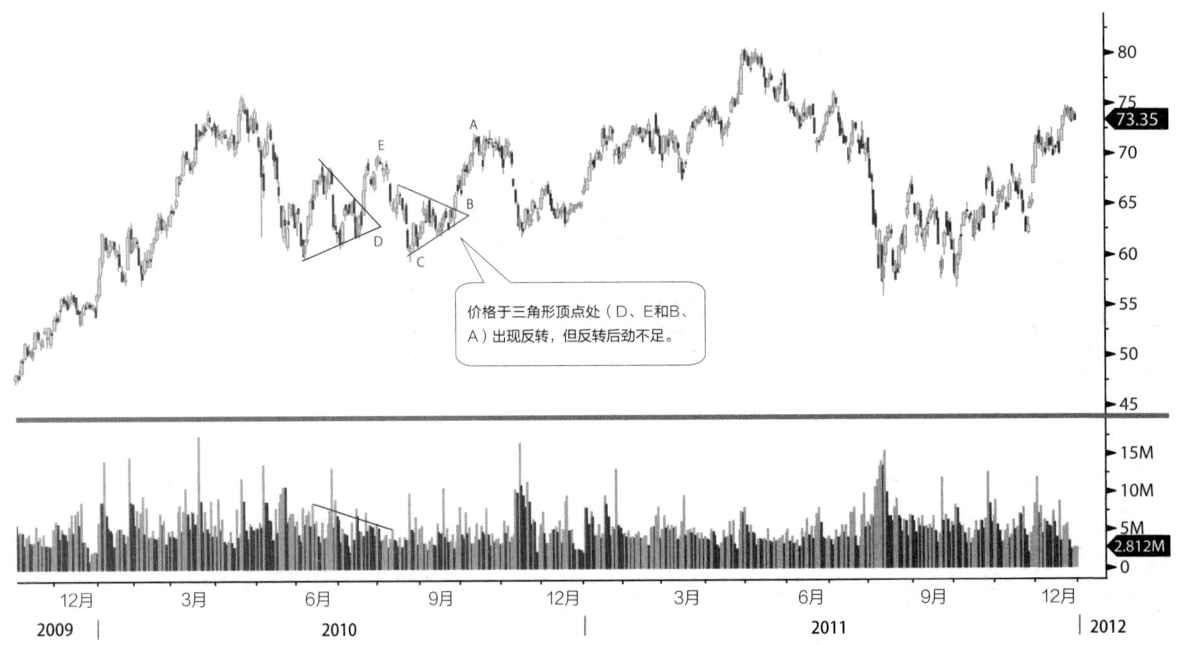

图10.1 美股波音公司

表10.1 对称三角形的主要特征

特 征	描 述
两条倾斜相交趋势线	价格随两条倾斜趋势线波动，趋势线于三角形顶点处交会
价格变化	在三角形中，价格上下振荡，分布紧凑，形态内部空白较少
成交量	在三角形中，成交量逐渐减少，突破日前夕，成交量达到最低点
突破	突破方向不定
周期	一般大于三周；若不足三周，则该形态可能是三角旗形态

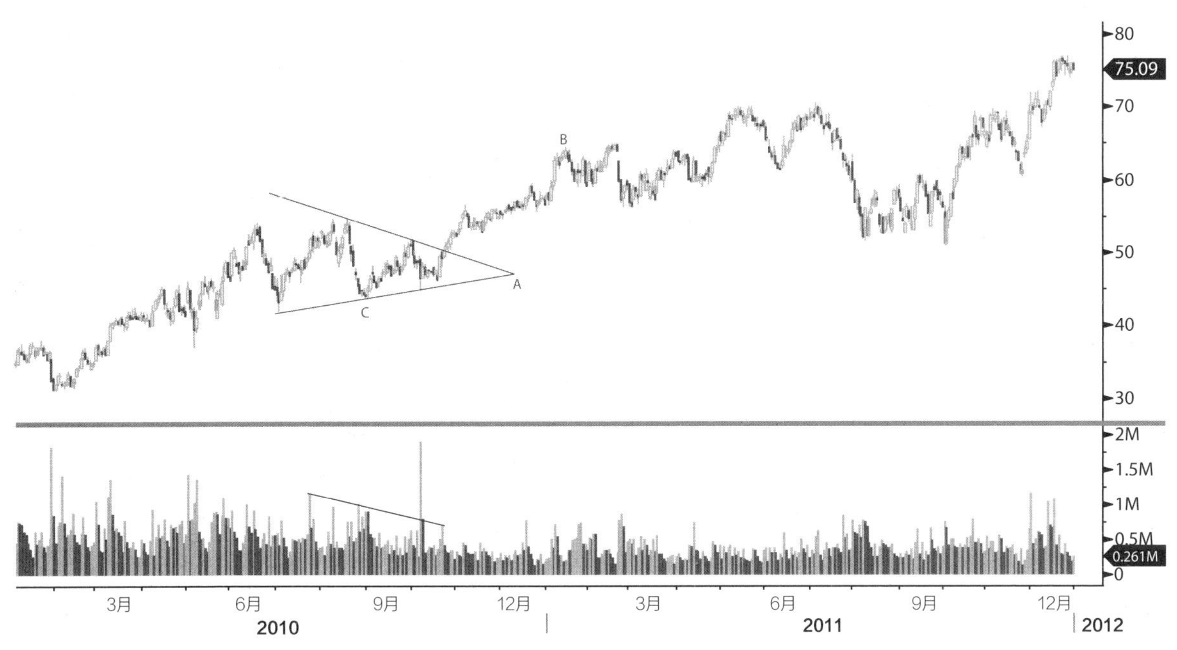

图 10.2 美股阿拉斯加航空公司

个以上为佳），即三个次高点和三个次低点。价格在三角形内上下振荡，填补空白。此图中是一个大三角形，所以空白面积相对较大。空白可以存在，但不能像个大牙窟窿，必须牙医才能把它补上。

成交量呈下降趋势，但更常见的是不规则变化。不要仅仅因为成交量曲线异常，就否定某一个对称三角形。突破方向不定。大部分对称三角形的周期大于三周，我们可以凭借这个特征来区分对称三角形和三角旗。如果周期小于三周，却不见旗杆，那么它可能真的是一个对称小三角形。

图 10.3 美股 Griffon 公司

◎交易心理分析

对称三角形是最具迷惑性的形态。我们无从判断价格将如何发展。

图 10.3 给出对称三角形的又一个例子。

对称三角形出现前，买空者推动价格上升，仿佛是为证明双底的有效性。那意味着，股票会收在双底之间高于最高波峰的价位。事实也正是如此。

直线持续发展，直到遭遇来自卖空者的上行阻力。当卖空者认为股价过高时，就会把该股清仓。

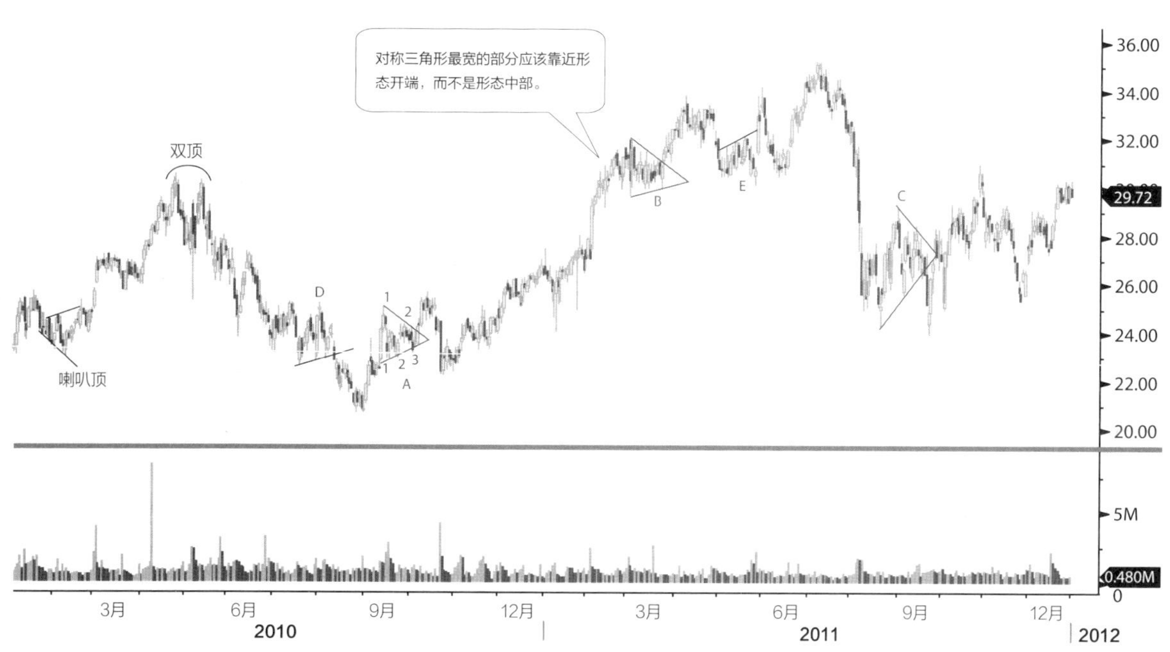

图 10.4 美股 Griffon 公司

卖空者的清仓行为迫使股价下跌。当股价逼近此前次低点价位时，买空者抓住机会补仓，其他投资者也闻风而动。购买需求加剧，价格再度攀升，直到卖空者试图清仓赢利。

振荡持续，卖空者刚一清仓，买空者就立即补仓，节奏十分紧凑。最终，如图示一样，购买需求胜过抛售压力，节奏放缓，股价突破上行。

几乎在同一时间，卖空者重新集结，迫使价格回落。他们继续清仓，直到股价于 8 月探底。就这样，形成股价图上的这个对称长三角形。

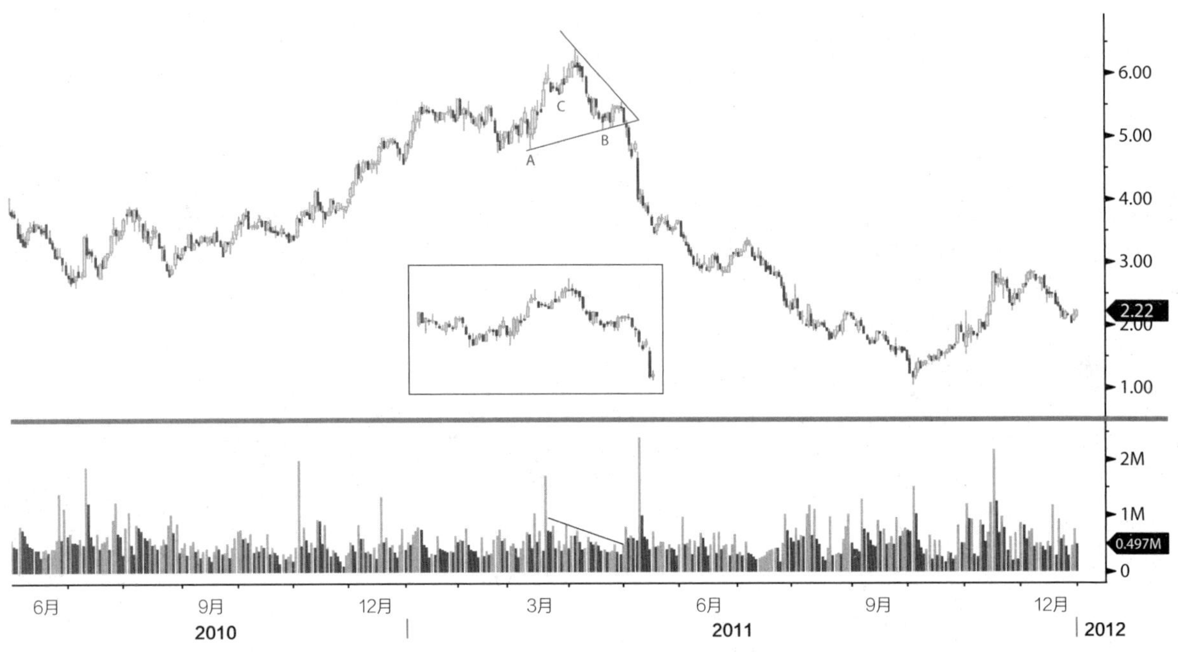

图 10.5 美股 Headwaters 公司

◎对称三角形的变体

图 10.4 中有好几种股价形态，包括几个看似对称三角形而实际不是的股价形态。

先看一下三角形 A。首先引起我注意的，是它和下趋势线的三个触点，但它和上趋势线只有两个触点。所以它不是一个典型的对称三角形。

三角形 B 也不理想，因为如果去掉下趋势线上的第一个触点，下趋势线就变成水平（尽管难以察觉）。

三角形 C 的位置有些尴尬。它位于股价图

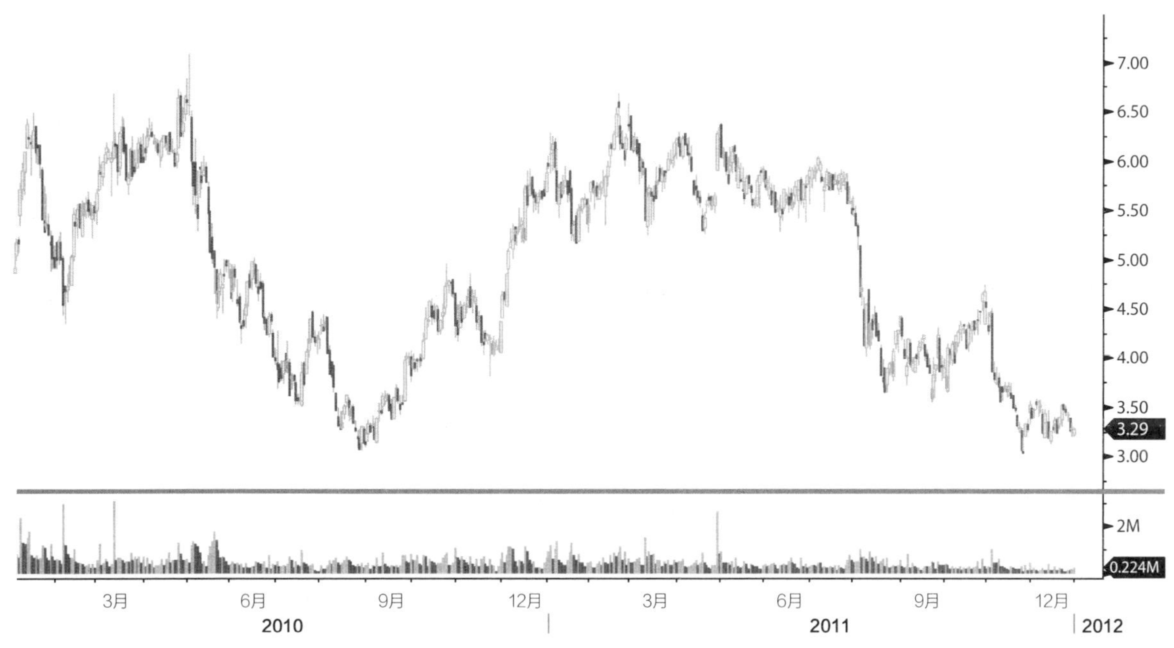

图 10.6 美股 Metalico 公司

中部靠后，而不是起点，这样验证起来就有些困难。虽然这三个三角形都有些瑕疵，但仍可算作对称三角形。

至于图形 D。底部是一个上斜趋势线，有三个触点。顶点 D 位于图形中央。如果把 D 点看作三角形的起点，那么它就不对称，也不平衡。所以这不是一个对称三角形。

有点晕头转向吗？一旦你对任何一个股价形态产生疑惑，就放弃它，去寻找下一个吧。股价形态比我们野餐时候见到的蚂蚁还多。

图形 E 在顶部有许多触点，但下半部分的空白面积过大。因此，这也不是一个对称三角形。

图 10.7 美股 Metalico 公司

图 10.5 给出的是一个画错对称三角形的例子。价格底部与 A、B 两点接触，但这两点相距甚远，顶部也有两个次高点触点。

再看看 C 处，空白面积明显过大。这不是一个对称三角形，而是一个波峰。那条线迷惑住我们。插图是波峰去掉线条后的效果。

◎本章测试题

我在图 10.6 中找到三个对称三角形、两个双顶和一个头肩顶。你也尝试一下能不能把所有形态都找到。

图 10.7 中揭晓答案。最容易辨识的是对

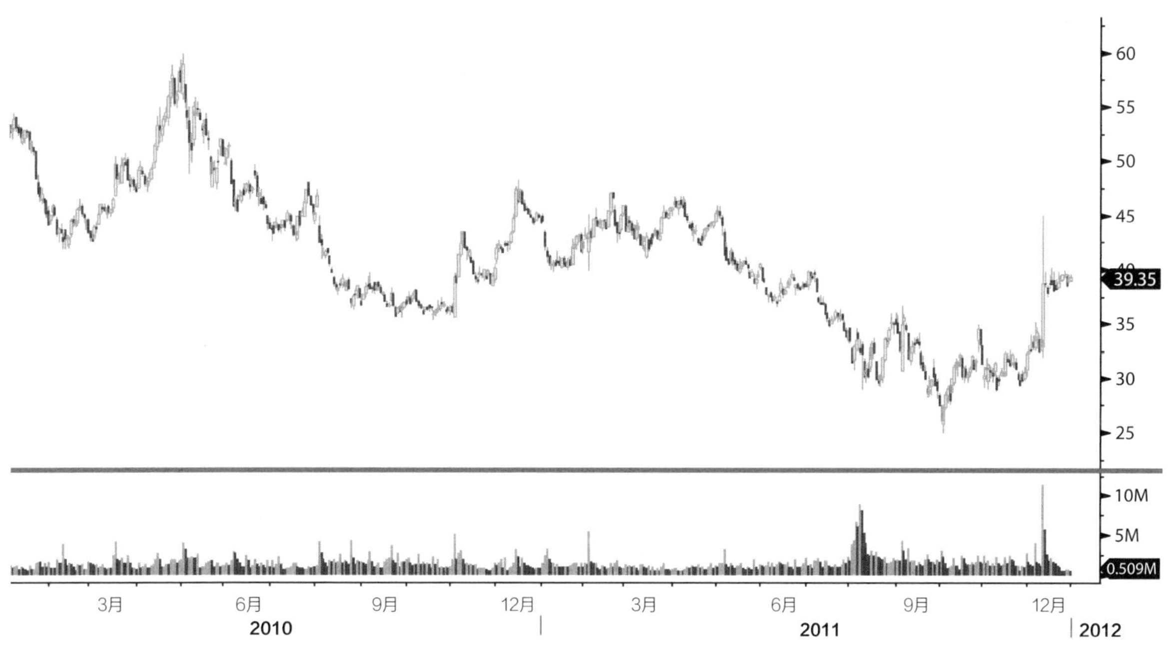

图 10.8　美股瓦尔坎材料公司

称三角形 A。它最大，趋势线接触点多。

而三角形 B 就不那么容易找到，因为一般不太会把起始处的波峰看作次高点触点。如果忽略这个次高点触点，该处可能更像一个上升三角形。三角形 C 最难发现。它隐藏在价格无序发展的时间段内，有三个上趋势线触点，但只有两个下趋势线触点。要注意的是，D 点并不是触点，因为它不是次低点。

图 10.8 中，有三个对称三角形，一个下降三角形，一个头肩底和一个大 W（一种高边双底形态）。

图 10.9 揭晓答案。如果你把图形 A 看作一

图 10.9　美股瓦尔坎材料公司

个对称三角形，那你要注意。蜡烛 A 并不是次低点，不能作为形态的开端。三角形 B 很大，而且有很多趋势线触点，应当易于辨识。

点 C 与点 D 价位相同，这意味着上趋势线未能接触点 C。即便如此，还是可以把它看作一个对称三角形。

我希望你能找出下降三角形。至于大 W，你可能还不认识，但你可以从名称去推断。

在第 11 章中，我们将讨论矩形旗形和三角旗形。届时，我们就会对此类形态有更直观的理解，也会了解到何为旗杆，以及为什么三角旗形没有旗杆。

自测题

判断下列表述是否正确：

1. 上升三角形和下降三角形都只有一条倾斜趋势线，而对称三角形有两条。

2. 当一个对称三角形的周期大于三周，且具备旗杆时，这个图形就叫做三角旗形态。

3. 如果股价不能证明一个股价形态，那么它就不是股价形态，只不过是股价图上的无序曲线。

4. 当对称三角形第一次突破趋势线边界时，就意味着这个股价形态得到确认。

答案：1. 正确 2. 错误 3. 正确 4. 错误

区分四边旗形和三角旗形

三角旗形让我想到逢年过节时大街上挂着的尖头彩条。四边旗形与三角旗形的唯一区别就在于，四边旗形的两条趋势线平行，而三角旗形的两条趋势线交会。

图 11.1 零星分布好几个四边旗形和三角旗形。我们首先从三角旗形 B 开始。这种三角旗形是投资者的最爱。趋势起始于点 A，随后直线上升至 B 处，在此处价格横向盘整，形成一个三角形。这就是三角旗形。然后，价格恢复强劲上升，来到 C 点。A 点到 B 点的涨幅与 B 点到 C 点的涨幅相近。因此，我们可以把该三角旗形看作一个“半旗”，它可以出现在价格趋势的中途。这也可以运用到四边旗形和其他价格图表中。

C 是另一个三角旗形。三角旗形 B 中，价格横向波动，而三角旗形 C 中，价格整体向下缓慢波动。图中右侧的三角旗形 D，看起来像一个缩小版的下降三角形，既有平坦底部，又有下倾顶部。四边旗形具有两条平行的趋势线，而三角旗形的趋势线最终交会于一点。

◎辨识技巧

如此简单的形态，为什么辨识起来这么复杂呢？不要担心，表 11.1 总结四边旗形和三角旗形的主要特征，有助于我们辨识。

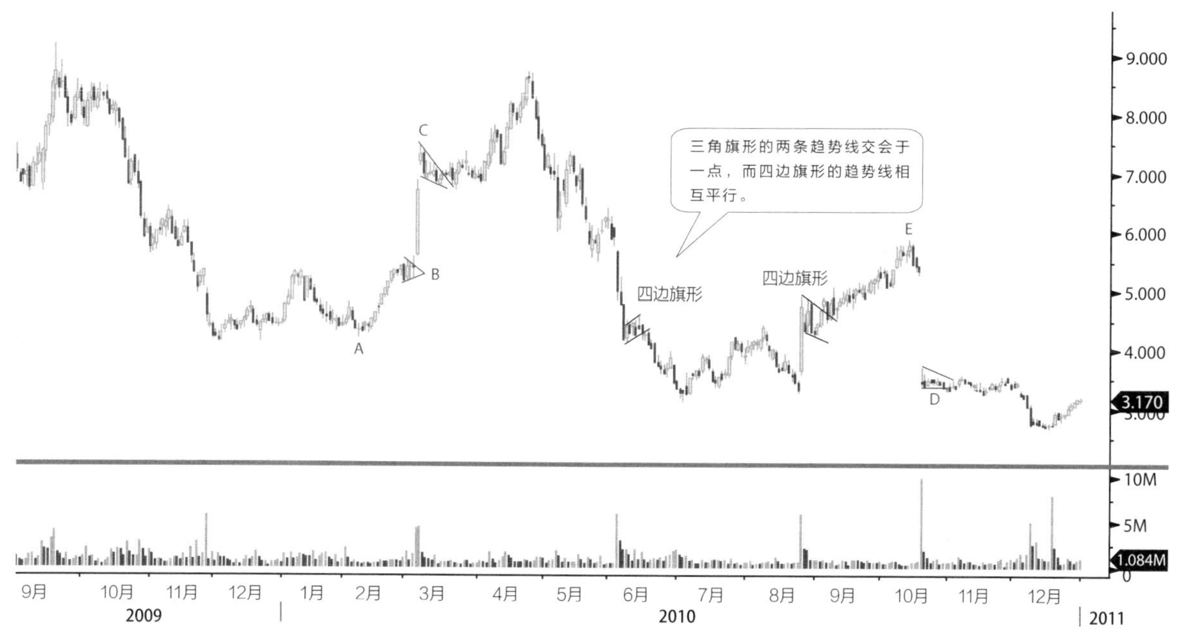

图 11.1 美股 Coldwater Creek 公司

表 11.1 四边旗形和三角旗形的主要特征

特 征	描 述
价格趋势	四边旗形和三角旗形总是落在旗杆上，因为这两种形态出现之前总有一个强劲的直线上升趋势
两条交会的趋势线	四边旗形的价格波动受两条平行或近乎平行的倾斜趋势线限制；三角旗形的价格波动受两条相交趋势线的限制
成交量	在该形态中，成交量逐渐减少
突破	突破方向不定
周期	一般不超过三周

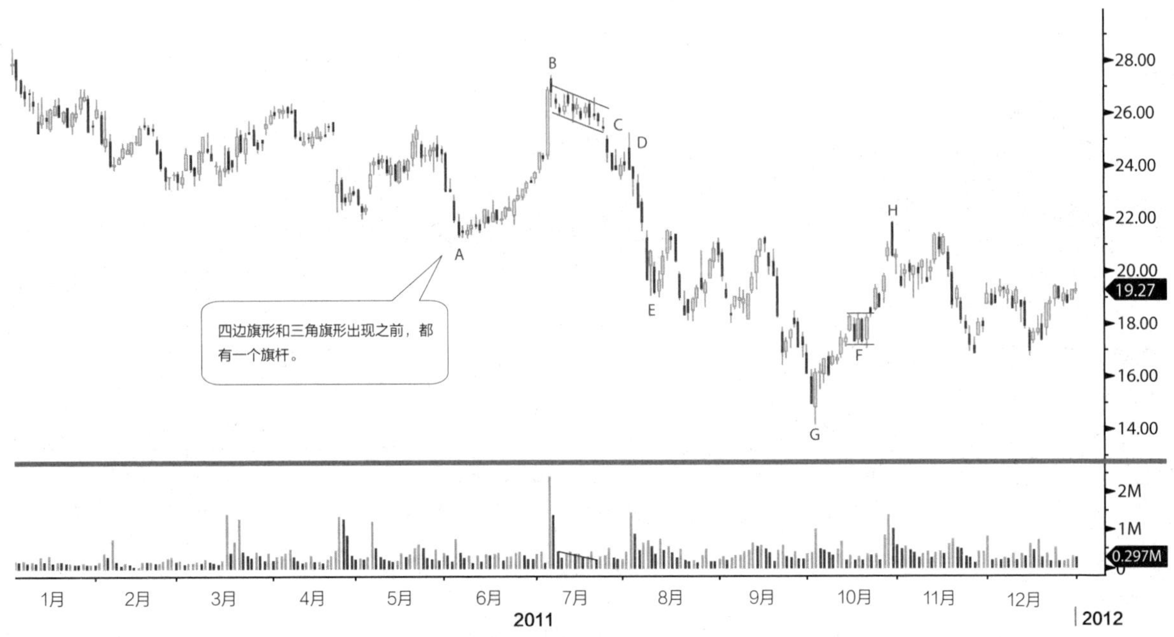

图 11.2　美股 Arkansas Best 公司

寻找四边旗形和三角旗形最简单的办法：从旗杆入手。先找到直线上升的价格趋势，如果在此期间价格合并，此后便极有可能形成四边旗形和三角旗形。

图 11.2 可以帮助你理解表格内容。

四边旗形出现之前，价格会出现一个旗杆状的直线上升趋势，这是旗形出现的必要前提。旗杆顶部，价格盘整形成四边旗形 BC。随后，价格突破下行，于 D 点稍见回升后，继续下跌，直至跌破发行价格后形成凹口 E。

四边旗形应形成于两条平行或近乎平行的趋势线之间。这两条趋势线不必严格平行。三

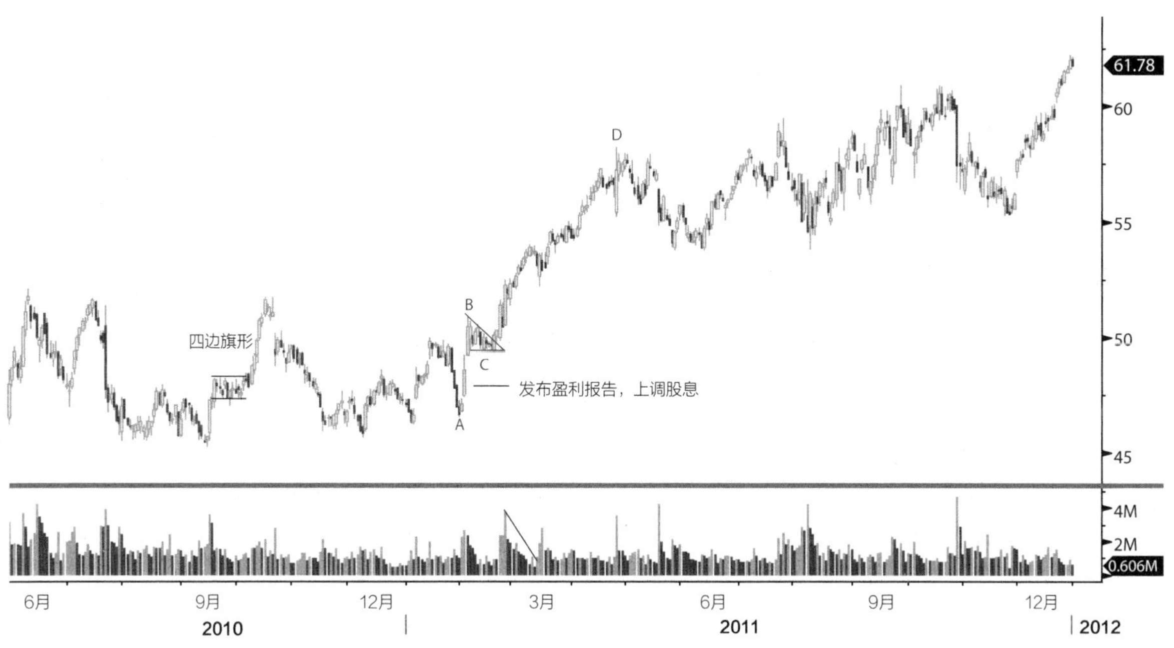

图 11.3　美股好时公司

角旗形则形成于两条相交的趋势线之间。对这两种形态来说，触点的多少无关大局。

四边旗形和三角旗形中的价格趋势方向不定，横向波动也有可能，但通常与形态出现之前的趋势相反。在本例中，AB 段趋势向上，而四边旗形内的 BC 段整体趋势向下。

成交量方面，和其他股价形态一致，通常呈下降趋势。突破方向不定，但通常与进入形态时的趋势一致。

四边旗形和三角旗形周期较短，一般不超过三周。不过这不是一个确定值。你需要特别关注的是强劲直线上升趋势上打个结似的一小块盘整区。一旦这个结解开，就意味着形态被突破，价格就会沿原来的趋势继续波动。

四边旗形 F 需要特别注意，因为它正好出现在 GH 趋势的中间位置。

◎交易心理分析

图 11.3 给出了一个三角旗形和一个四边旗形。A 点位置，聪明的投资者开始买入，期待不久后迎来可观的盈利。

两天之后，公司发布盈利报告，上调股息，并且调高公司的经营目标。

骤增的购买需求使股价飙升，像打了鸡血一样。卖空者回到交易台，与买空者展开一场殊死搏斗。双方势均力敌，以至于价格横向发展，形成三角旗形。这个三角旗形具有一个平坦底部和下倾顶部，这表明有一帮投资者想在 49.50 美元处买入。一旦股价继续攀升，这帮投资者就会停止购买。他们的购买行为构建这只股票的支撑区位。

卖空者看完新闻后，仓皇撤离。买空者则继续买入，让股价再次飙升，从 C 点涨到 D 点。这就是一份超出预期的盈利报告将股价送上天堂的过程。

◎四边旗形和三角旗形的变体

在图 11.4 中，有五个四边旗形和两个三角旗形，以及六个额外变体（插图）。

一轮上行趋势后，形成三角旗形 A。假若价格随后突破上升，我会把它称为强劲三角旗形，但事与愿违。

该三角旗形突破下跌，这是三角旗形的典型表现。此后，价格继续走低，像漏水一样从三角旗形末端溢出。这个走势与模式 B 相似，除突破方向不同。

缺口下端处形成三角旗形 B。整体形状虽然不太规则，但还是可以看到小块盘整区。价格在此蓄势，为将来突破下跌做准备。随后下跌形成，这成为模式 D 的最佳例证。

我在两幅插图中分别给出三角旗形上行和下行的不同模式。记住，三角旗形的突破方向不定。

此处，我只给出中继类的形态模式，即突破方向与该形态形成前趋势一致的模式。

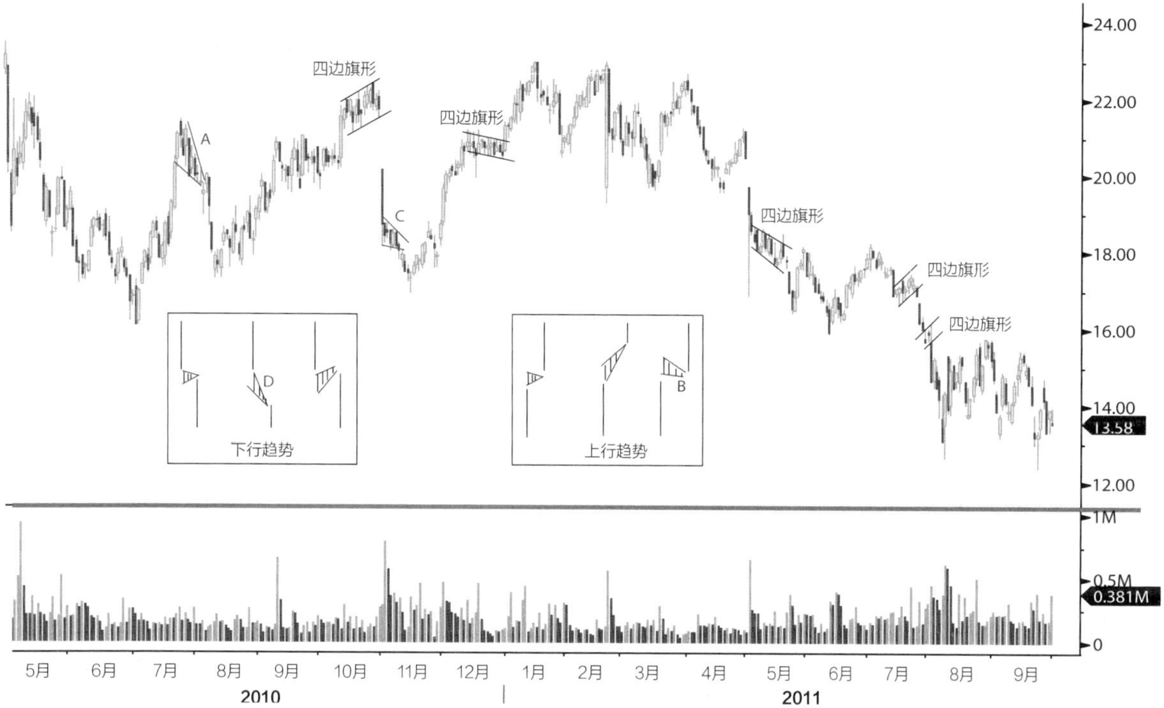

图 11.4　美股保点系统公司

◎本章测试题

图 11.5 中包含多个四边旗形，试着运用学过的辨识技巧，把它们全部找出来吧。我找到 8 个。我给你个提示：其中一个比较大，还有几个算不上合格的四边旗形。

图 11.6 揭晓答案。我把四边旗形按序号标注出来。5 号四边旗形的周期长达一个月，有悖我们的周期不超过三周的原则。如果它的旗杆够长，两者比例相符，也可以。

而且横形运动周期长，则此前极可能出现长而强劲的价格趋势。但是这个四边旗形

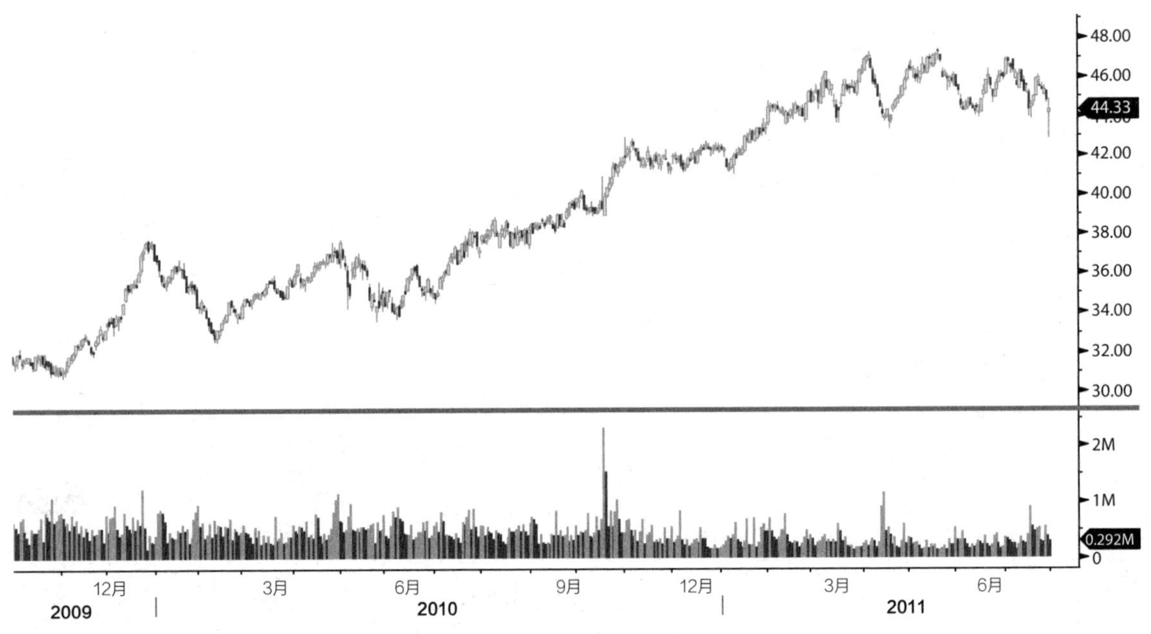

图 11.5 美股 NSTAR 公司

的横向运动周期很长，旗杆却很短，无法与之匹配。

换句话说，不管是四边旗形还是三角旗形，都应该和各自旗杆的高度成恰当比例。这个形态的旗杆从 A 点开始，至 B 点结束，对它来说太短。

休息好了吗？我们再做个练习吧。尽可能多地找出图 11.7 中的三角旗形。

给你点提示：我找到 5 个。图 11.8 揭晓答案。从 A 点开始，形成三角旗形 B。形态突破上升后于 C 点结束。当三角旗形是个半旗时，起点（此例中的 A 点）就至关重要。

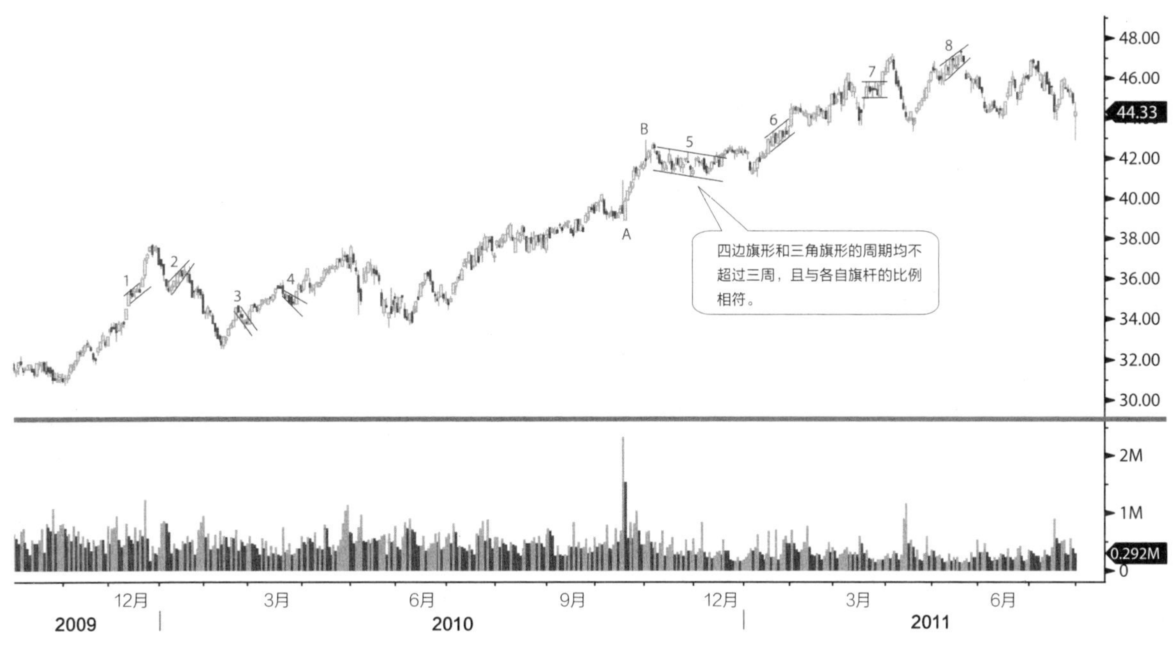

图 11.6 美股 NSTAR 公司

DE 段的上涨，与 EF 段的下跌幅度相当，不过下跌用时略长。

三角旗形 G 或许是这幅股价图中最理想的一个形态。趋势从 F 点开始，一路行进至 H 点。股价从 G 攀升至 H 的幅度，仅仅相当于 FG 段的一半。你可能会有异议，图形 J 不是三角旗形，而是四边旗形，因此我把价格的走势波动放在插图中。这个图形像是一个小上升三角形，但它太小，形成一个三角旗形。

三角旗形 K 看起来大而松散。价格在边界内上下波动，J 后的直线趋势形成的旗杆与三角旗形的比例相符。

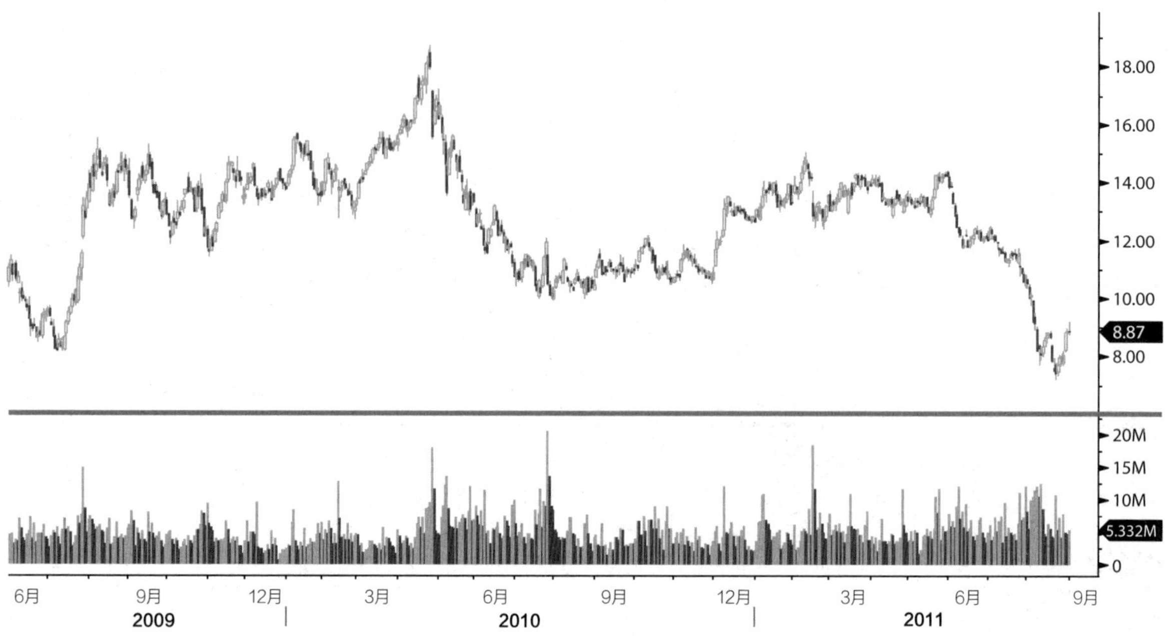

图 11.7 美股马斯科公司

在第 12 章，我们的关注重点将发生变化，从如何画趋势线转向如何寻找在相近价位探底的凹槽，即双底。

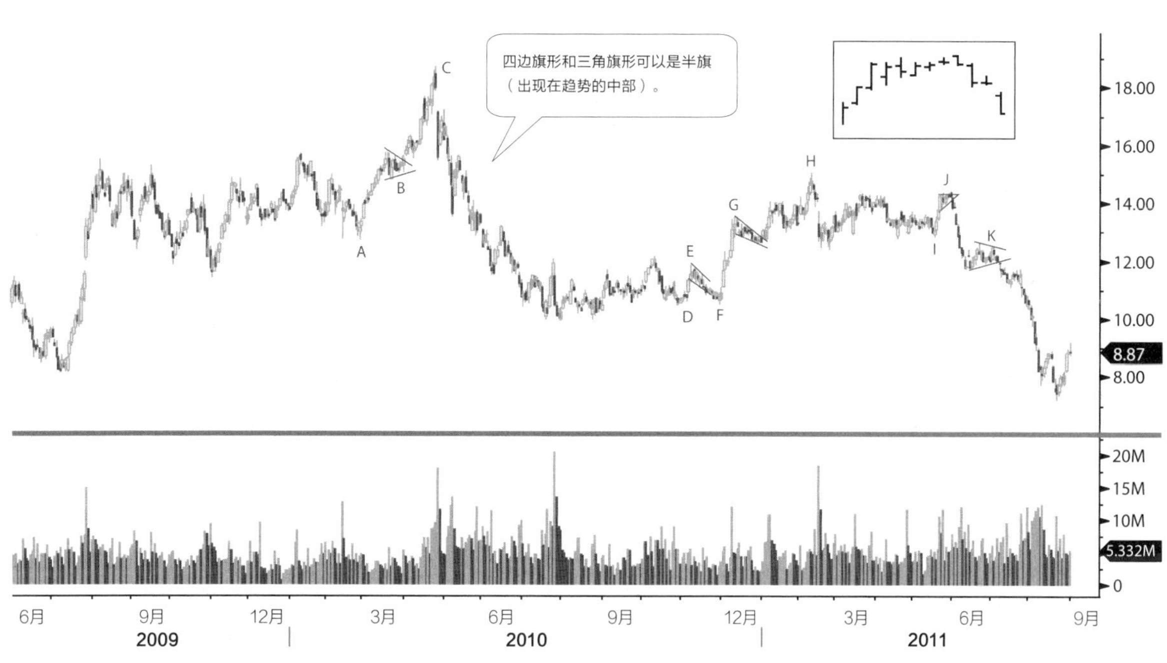

图 11.8　美股马斯科公司

自测题

判断下列表述是否正确：

1. 当平行趋势线形成三角旗形时，就产生三角旗形的一个变体。
2. 每个三角旗形都要具备一个旗杆，如若不然，它就不是三角旗形。
3. 三角旗形总是在强劲价格趋势的中间位置产生。
4. 四边旗形的周期最长不超过三周，所以四边旗形只会在日线或时线产生。
5. 四边旗形中的价格趋势，总是与进入形态前的趋势一致。
6. 不存在没有旗杆的四边旗形。
7. 四边旗形和三角旗形的大小应该和旗杆长短相匹配。

答案：1. 错误　2. 正确　3. 错误　4. 错误　5. 正确　6. 正确　7. 正确

第12章 发现双底

从本章开始，我们将会讨论不受趋势线限制的股价形态。如果趋势线不管用，我们要从何处着手？一对在相近价位探底的凹槽。如果我叫弟弟从股价图上找个双底，他说不定会告诉我图 12.1 中的 A、B。

价格在波峰 C 形成山丘，布满雪坡，足够让我那爱滑雪的弟弟滑个够。山脚位置，A、B 双底构成价格反转的标志。要准确辨认双底，还有其他需要注意的地方。

◎辨识技巧

接下来，我们参照图 12.2，讨论辨识双底的技巧。价格自 4 月的波峰一路下跌，于 A 点形成波谷，而后回升至 E 点，随即跌至 B 点。虽然 A 和 B 两个波谷并未落在同一价位，但仅相差 17 美分，约 4%。这符合我们的条件。

两个波谷之间相距两周左右。不过，在研究完上千个双底之后，我发觉，波谷之间的周期长短影响不大。

波谷之间的波峰 E，应该位于最低波谷上方 10% 以上的价位。不过，我并不打算去费心测算。我更关注这个图形是否带来反转，使股价上升。

成交量方面，左波谷的成交量通常比右波谷高，在此例中就是如此。

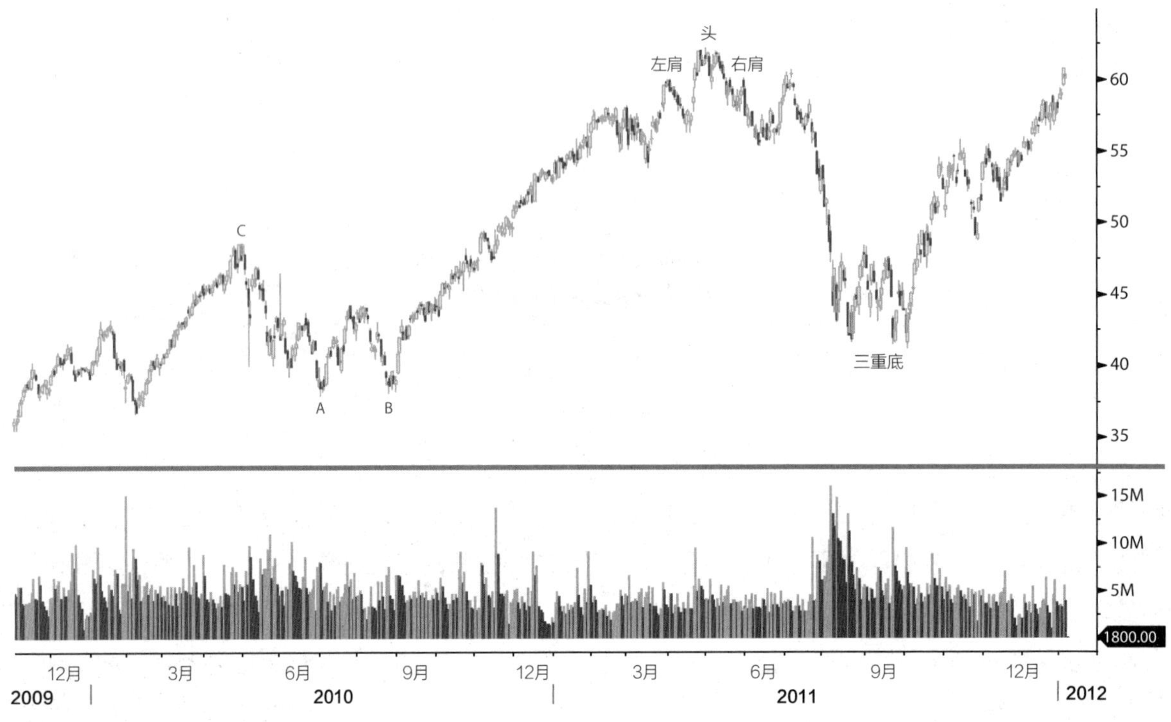

图 12.1 美股霍尼韦尔公司

得到证明是双底的关键，其后的价格趋势必须能确认该形态。这意味着，价格必须收在两个波谷（A 和 B）之间的波峰（E）的上方。如果价格先收在低于最低波谷的价位，那这就不是一个双底。此处，A 和 B 经过证明，的确是双底。

在 G 和 H、I 和 J 以及 K 和 L 处，也形成了双底。如果你把 A 和 B 看作一个底（C），那么 C 和 D 也是一个双底。

对所有双底都是一样，从两个波谷之间的波峰处画出的水平线为证明，指出价格收在波峰上方何处。

表 12.1　双底的主要特征

特　征	讨　论
下行价格趋势	导向双底的短期价格趋势是向下的
波谷对	两个落在相近价位的波谷。“相近”意味着它们的价位差小于 5%，应该至少看起来处在同一价位上
波谷分布	两个波谷相距在 2 ~ 7 个星期为佳
波峰	波峰与两个波谷间的价差至少在 10%，但有很多例外情况
成交量	通常情况下，左波谷的成交量比右波谷的高，但不要因为成交量异常而轻易否定某个双底
证明	价格收在波谷对之间的波峰上方

◎交易心理分析

双底为何形成？让我们对着图 12.3 讨论这个问题。

图 12.3 的这种股票是我喜欢买入的类型。它在 30 至 50 美元时支付的股息非常可观。我在不到 40 美元时买入，在 50 美元处卖出，净赚 5.5%！

假设希望大赚一笔，应在双底 C 和 D 得到证明时就买入。

事与愿违，价格跌至 A 点，双底证明失败。这次下跌让你大为震惊。你瘫坐在座位上，每周都盯盘，纳闷这下跌什么时候结束。

最终它形成波谷 A，但你不愿意操之过急，因为说不定它会再度下跌。然而，当你再看这只股票时，股价已高到让你无法企及。

在 E 点时你下定决心，只要股价跌至 A 点，你就把该股收入囊中。这一次股票也很配合，跌至 B 点，你及时买入，拿下一些股份。

其他投资者纷纷跟进，由此形成该股的支撑区间。价格一路上升，最终证明这个双底的有效性。

谁会真这么买股票呢？我就会。我在 6 月 3 日以 39.72 美元（B）买入，一年后以 54 美元

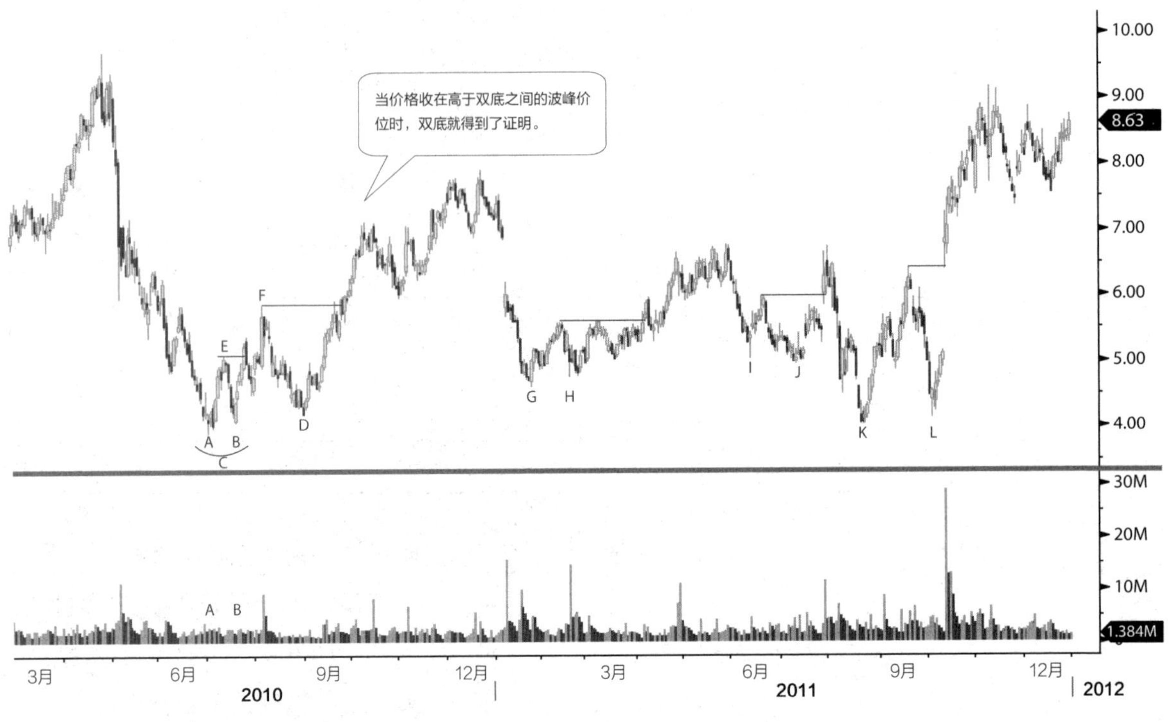

图 12.2　美股 Liz Claiborne 公司

的价格卖出。在此期间，还收到 5.4% 的股息。

◎双底的变体

双底有好几种变体，图 12.4 中展示了三种。图形 A 是 Eve&Eve 双底，图形 B 是 Eve&Adam 双底，图形 C 是 Adam&Adam 双底。

Adam 和 Eve 的区别在于底的形状。Adam 底较窄，峰头一般只有一至两天。Eve 底则要宽很多，看起来比较圆滑，其峰头较短，数量较多。Eve 底随着价格回升，会变得更宽。Adam 底则一直很窄。

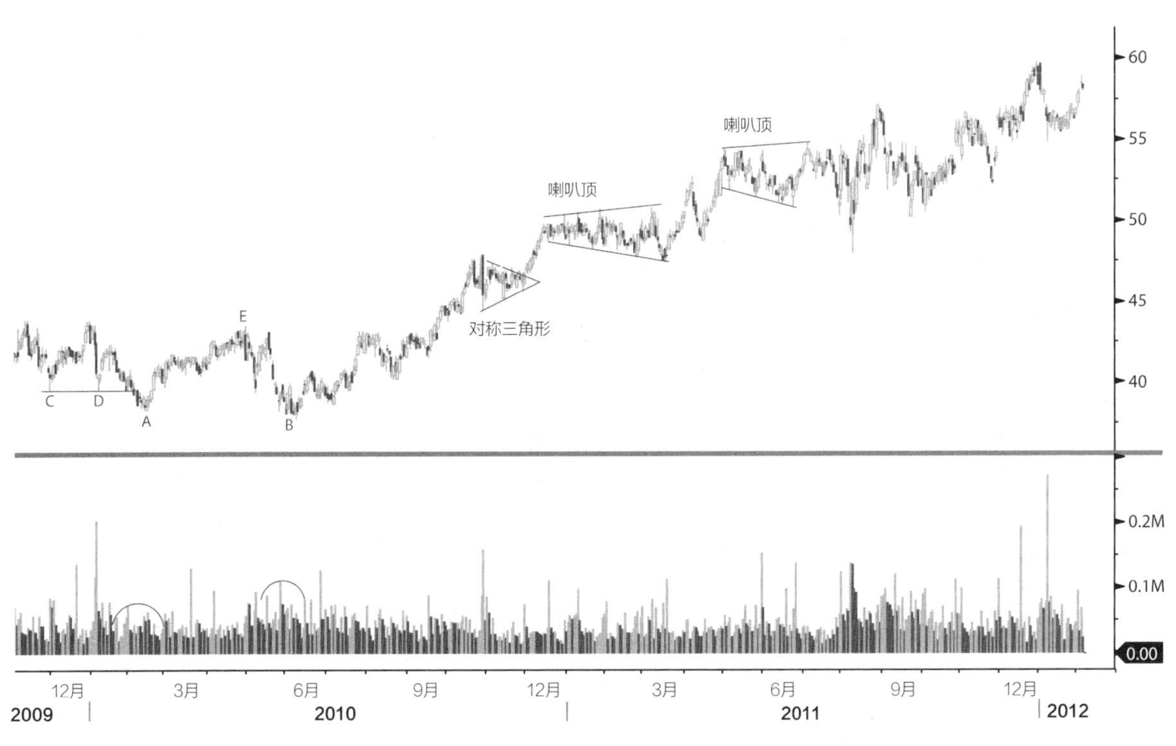

图 12.3　美股 CH Energy 集团

我们以双底 B 的 Eve 底为例。通过 D 处的两条垂直线条，我们可以看到 Eve 底变宽。而双底 E 的 Adam 底，则一直很窄。我通常根据底的宽度判断到底是 Adam 底，还是 Eve 底。

另外，还可以观察两个底的形状是否相同。如果相同，那么它们就是 Adam&Adam 双底或者 Eve&Eve 双底。如果不同，那要么是 Eve&Adam 双底，要么是 Adam&Eve 双底。

为什么要如此重视 Adam 底和 Eve 底的不同呢？因为它们的表现截然不同。

图 12.5 展示最后两种变体。2010 年 2 月的 Adam&Eve 双底有一个窄底（周期为三天）

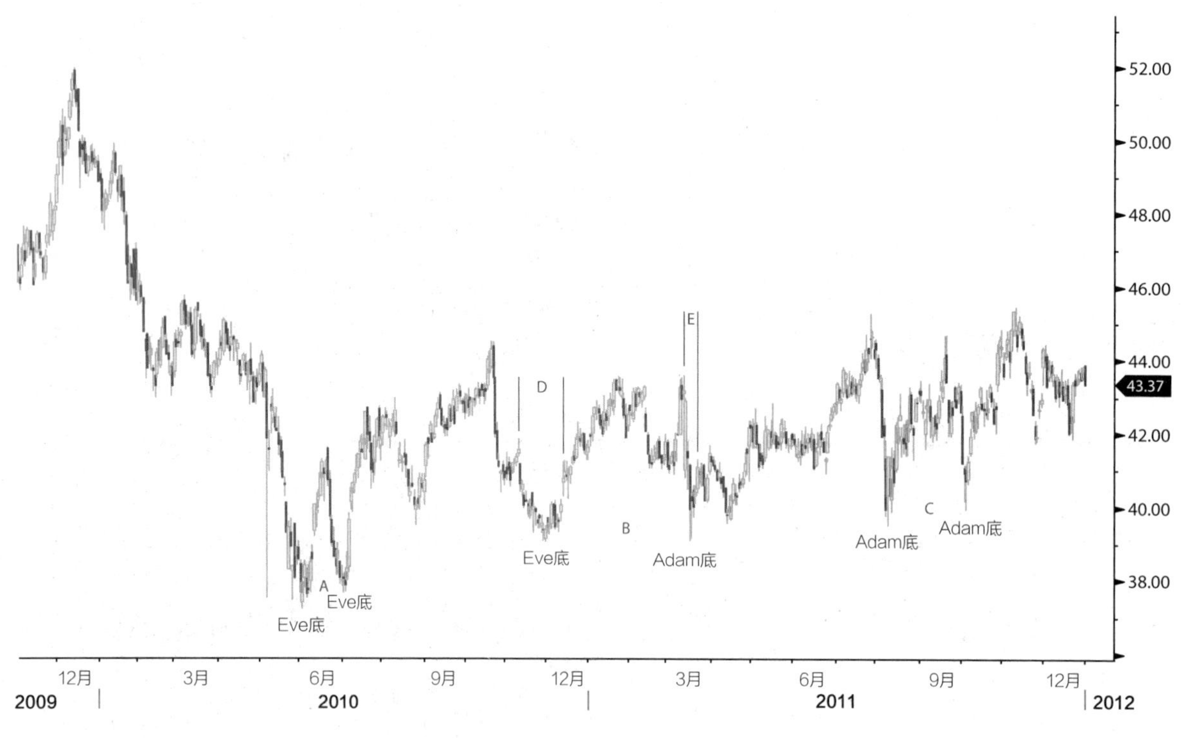

图 12.4 美股 Exelon 公司

和一个宽底。当价格收在高于双底之间波峰的价位时，该形态被证明有效。

另一个双底变体或许你从未听过，我将它命名为丑双底。价格在 A 点形成波谷，然后经过波动，在 B 点形成稍高的波谷（高出 A 点 5% 以上）。

当价格收在双底之间的波峰上方时，该形态被证明有效，价格趋势反转，开始回升。

◎本章测试题

在图 12.6 中尽可能多地找出有效双底。不

图 12.5　美股 CRH PLC 公司

要拿前文辨识技巧中的数字去生搬硬套，比如 2 ~ 7 周、5% 等，只需集中注意力寻找落在相近价位且得到证明的两个波谷即可。丑双底不必找，Adam 和 Eve 变体也不必去分辨，还可以当 2010 年 5 月那尖尖的下跌峰头不存在。

图 12.7 揭晓答案。首先，这幅股价图只有一个有效双底 A 和 B，位于图的右下方。价格收在该图形上方即 C 价位以上。

如果你把图形 D 和 E 也算在内，那你就错了，因为它并未得到证明。

尽管 F 和 G 得到了证明，但这并不是一个底。价格在进入双底前，必须呈下跌趋势，

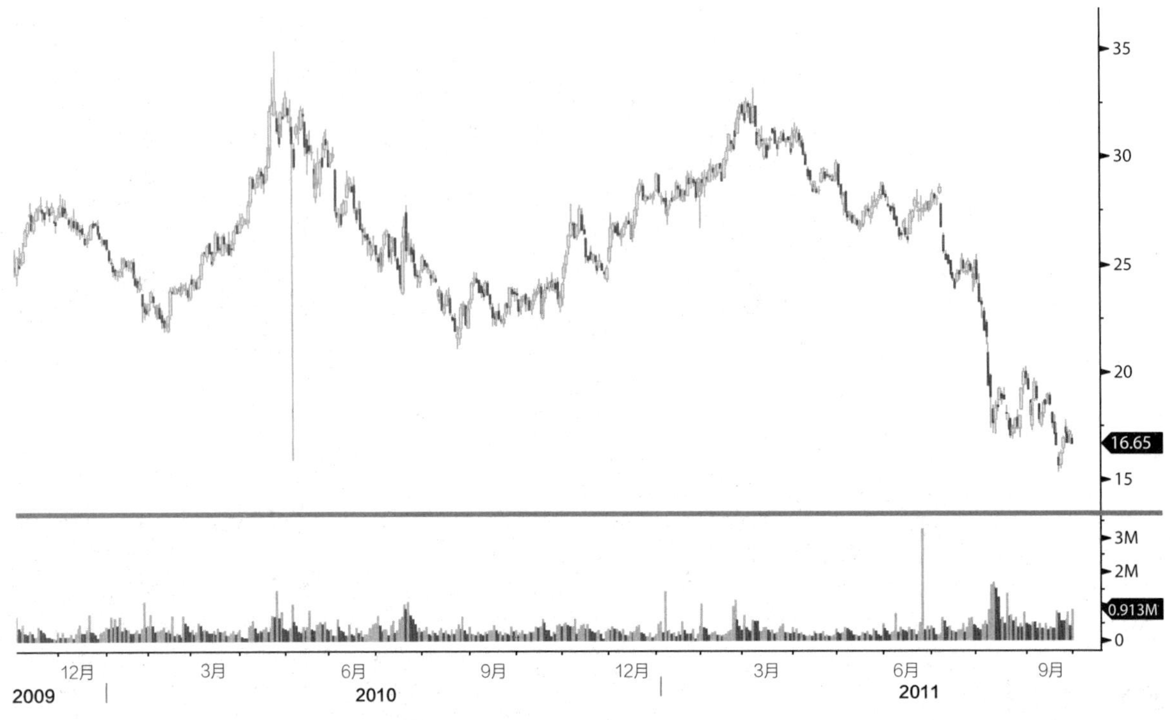

图 12.6 美股 Eagle Materials 公司

而非上升。我运用的原则是，回归价位必须比双底之间的最高价位还要高，才能保证进入形态前的价格趋势朝下。而 F 和 G 根本不是这样。

不明白？放心，在第 13 章中，我会再解释一遍。其他看似双底的图形都有上面提到的问题。它们要么没有得到证明，要么处在上升趋势上，要么这两个问题都出现。

图 12.8 中有好几个双底，尽可能都找出来，但记得要避开丑双底以及周期小于两周。

图 12.9 揭晓了答案。为方便查看，我把底用线连起来。双底 A 经过证明，是一个下

图 12.7 美股 Eagle Materials 公司

行趋势产生的双底。如果你因为双底价差过大（相差 72 美分，也就是 17%）而将它排除，做得很好！说实话，我也有些拿不准。

图形 G 就是我说要避开的那种类型：它的底太窄。如果你真找到它，恭喜你，它确是一个双底！尽管随后形成第三个波谷，但是在双底被证明之后。

B、D 和 E 这三个双底很容易发现，C 或许也是。双底 E 表现极佳，因为 Eve 底比 Adam 底宽许多。那么图形 F 呢？它不是一个双底。为什么这么说？我们看 1 号底和 2 号底。它们在 3 号底之后得到证明。这是一个典型的

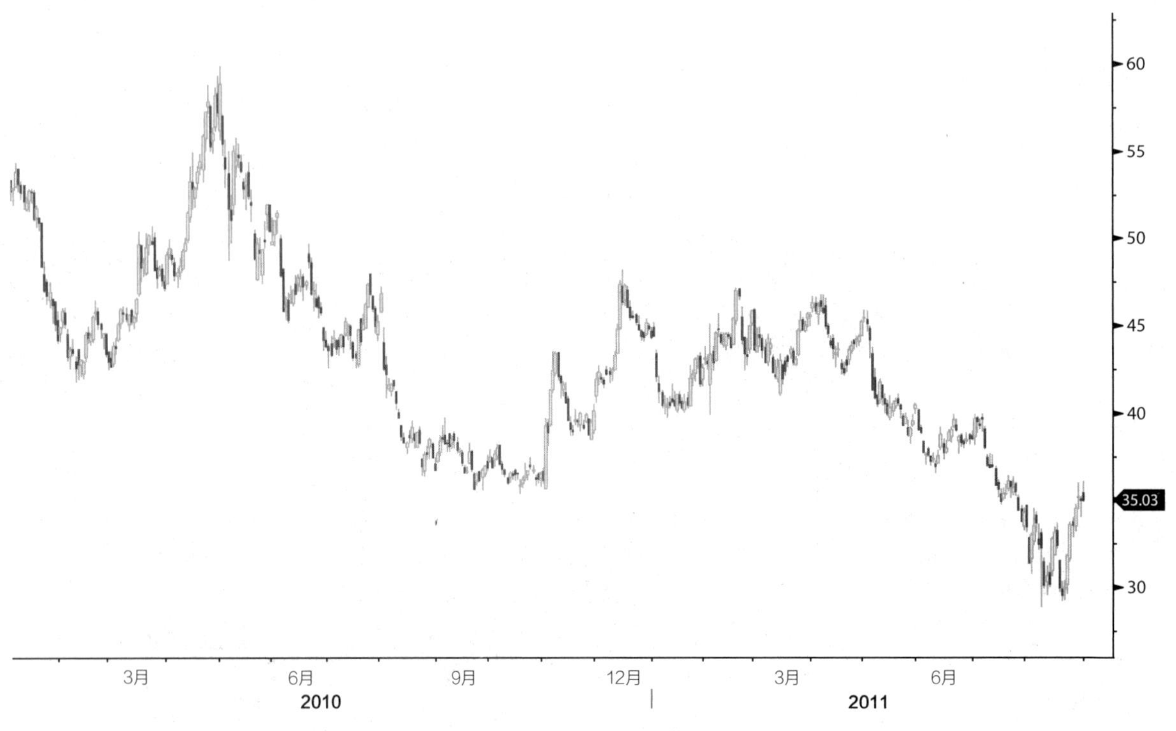

图 12.8 美股 Vulcan Materials 公司

三重底，也是下一章要讲述的内容。

如果你先注意到 2 号底和 3 号底，那么你应该看到左边的 1 号底吧。这确实是一个三重底。你可能已经开始恨上我。

你不会要把我从你的遗嘱上拿掉吧？你去世之后再这么做吧，不然还是先读完第 13 章三重底的内容！

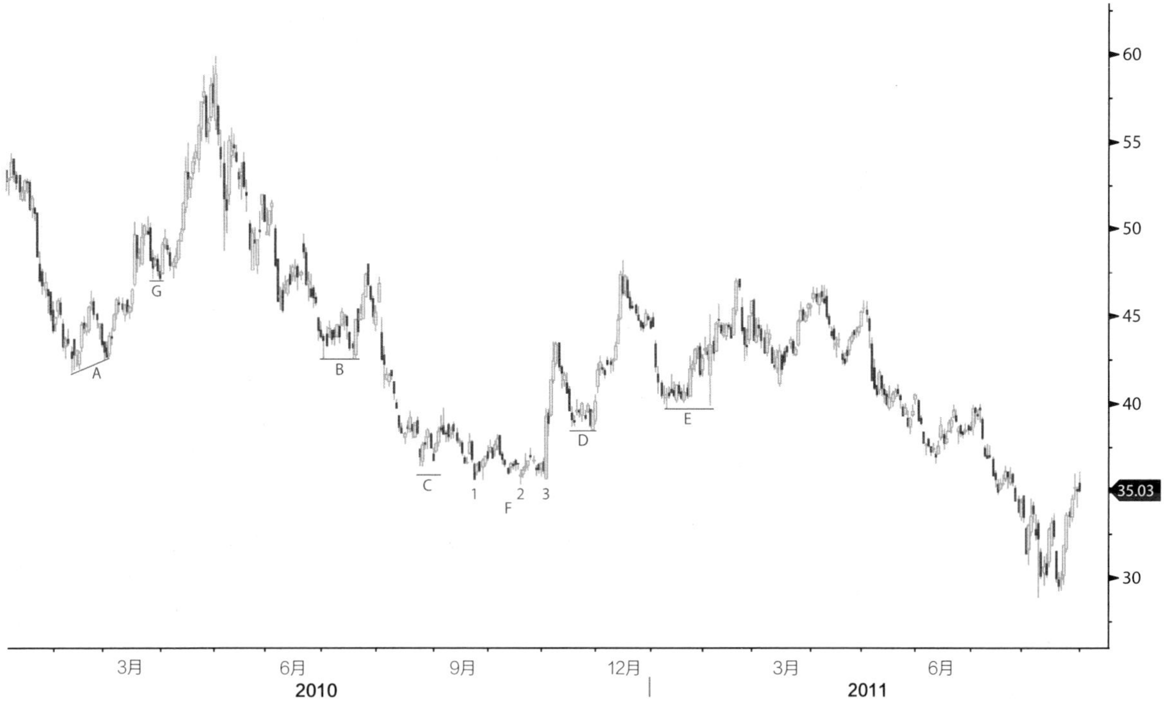

图 12.9 美股 Vulcan Materials 公司

自测题

判断下列表述是否正确：

1. 双底没有得到证明之前，只不过是股价图上一段无序的曲线。

2. 如果双底价格的涨幅超过最低波谷10%以上，则意味着这个双底得到证明。

3. 进入双底形态前的价格趋势一定是向下的。

4. 两个波谷之间的波峰的涨幅应至少高于最低波谷10%以上，但如果没有影响也不大。

5. 如果在形态得到证明之前，先收在低于最低波谷的价位，说明该形态无效。

答案：1. 正确　2. 错误　3. 正确　4. 正确　5. 正确

第13章 鉴别三重底

既然我们已经能够熟练地辨识双底，那么接下来我们就要学习辨识三重底：排排坐的三个波谷。比起双底，三重底要少见得多。不过，三重底的辨识技巧和双底一样。先找个双底，然后向左右寻找，看看同一价位是否还有一个波谷。

图 13.1 给出　个例子。根据本书学到的辨识技巧，你能判断图中三个形态，哪一个是三重底吗？先看 ABC。在进入该形态之前，价格呈下跌趋势。

如果缺少向下的价格趋势，那它就不是一个底反转。这个形态有三个价格峰头，A 比其余两个稍高一些。价格收在高于三重底之间的最高波峰处，证明这是一个有效的三重底。DEF 与 ABC 类似，三个波谷中的两个落在同一价位，但是 F 比 D、E 要高出许多。所以最好把这个形态看作一个带有回抽 F 的双底 DE。形态 HIJ 的中央波谷 I 比左右两个低。这让它变成头肩底，而不是三重底。我将在第 16 章讲解这种形态。

◎辨识技巧

如何辨识三重底呢？你或许已经能猜到大部分内容，表 13.1 对三重底的主要特征进行简单的总结。

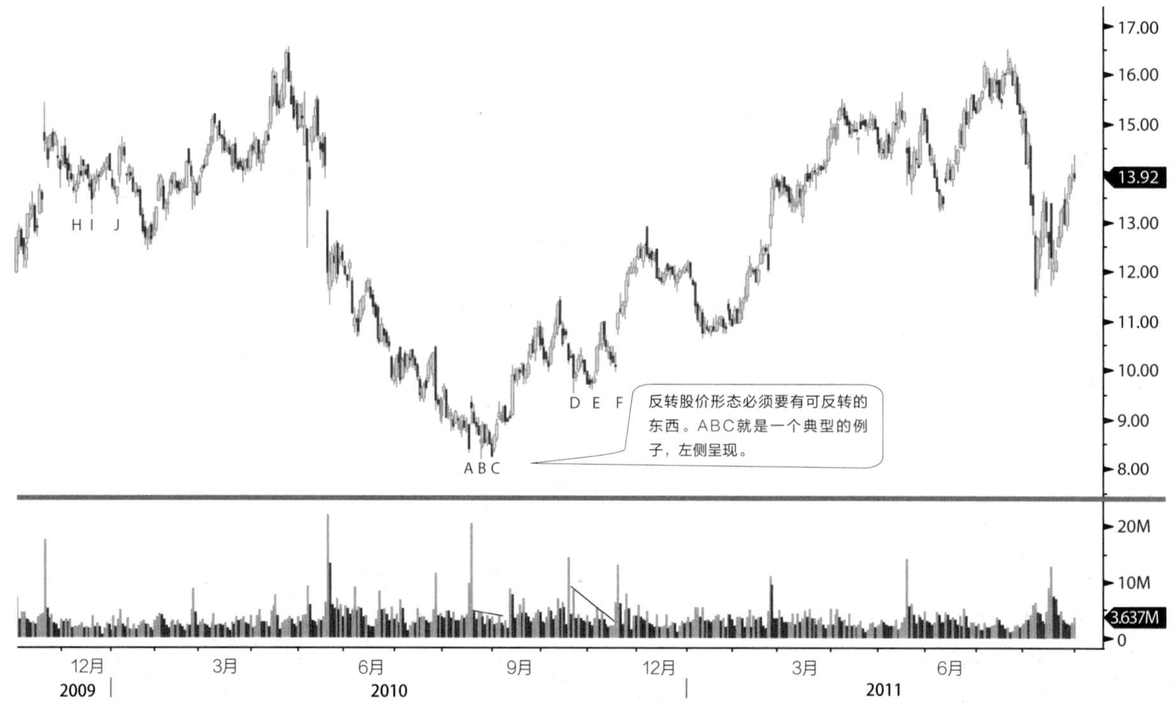

图 13.1　美股 Chico's FAS 公司

表 13.1　三重底的主要特征

特　征	描　述
下行价格趋势	三重底前的短期价格趋势是向下的
三个波谷	三重底包括三个次低点
价格相近	每个次低点都应该落在相同或相近的价位
成交量	成交量逐渐下降，三重底左边的成交量高于右边的成交量
证明	价格收在高于三重底之间最高波峰的价位

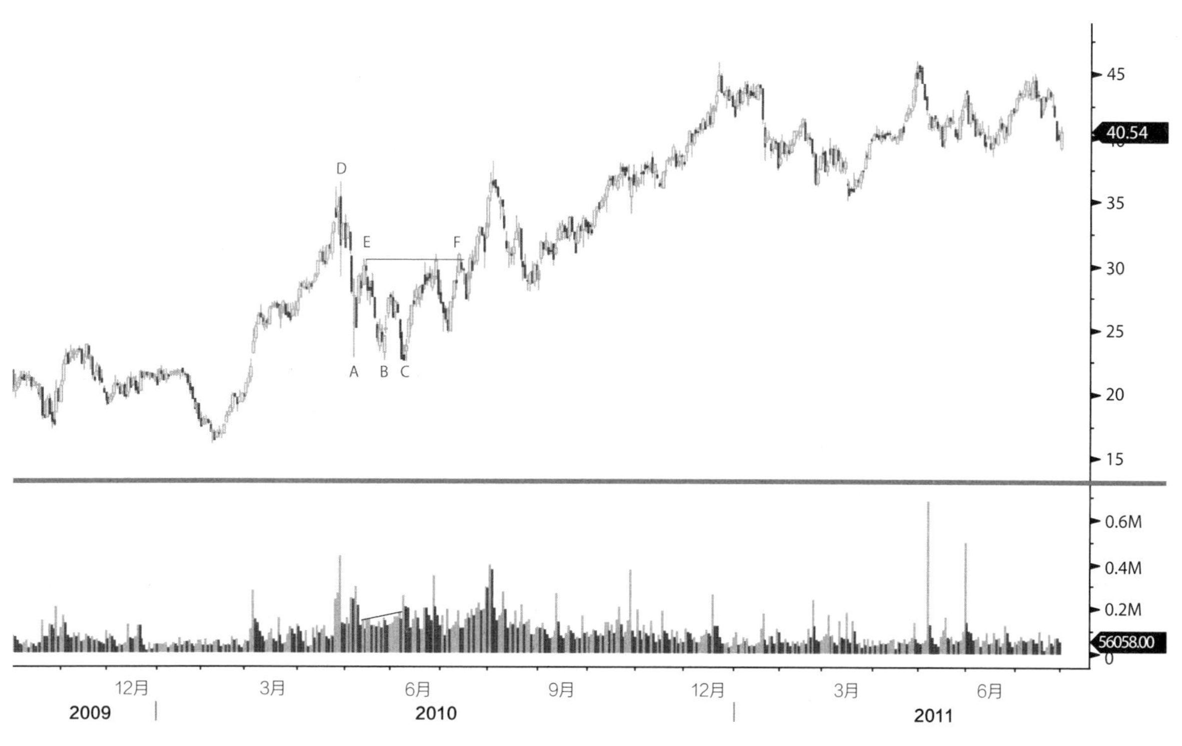

图 13.2　美股 Quaker Chemical 公司

图 13.2 给出一个三重底的例子。

价格飙升至 D 点后一落千丈，而后上下波动，形成三重底 ABC。顶点 D 算不上一个过冲，因为它距离 ABC 太远。

三个波谷形状相近，都很窄，而且几乎落在同一个价位上。成交量呈上升趋势，这对三重底来说比较少见。价格收在高于三重底之间的最高波峰 E 的价位，完成证明。

图 13.3 是一幅周线图。

我之所以选择这幅图，是因为它和图 13.2 非常相似。价格攀升至 D 点，而后上下波动，形成反转三重底 ABC。

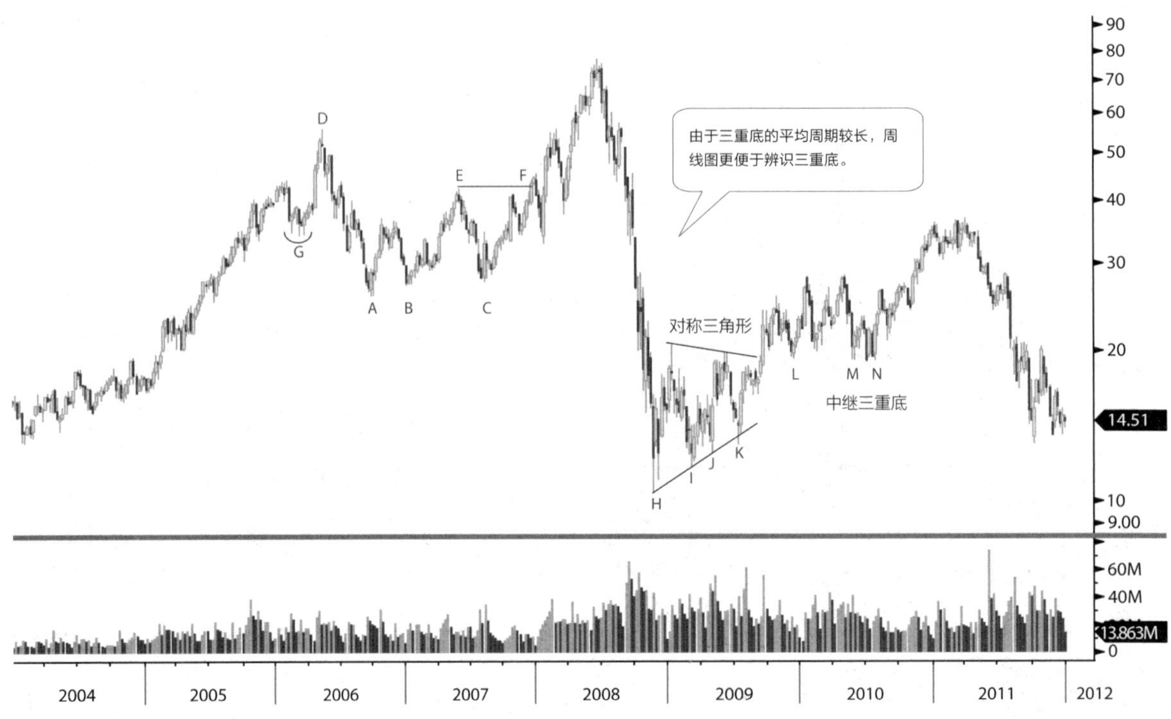

图 13.3　美股 Arch Coal 公司

区别在于，这三个波谷更宽，看起来更圆滑。要是你把它转成日线图，你会看到它们显得更宽，仿佛吃多了薯片。

价格收在波峰 E 上方价位的 F 点，完成对三重底的证明。价格必须收在高于形态中最高波峰的价位，不然无法证明该形态是三重底。

注意观察 G 处，2006 年上半年形成三个峰头，这也是一个三重底。不过由于是周线图，所以很难被发现。

波谷 HIJ 和波谷 IJK 分别构成三重底，不过这几个波谷的分布落差过大，最好还是把它们看作对称三角形。

图 13.4　美股 Baxter International 公司

波谷 L、M 和 N，价位几乎一致，但不是反转形态。价格从底部进入形态，与我们的要求相反。

然而，有些人称它为三重底中继形态，价格以上升趋势进入形态，并且在退出形态后继续保持上升趋势。

◎交易心理分析

三重底是如何形成的？让我们参照图 13.4 进行讨论。

2010 年 4 月，制药公司 Baxter International 过得很艰难。我是怎么知道的呢？因为他们发布的季度报告比人们预期的还要糟糕。股价一跃跳出窗外，至 5 月已暴跌 31%。这一摔肯定很痛。

价值投资者一旦发现合适股票，就会像购物狂一样疯抢一通。于是股价于 A 点反弹，从 40 美元涨到 43 美元，然后再度下跌，形成波谷 B。

这时，价值投资者再次回到股市，大肆购买该股。当技术投资者看到 40 美元处的第一个波谷时，马上判断这是支撑区间，于是立即入手。双方的购买需求迫使股价回升至 43 美元，紧接着卖出压力再次将其贬至 C 点。

此时，投资机构也纷纷跟进。随着第三个底的形成，成交量越来越少，A 点最多，C 点最少，一副“买入 BI，但别让人发现”的样子。

买入热情高涨，到 C 点时股价像被点燃的火箭似的飞涨，并于 D 点完成对三重底的证明。但不到一周，价格就降落伞回落，形成回抽。

数月之后，再度回看时，就会发现，对这只股票而言，这是一个具有转折点意义的反转三重底。

◎三重底的变体

三重底的变体围绕三个波谷的价位产生变化。我们从图 13.5 左侧的 A 处讲起。

这个三重底出现在下行趋势中，起到反转的作用。价格收在高于三重底之间的最高波峰的价位，证明该三重底有效。尽管它的中央底明显比左右两底高，但我还是把它视作一个有效的三重底。

B 处的三个波谷落在相近的价位。但是，价格收在低于最低波谷的价位，所以它不是一个三重底。

图形 C 更像是头肩底，因为中间的波谷明显比左右两底低。如果中间底略高，那可以，比如图形 A，但当中间底略低时，这个形态是头肩底的可能性更大。所以，此处的 C 不是一个三重底。

图形 D 也不是反转三重底，因为进入形态时的价格趋势是向上的（从 C 处开始），而非向下。这里涉及的规则就是，进入股价形态的价格曲线必须高于三重底之间的最高波峰。

为帮助你更好地理解，我用插图中的两个变体做说明。线条代表价格。图形 G 中，价格

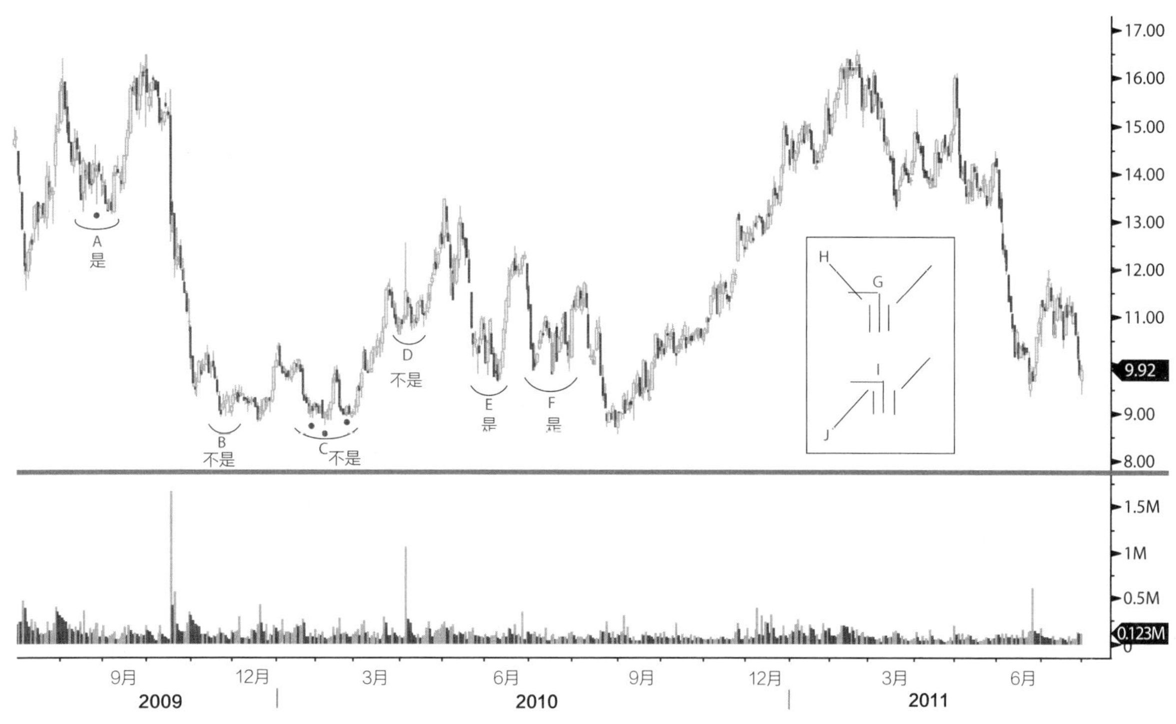

图 13.5 美股 Palomar Medical Technologies 公司

H 下行进入三重底，进入时高于线条所示价位。这个三重底对下行价格趋势起反转作用。

图形 I 中，价格 J 上行进入三重底，进入时低于中央的波峰。这是一个中继三重底，而不是反转三重底。图形 D 与图形 I 相似，也不是一个反转三重底。

图形 E 的右底比其他两底低，但它仍是一个三重底。水平来看，这个三重底是一个反转形态，价格在三重底左右两侧的上方。它看起来是反转形态，也的确起到反转的作用。

图形 F 有一个较低的中底。如果它是一个人的话，肯定会被叫成“没脖子的人”。但它

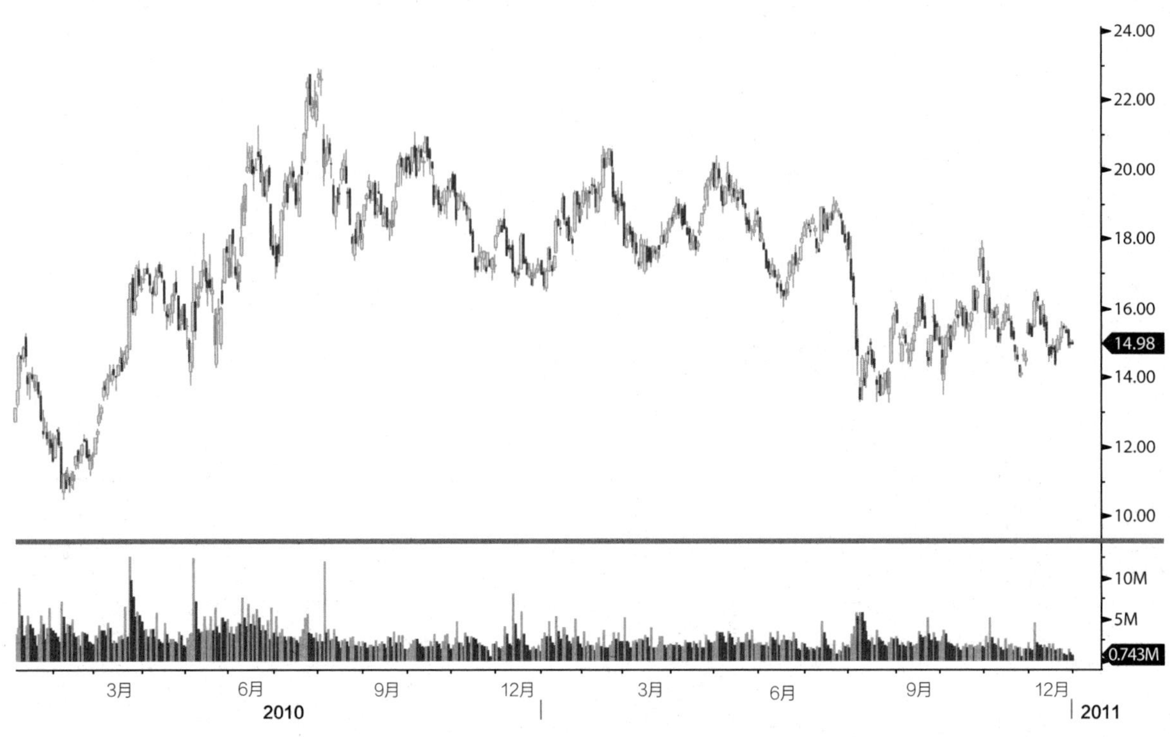

图 13.6 美股 Titanium Metals 公司

确实是一个有效的三重底，而不是头肩底。

◎本章测试题

第一个练习相对简单一些（图 13.6）。这幅图包含四个形态：两个三重底，两个头肩底。尽管我还没介绍头肩底，你能不能试着找出它们呢？

图 13.7 揭晓答案。图形 A 和 B 是三重底。它们出现在下行价格趋势中，价格收在高于三重底之间的最高波峰的价位，完成证明。

图中的两个头肩底易与三重底混淆，虽然

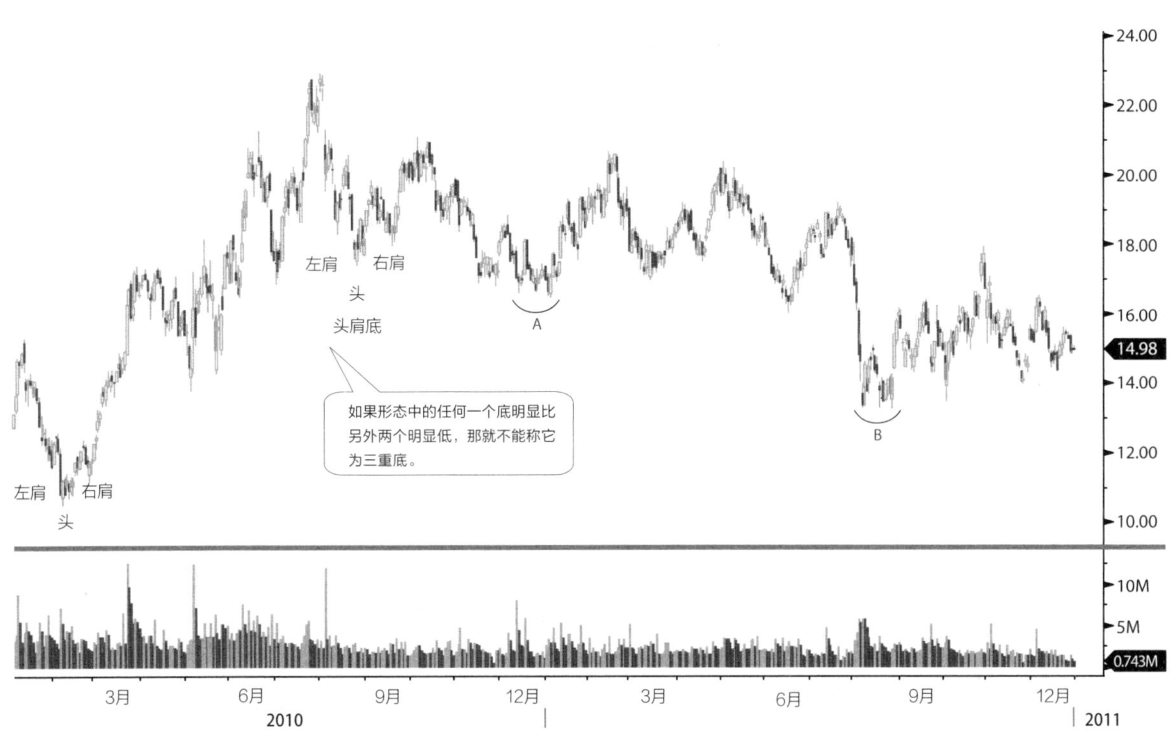

图 13.7　美股 Titanium Metals 公司

它的头明显比两边的波谷要低。

第二个练习要棘手许多（图 13.8）。试着找出图中的三个三重底和一个头肩底吧。

图 13.9 揭晓答案。尽管三重底 A 的右底比其他两个底要低，但依然在下降趋势中起到反转作用。右底价位仅比其他两底低 20 美分，所以这个三重底依然有效。

你或许会对图形 B 存有疑惑，它也确实是一个难以辨识的三重底。如果把右底后面的波谷遮住，它就会变得顺眼。

价格收在高于三重底间最高波峰的价位，完成证明。只要形态得到证明，股价上升还是

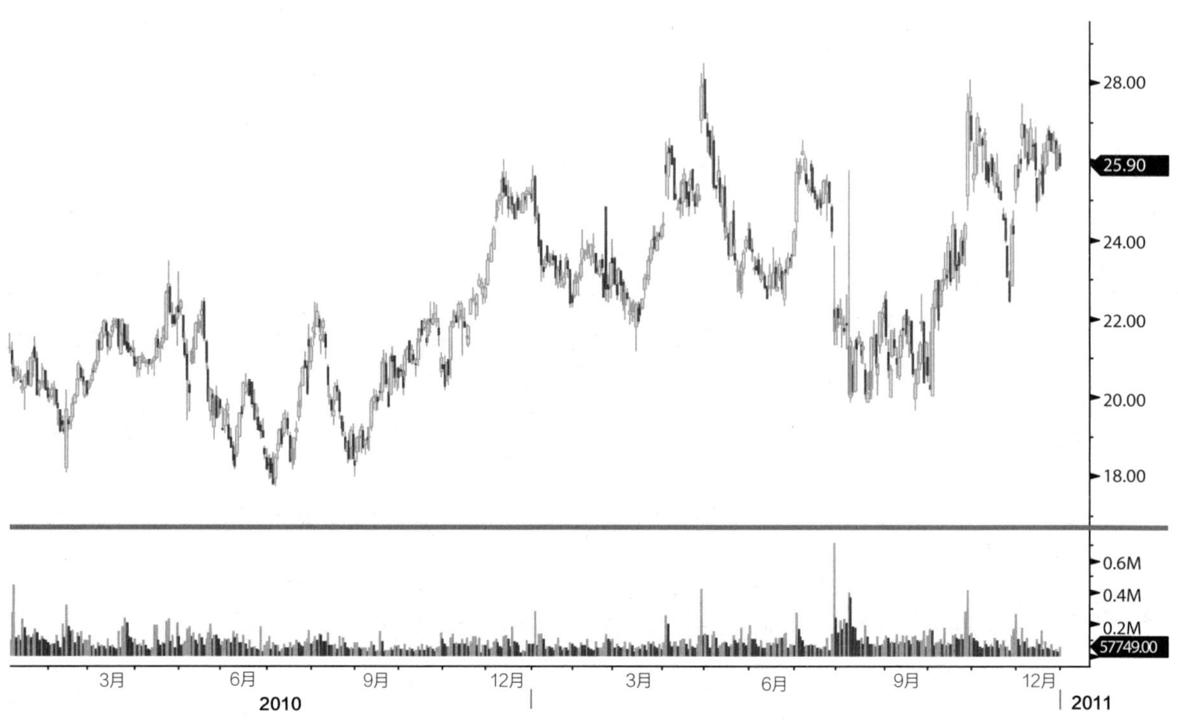

图 13.8　美股 Encore Wire 公司

下降都不要紧，它依然是有效的三重底。

三重底 C 比较小，容易被忽略，但它也是有效的三重底。

而头肩底，虽然也含有三个波谷，但是它的头比两肩要低许多。它不是三重底。

在第 14 章，我们将结束底形态，进入顶形态。我喜欢晃动的双顶，只要它们别搅混在一起就行。

图 13.9 美股 Encore Wire 公司

自测题

回答下列问题：

1. 对于一个三重底，要有几个波谷严格落在同一价位？

A. 零个

B. 一个

C. 两个

D. 三个

2. 如果股价未能收在高于三重底之间最高波峰的价位，那这就不是一个三重底，对或错？

3. 如果三重底的中间底比另外两个低很多，那么这很可能是一个头肩底，对或错？

4. 在一个三重底中，三个波谷的价格应落在相近价位。“相近”的意义是？

A. 各底价差不超过 25 美分

B. 根据时间刻度不同而不同

C. 根据三重底的高度不同而不同

D. 看起来相近

E. B 和 D

答案：1. A　2. 正确　3. 正确　4. E

第14章 确认双顶

双顶与双底类似，不过形状颠倒。它是攀升到相近价位的两个价格波峰。本章，我们将探讨如何辨识双顶。

图 14.1 是一幅日线图，其中有两个双顶。价格从 F 处开始直线攀升，行进至双顶的左端，在 A 点达到波峰，而后下跌至 G 点，随即又形成第二个波峰 B。A 与 B 的价格几乎一致。

价格收在 G 点以下价位，则证明这对波峰是有效的双顶。我之所以选择这幅图，是图上双顶出现之前漫长的攀登之路，让我想起当初攀登乔戈里峰时的情形。双顶就像暴风雨来临前的乌云，预示着接下来的骤降。

看一下图形 CDE，这是一个三重顶，但其中的 C 是双顶吗？是，因为 CD 在波峰 E 形成以前就已完成证明，波峰 E 出现之后再次完成证明，双顶就此变成三重顶。

我所提到的证明是指什么？我们该如何辨识双顶呢？

◎辨识技巧

我们对照图 14.2 来讨论双顶的特征。

价格从 F 点开始攀升，进入双顶。这是个 Adam&Eve 双顶，它开始反转自 FA 段以来的上升趋势。双峰相距的周期一般不超过两个月，通常

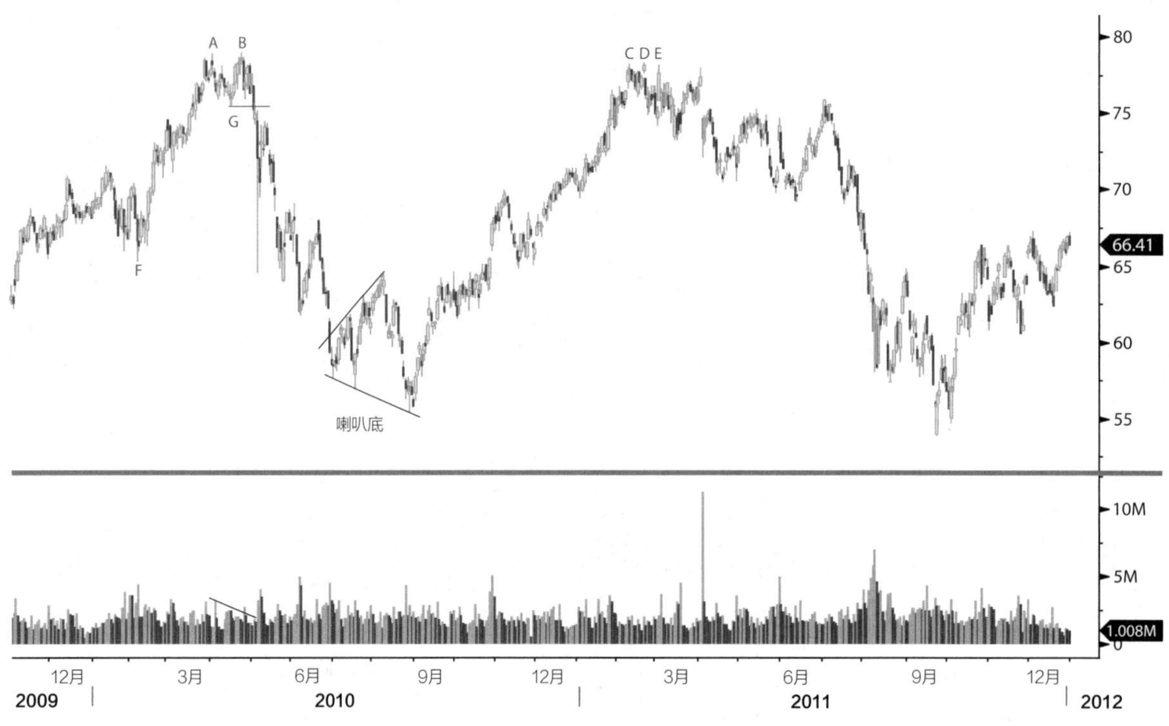

图 14.1　美股 General Dynamics 公司

是 2 ~ 6 个星期。波峰之间的距离可近可远，在日线图中显得很近，换成月线图时，又显得很远。双峰之间的波谷深度应与双峰的宽度相匹配。如果双峰相距两周，它的波谷不会太深，通常比波峰低 10% ~ 20%。不过，也有特殊情况，尤其时间刻度不同的时候，情况也不一样。

成交量呈下降趋势，形态形成时的成交量要高于结束时。当价格收在低于双峰之间最低波谷的价位时，双顶得到证明。最低波谷就是 B 点。价格柱收在低于 B 点的价位，证明该双顶有效。当 D 点回拉至突破价位，给投资者一次从下跌趋势中退出的机会。

表 14.1 双顶的主要特征

特 征	描 述
上行价格趋势	双顶前的短期价格趋势是向上的
波峰	对两个分布在相近价位的波峰。“相近”意味着它们的价差应小于3%。两个顶部应至少看起来是在同一价位上
波峰分布	两个波峰相距周期不定，但以 2 至 6 个星期为佳
波谷	两个波峰之间的波谷应至少比波峰低 10%，但可以有例外情况。波谷与两个波峰的宽度比例恰当
成交量	通常而言，左波峰的成交量比右波峰的高，但不要因为成交量异常而轻易否定某个双顶
证明	价格收在低于双峰之间最低波谷的价位。如果价格先收在最高波峰上方，则该双顶无效

◎交易心理分析

双顶的形成和其他股价形态一样，源自恐慌和贪婪，有时还有基本面推动。图 14.3 中的双顶就像一座雄伟的城堡，俯瞰着脚下的价格之海。

C 点位置，该公司发布第一季度盈利报告，宣布完成与 Amrep 公司（一家化工公司）的合并。当日股价就蹿上天。

两天之后，投资机构的研究结束，他们判定该股有良好的投资前景，于是开始大量买入，将股价推到 A 点。在这里，他们遭遇一群愤怒的卖空者。卖空者将他们推下悬崖，迫使股价反转下跌。

由于卖空者依然身居悬崖之上，买空者在崖底大量买进，掀起的购买压力再次把股价送上新高点，在 B 点形成第二个波峰。一天之后，一家股票经纪公司下调对该股的评级。

买空者和卖空者又展开一场厮杀，但双方损失都不大。即使如此，有些聪明的投资者开

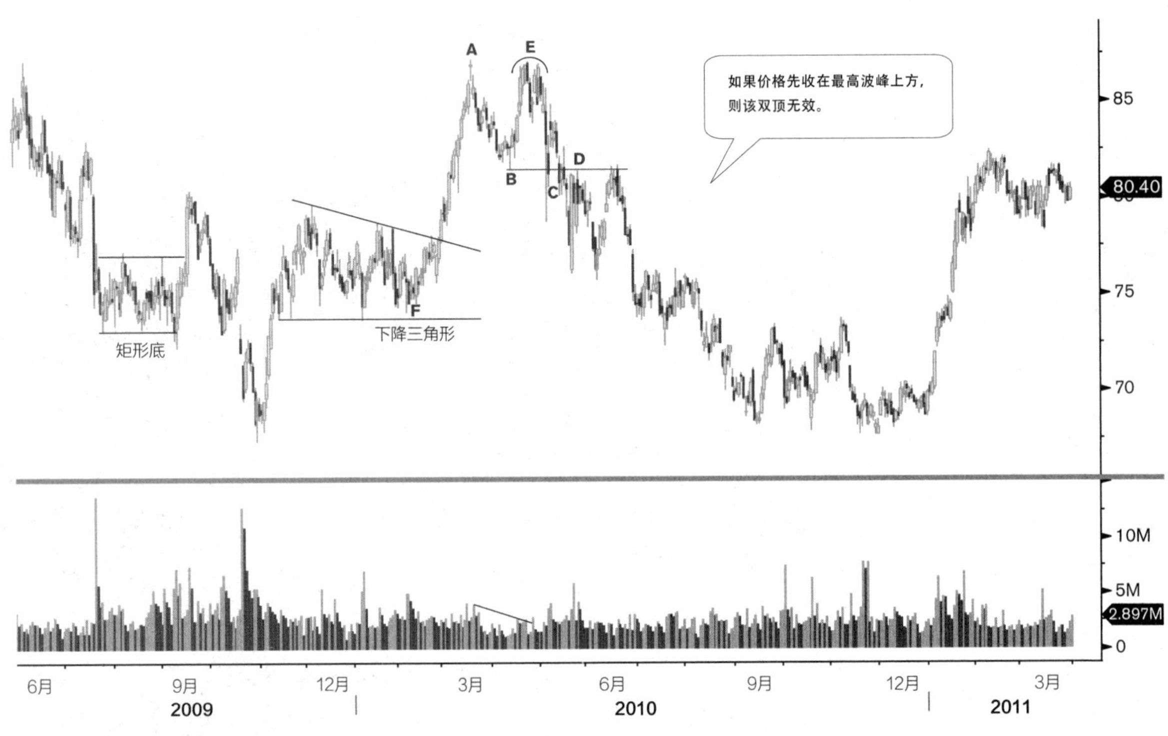

图 14.2 美股 Lockheed Martin 公司

始赶在第二季度盈利报告发布之前抛售。

E 点，公司宣布盈利，并计划在第二天召开发布会。这一消息将更多的买空者引进屠宰场，卖空者步步紧逼，把买空者逼至悬崖边。随后，股价从悬崖一跃，跳进价格之海，跌至 D 点。

◎双顶的变体

图 14.4 给出双顶的几个基本变体。

在前文中，我们已经讨论过 Adam 底和 Eve 底，其实顶形态的变体和底形态的特征相似。Adam 顶较窄，通常只有一两天。Eve 顶较宽，

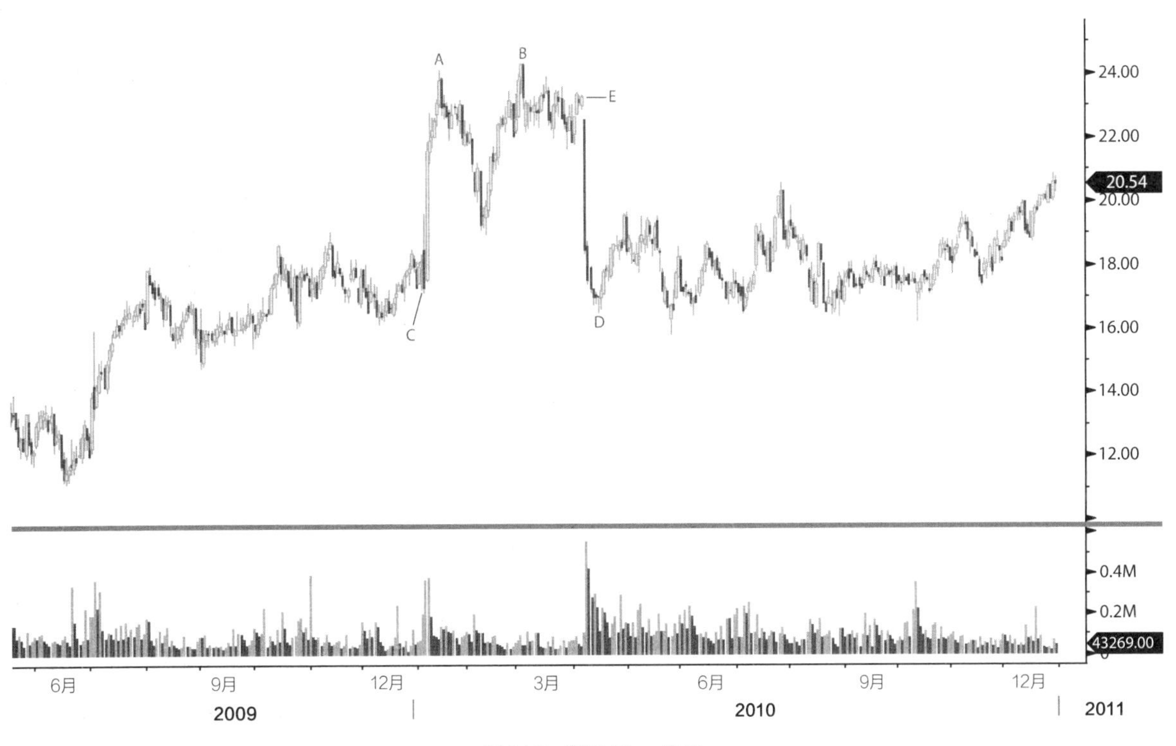

图 14.3 美股 Zep 公司

价格峰头更粗短，数量也更多。

图示 AA 处是一个 Adam&Adam 双顶，随后出现 Eve&Adam 双顶。注意看，Eve 顶比 Adam 顶要宽许多。大约一年之后，又出现一个 Eve&Adam 双顶。

图 14.5 展示双顶的另外两个变体。

◎本章测试题

即便是专家，看到 Adam 顶和 Eve 顶组合而成的双顶也会头疼，所以我不打算拿这些变体来考你们。试着在图 14.6 中找出三个双顶，四个四边旗形，以及一个对称三角形。提醒你

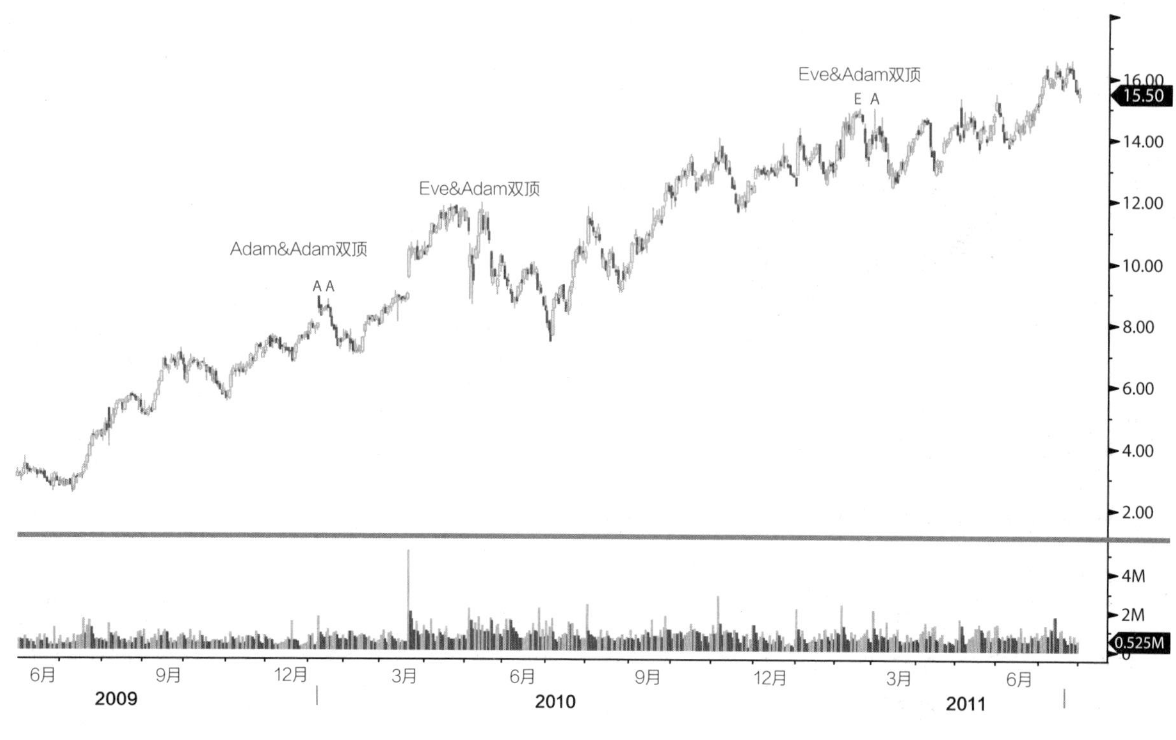

图 14.4　美股 PolyOne 公司

一下，找四边旗形时，记得先找旗杆，然后再看旗杆上是不是绑着面旗子！

图 14.7 揭晓了答案。图形 A 是一个 Eve&Eve 双顶，图形 B 是一个 Adam&Eve 双顶，图形 C 是一个 Eve&Adam 双顶。这三个形态很容易辨识，我希望你把四边旗形和对称三角形也找出来。第二个练习会加大难度。我特意选择一幅迷惑性很强的股价图，其中包含许多伪形态。你的任务是，找出三个有效的双顶（图 14.8）。

图 14.9 揭晓答案。图形 A 不是双顶，因为它未能得到证明（价格收在 B 线上方，而不

图 14.5　美股 A&F 公司（Abercrombie & Fitch）

是下方）。图形 C、D 和 E 都是双顶。至于图形 F，目前还未得到证明。

在第 15 章我们将进一步讨论三重顶。

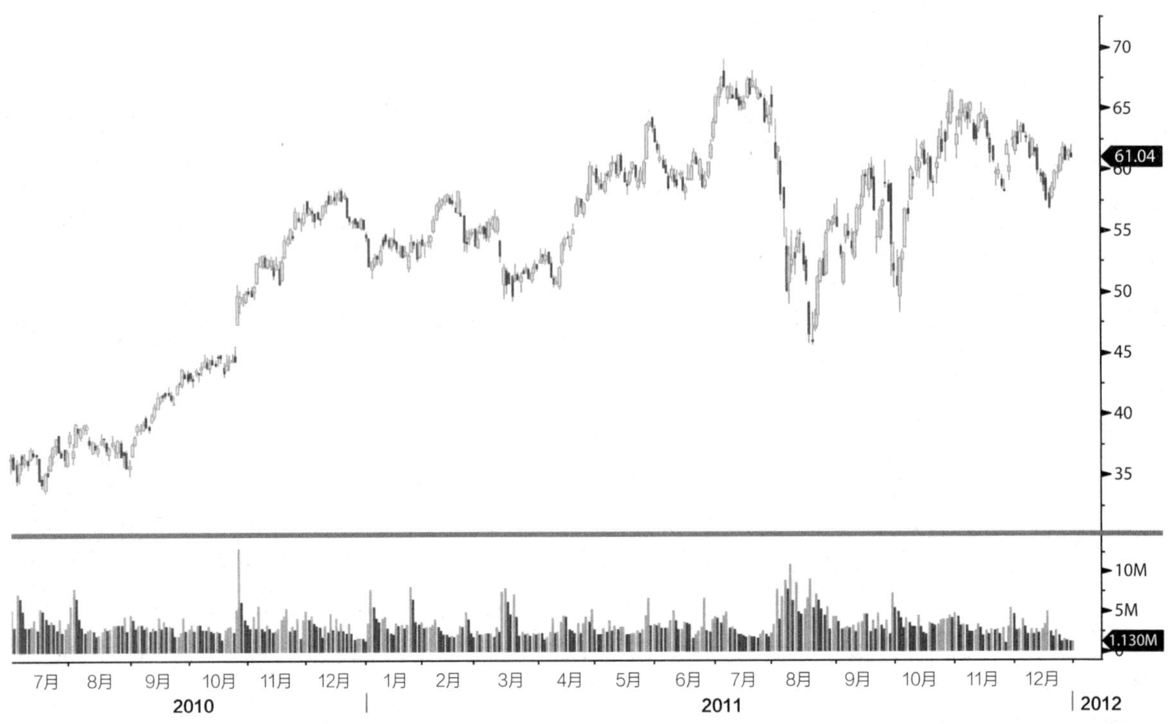

图 14.6　美股 Coach 公司

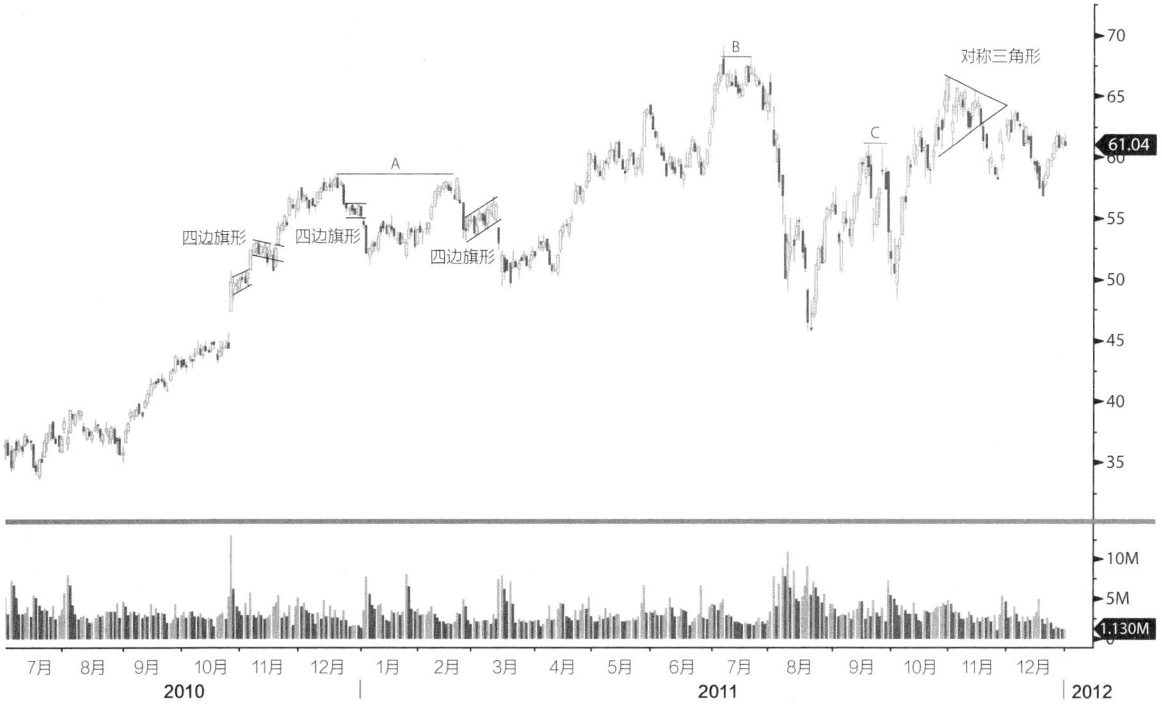

图 14.7 美股 Coach 公司

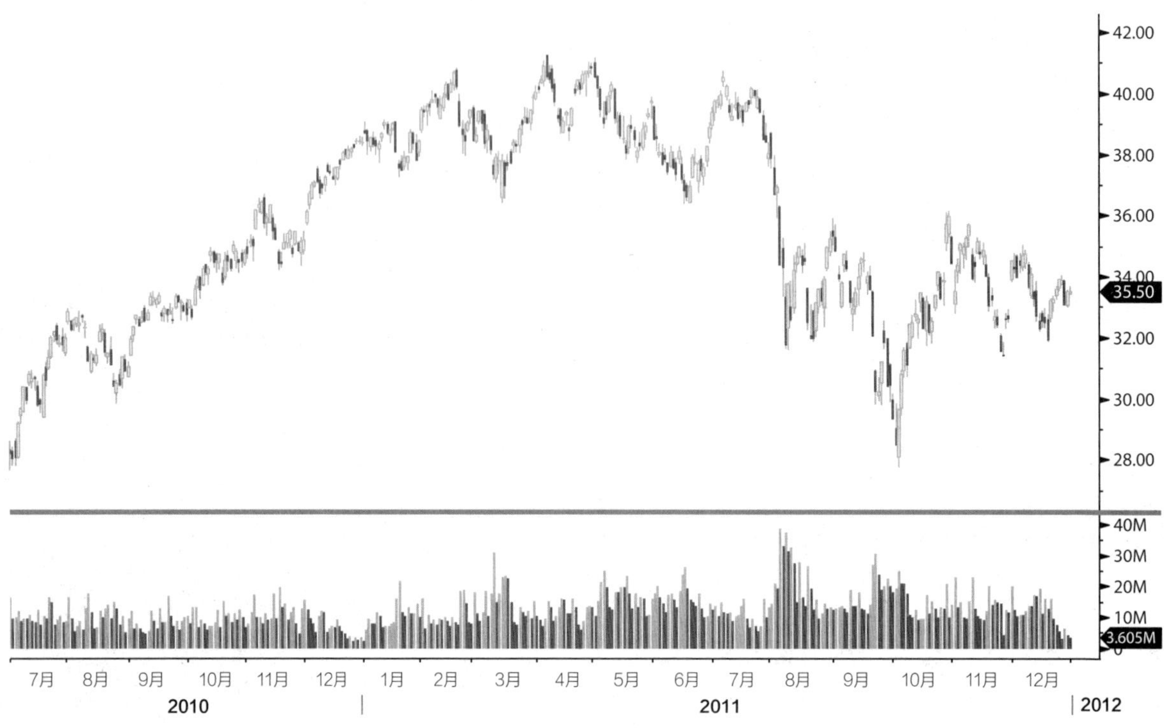

图 14.8 美股 Materials Select Sector SPDR 基金

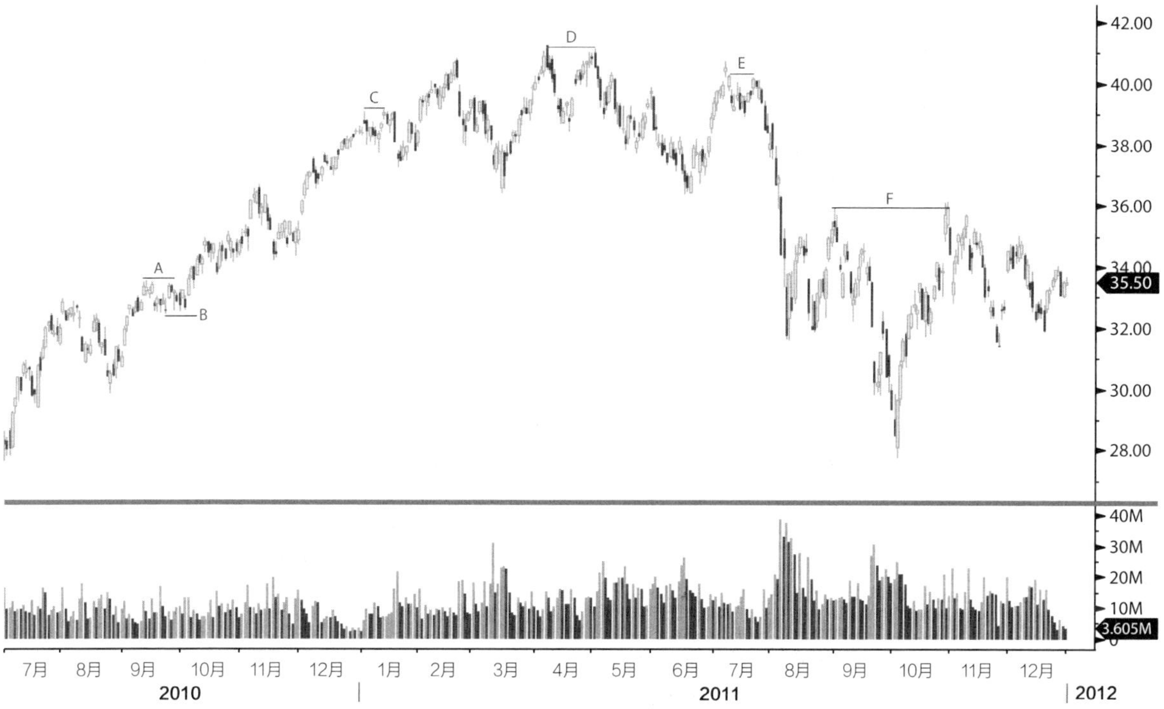

图 14.9　美股 Materials Select Sector SPDR 基金

自测题

回答下列问题：

1. 双顶由两个价位相同的波峰组成，对或错。

2. 双顶之间有几个波谷？

A.1

B.2

C.3

D. 至少一个

3. 未经证明的顶点对不是双顶形态，对或错？

答案：1. 正确　2.D　3. 正确

第15章 分辨三重顶

如果双顶右侧再生出一个价位相近的波峰，就会形成三重顶。那么，让我们近距离观察一下，看看投资者如何辨识这种形态。

图15.1给出两个原生三重顶和一个移植三重顶。

三重顶A有三个价位相近的波峰。价格趋势向上进入该形态。后来，股价成为一个跳伞选手，飞速下降，收在水平线下方，完成对三重顶的证明。

三重顶B与三重顶A非常相似。跳伞选手一跃而下，又迅速着陆。

而图形C并不是一个三重顶，因为它没有得到证明。在我们正式讨论三重顶的特征前，你可以试着猜猜如何证明三重顶。

◎辨识技巧

图15.2给出一个三重顶的例子。

我选择它，是因为它的中央顶太压抑，需要来点鼓励。不要因为一个三重顶的中央顶比左右两顶略低，就把它抛弃。

价格呈现出上涨趋势，从底部进入三重顶形态。相比波峰B，波峰A和C更圆滑。波峰B简直像一根缝衣针，但这不影响大局。

价格必须收在低于三重顶最低波谷的价位

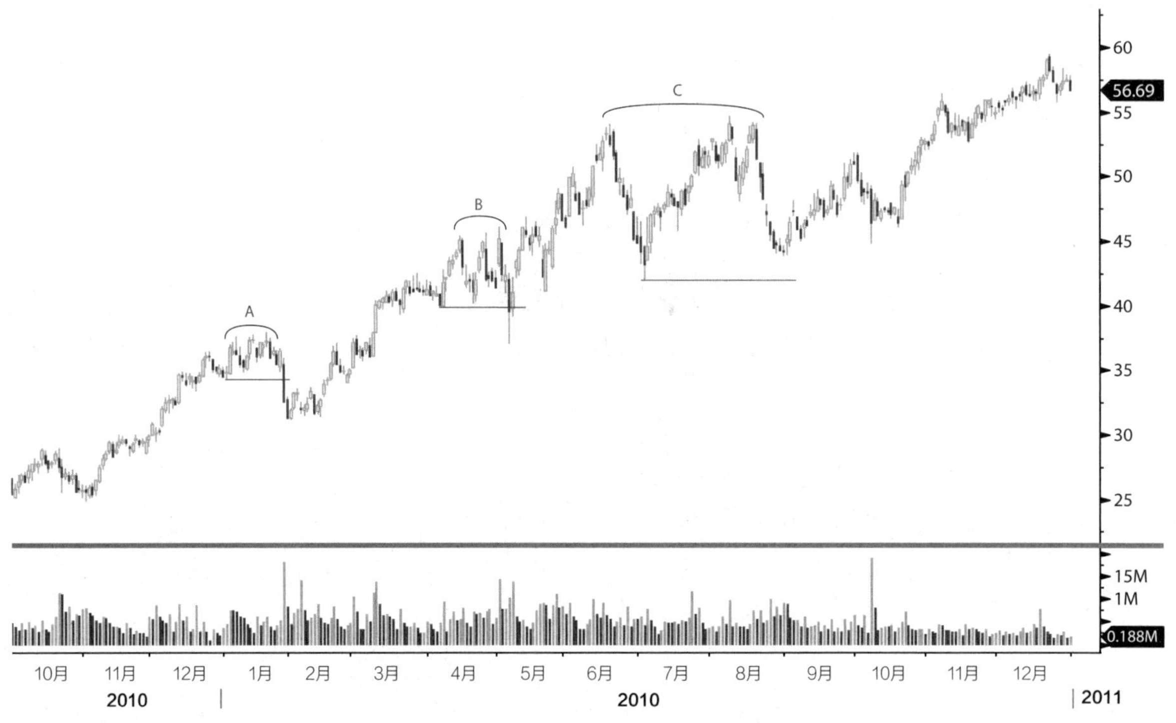

图 15.1 美股阿拉斯加航空集团

才能完成证明。在这个三重顶中，价格收在 D 点，证明了它的有效性。

成交量如图所示，呈下降趋势，这是三重顶成交量变化的典型表现。但不要因为不寻常的成交量变化就轻易否定某一个三重顶。

◎交易心理分析

图 15.3 说明，在固定价位抛售会抑制股票的上行趋势，也因此形成三重顶 ABC。后续发展可能会如图所示。

假设你是一家对冲基金的老板。2009 年，

表 15.1 三重顶的主要特征

特　征	描　述
上行价格趋势	三重顶前的短期价格趋势是向上的
三个波峰	三重顶包含三个波峰。它们可能是日内的价格峰头，也可能是更宽更圆滑的价格波动。波峰看来都十分相似，但也要包容变体
价格相近	每个波峰都应该落在相近的价位。三个波峰价位完全相同的情况很少见，所以要灵活应对。实际上，中央波峰有时会比左右两个波峰略低
成交量	成交量呈下降趋势，三重底左边的成交量高于右边的，但不要因为成交量异常而轻易否定某个三重底
证明	价格收在低于三重顶最低波谷的价位

趁熊市结束时，你以 18 美元的价格买入该股之后，股票涨到 38 美元（A 点），是你买入价的两倍还要多。根据你的分析，这时该卖了。

然而，由于你是这只股票的大股东，你不能一次性抛空，那会让这只股票的价格一下子跌到谷底。

在 A 点，你打响第一枪，但是因为股票总体成交量少（才不到 40 000 股），你想卖出 10 000 股有些困难，所以只得将股票分批卖出。

到 B 点价位时，你不太走运，其他交易都不如人意。你不得不筹措现金来弥补损失。你的抛售导致这只股票大幅下跌，其他投资者也纷纷加入抛售的阵营，使得股价跌破 30 美元。

在 C 点，股票再一次达到你的卖出价格，但此时你的库存依然很多。你开始卖出股票。虽然你已经尽量低调，但还是被其他投资者察觉到，他们也紧跟着抛售。就这样，价格像潜水艇一样迅速沉入大海。马力越大，它往海底潜得越深。

这只股票临近长期趋势线，数月以来都在

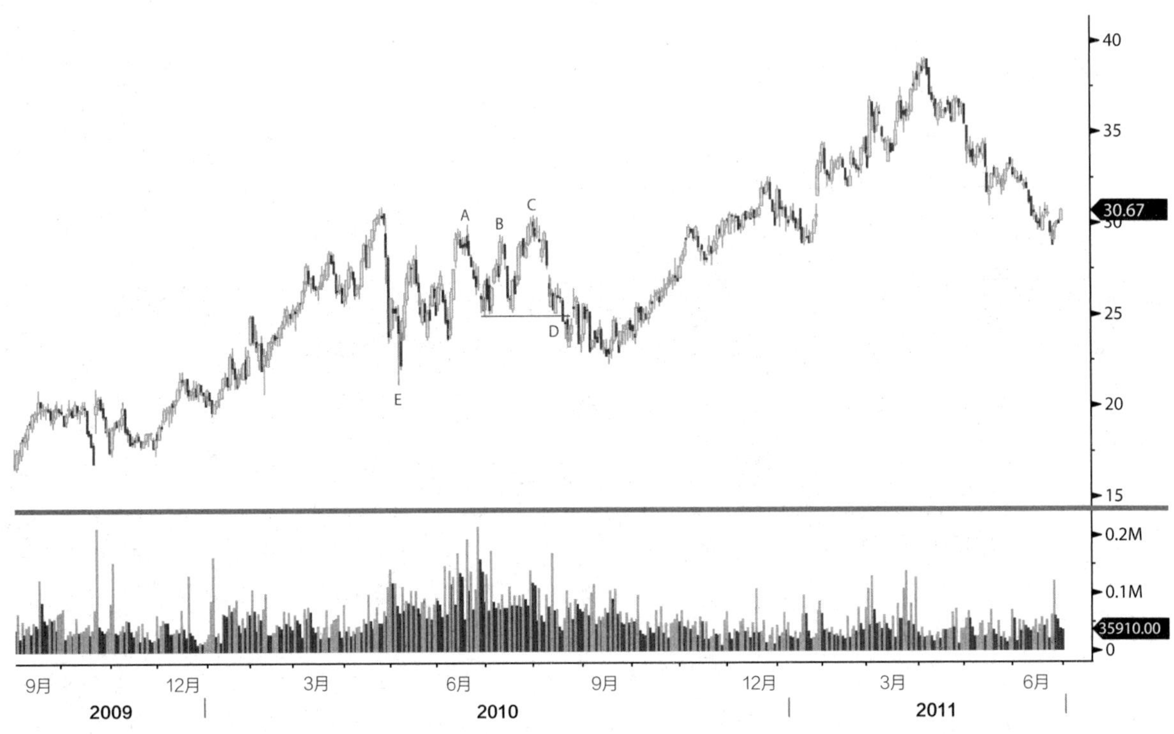

图 15.2 美股 Standex International 公司

沿该线上下波动。当股价回升到 D 点时，你又卖出一些，等股价涨到 E 点时，你终于将剩余股票全部抛出。

可是你没想到，这只股票的价格后来竟然涨到 60 多美元。你要气炸了。

◎三重顶的变体

三重顶的几个变体之中，有一个需要特别注意：头肩顶。我们会在接下来的两章讨论头肩形态。

在那之前，要学会避免那些中央顶特别突

图 15.3 美股 Haynes International 公司

出的三重顶。也就是说，看着不像人的半身像。以图 15.4 为例。

图中头肩的头部高出两肩，所以整体看起来像一个人的半身像。而三重顶 ABC 中的 B 顶只比 A 顶和 C 顶稍微高出一点。它看起来就像三重顶，而不是头肩顶。

◎本章测试题

第一个练习很简单（图 15.5）。找出至少一个三重顶、一个头肩顶和一个双顶。或许你还不能准确辨识头肩顶，但辨识其他两种形态应该不在话下！

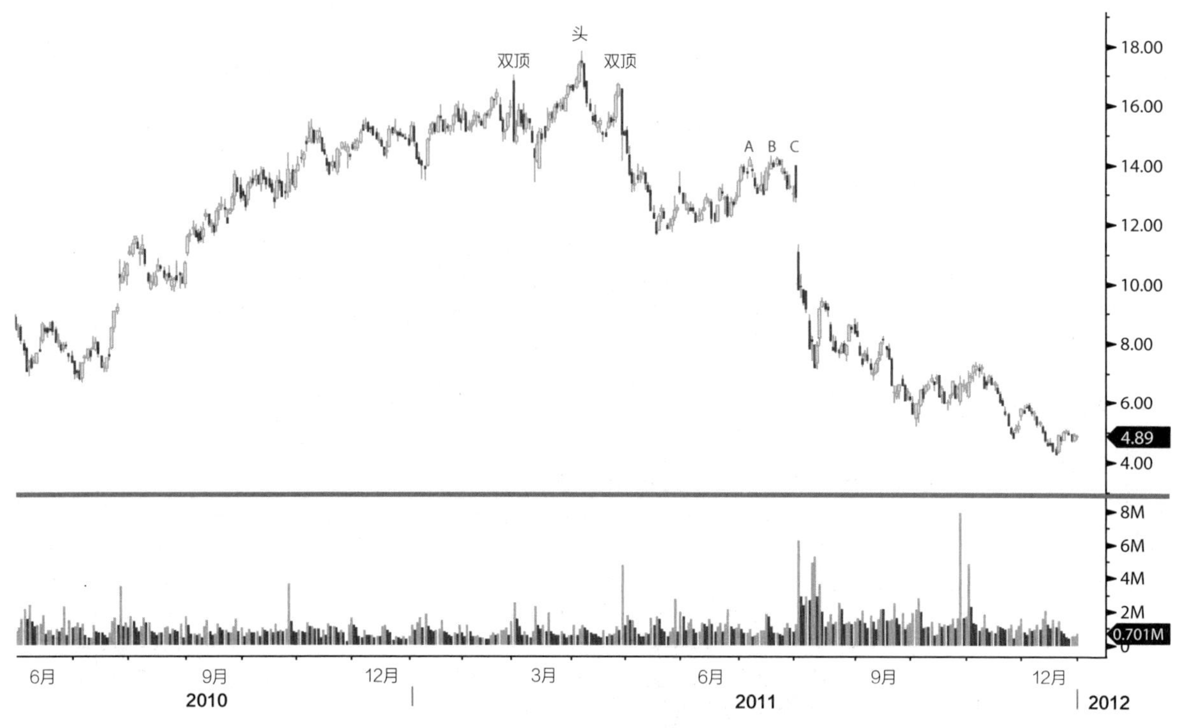

图 15.4　美股 Ferro 公司

寻找三重顶的时候，试着在脑海中勾勒出山峰的轮廓。三座依次坐落的大山，就是我们要找的三重顶。

图 15.6 揭晓答案。头肩顶的头部比左右两肩高出一截，我们可以借此来区分头肩顶和三重顶。

三重顶 ABC 的三个波峰都在相近价位。价格收在低于形态最低波谷的价位，完成对该三重顶的证明。

图中的双顶不太好辨识，因为它的两个波峰不在同一价位（有 45 美分即不到 1% 的价差）。

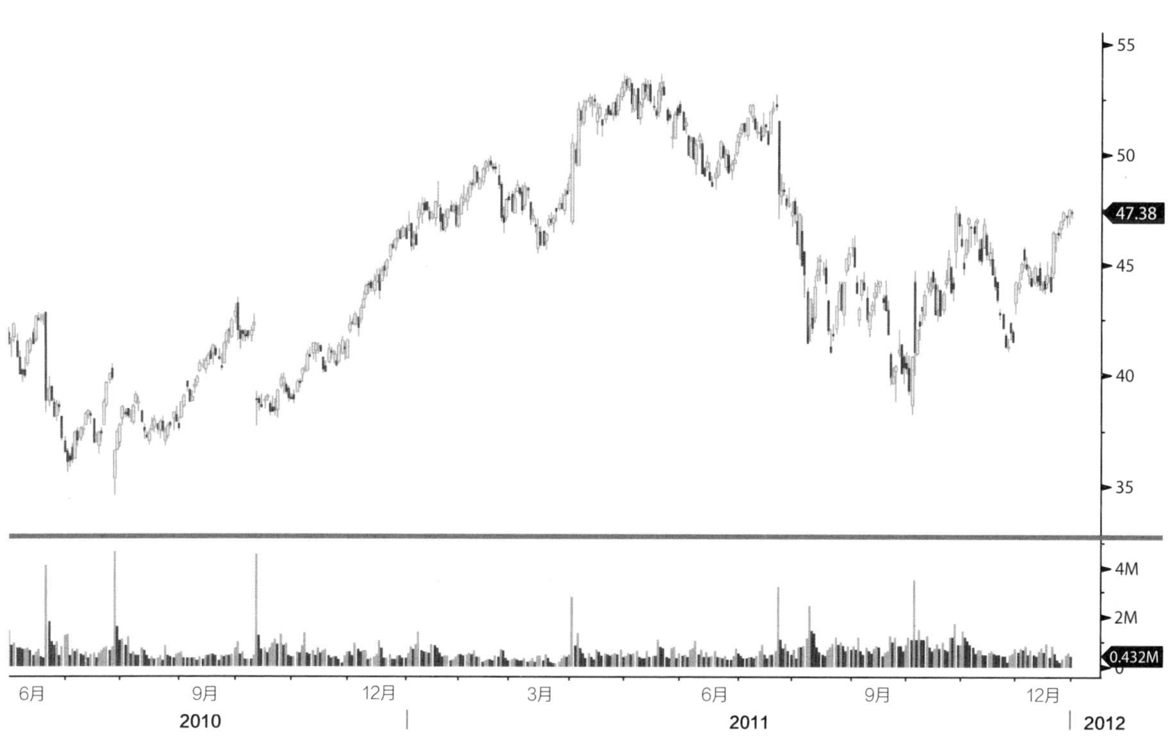

图 15.5 美股 Global Payments 公司

D 处不是三重顶。我之前有意对这样分布的波峰避而不谈。波峰沿一条向下倾斜的直线排列，价位依次降低。这通常是对称三角形的前兆。

图 15.7 包含众多不同的形态。你应该能找到至少两个三重顶、两个四边旗形、一个三角旗形、一个双底和一个头肩顶。

图 15.8 揭晓答案。从左边说起，2010 年 4 月出现一个小的头肩顶。左肩和头部的价差只有 15 美分，所以如果你认为它是三重顶，也并非不可。

下一个形态 ABC 就比较大。尽管三个价

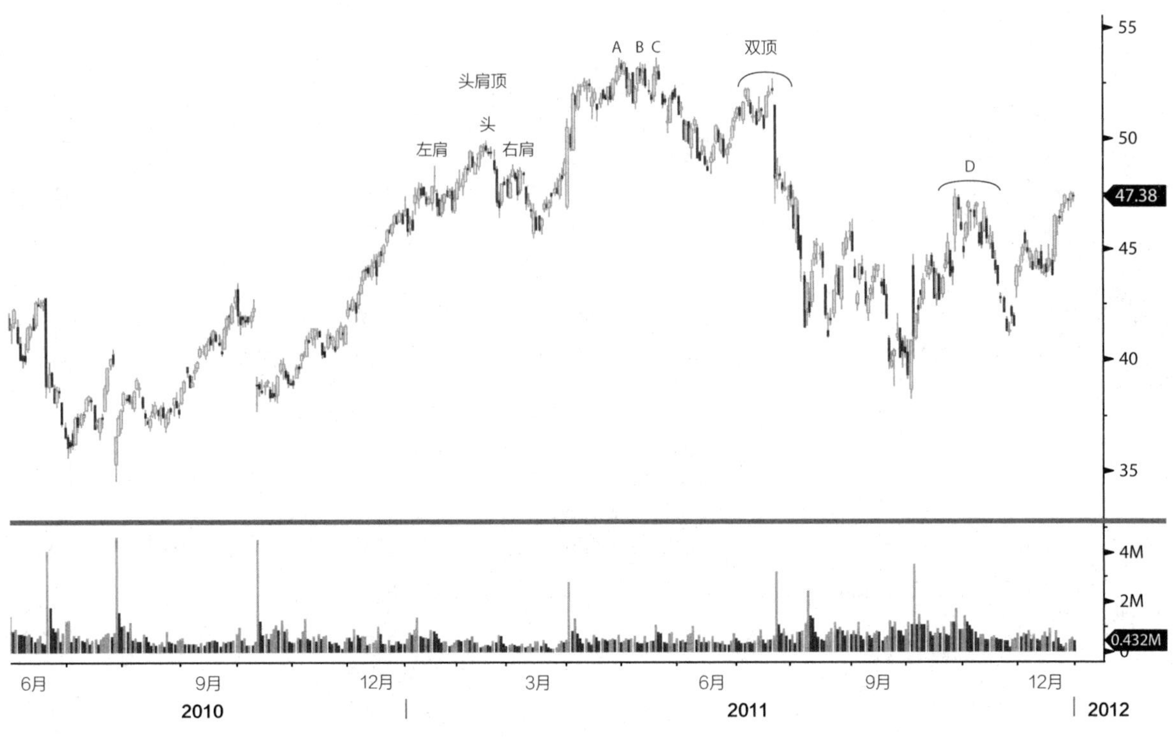

图 15.6　美股 Global Payments 公司

格峰头都落在相近价位，但它没有得到证明，所以算不上一个三重顶。

7 月形成的四边旗形非常难以发现，因为它在上行价格趋势中承担反转作用。12 月的四边旗形和次年 2 月的三角旗形前由于恰逢节庆，所以价格较高。

图形 D 是此图中的第一个三重顶。三重顶 D 完成证明后形成一个新波峰。该反转形态带来一次强劲的下跌。在谷底又形成另一个反转形态——双底。

紧随其后的是第二个三重顶 E。

在第 16 章，我们将讨论头肩底。就在

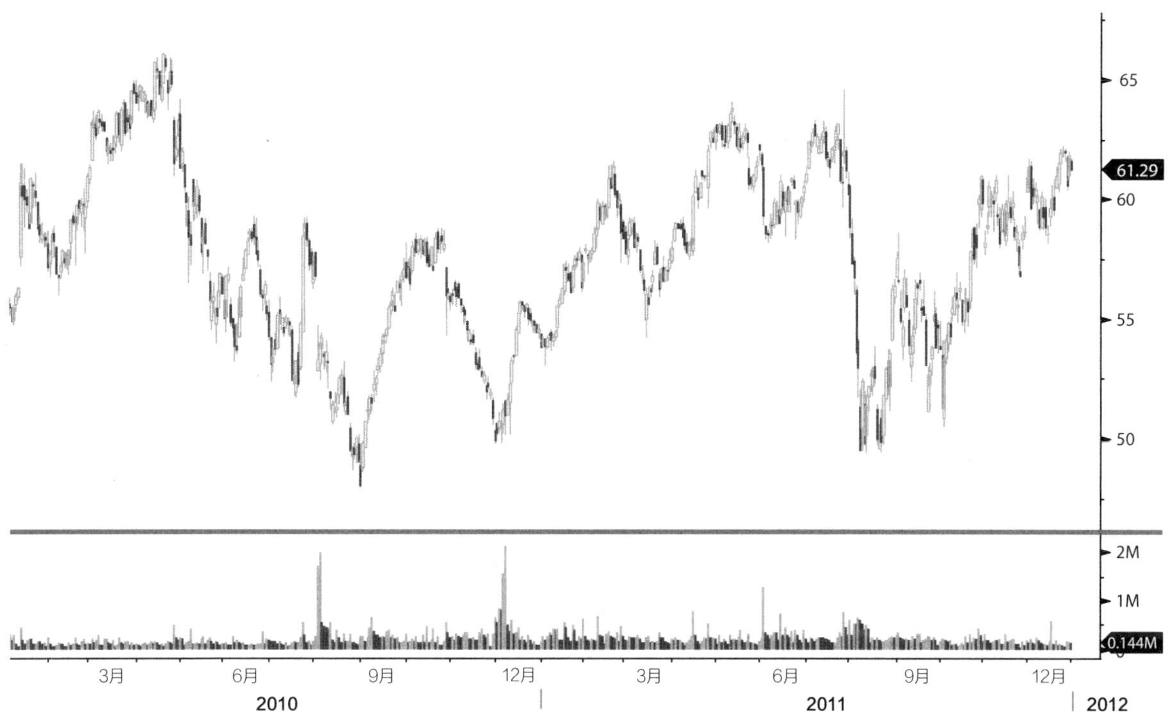

图 15.7　美股 Teleflex 公司

这之前，我收到一封邮件，问我为什么没讨论反转的头肩形态。那是因为我对那种形态有自己的叫法，而这得从联邦目击证人保护项目说起。

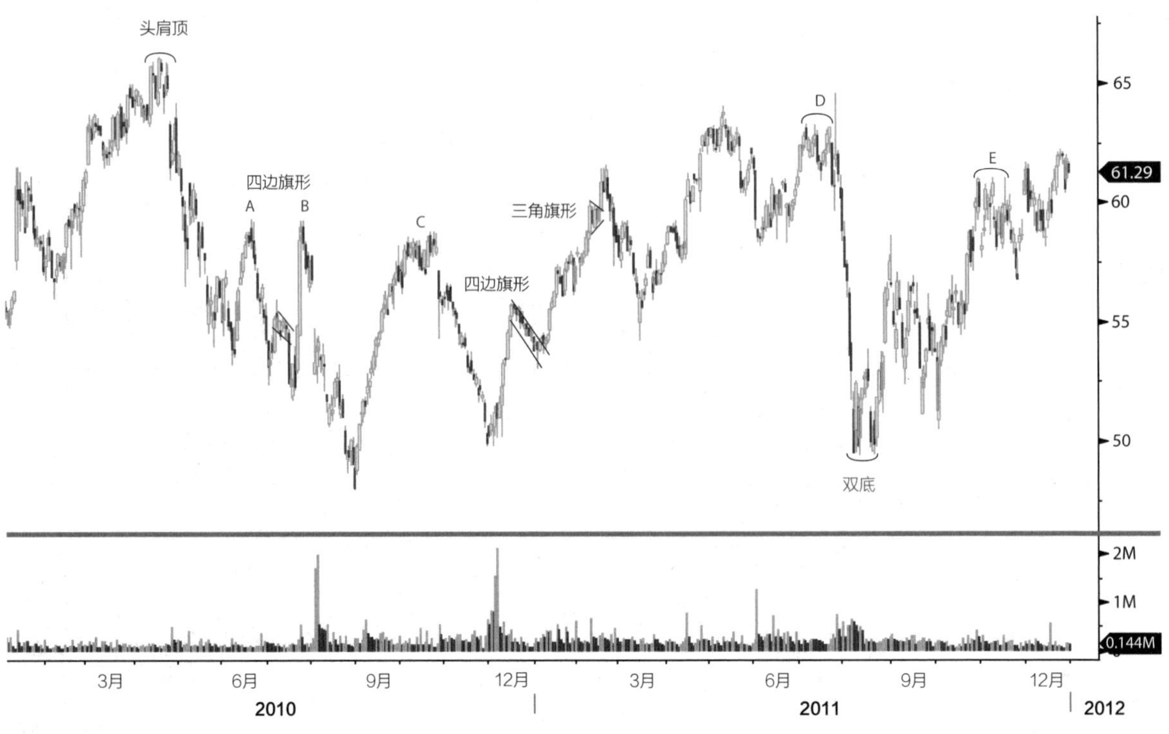

图 15.8　美股 Teleflex 公司

自测题

回答下列问题：

1. 如果在三个价位相近的波峰的右边出现第四个波峰，这意味着什么？

A. 如果在第四个波峰出现之前，价格先收在低于三重顶最低波谷的价位，那么三重顶证明有效。

B. 如果三重顶未能得到证明，四个波峰就共同组成四顶或多顶形态。

C. 如果这四个波峰组成的形态得到证明，则预示着股价下跌。

D. 上行阻力强劲。　　　　　　　　E. 以上都对。

2. 已有三个价位相近的波峰，且导向它们的价格趋势向下，那么这三个波峰就是一个三重顶，对或错？

3. 几个波峰要满足什么条件才是三重顶？

A. 要根据刻度来判断。　　　　　　B. 波峰之间的价差要小于25美分。

C. 波峰之间的价差要小于4%。　　D. 是否在相近附近无关紧要。

E. 以上都是。

4. 三重顶是一种周期较长的股价形态，有的长达两至三个月，对或错？

答案：1. E　2. 错误　3. A或D　4. 正确

第16章 辨别头肩底

头肩大概是最广为人知的股价形态。它的名字足以满足我们的想象，但要辨识一个有效的头肩，仍需要我们好好把握它的规律。让我们从几个例子开始讲起吧。

图16.1中，有三个头肩。图形A是头肩底，右肩略高于左肩。要是这真是某人的半身像，那可得好好看看医生。

需要留心的是，头部低于两肩。这是头肩底最主要的特征。

图形B与图形A非常相似。两肩价位相当，两肩距离头部的周期也非常相近。这样的对称性也是头肩底的重要特征。

图形C是头肩顶的绝佳范例。不过这是我们下一章要讨论的内容。

那么，要如何辨识头肩底呢?

◎辨识技巧

图16.2中有一个有效头肩底，还有一个冒牌货。我们来一辨真假吧。

图形AB是那个真品。从2010年2月的波峰开始，价格一路下跌，跌进形态，形成左肩的次低点。随后，又形成一个更低的波谷作为头部。接着，价格反弹，在头部右侧形成一个稍高的波谷，即右肩。

A和B就是所谓的腋窝。连接AB两点的

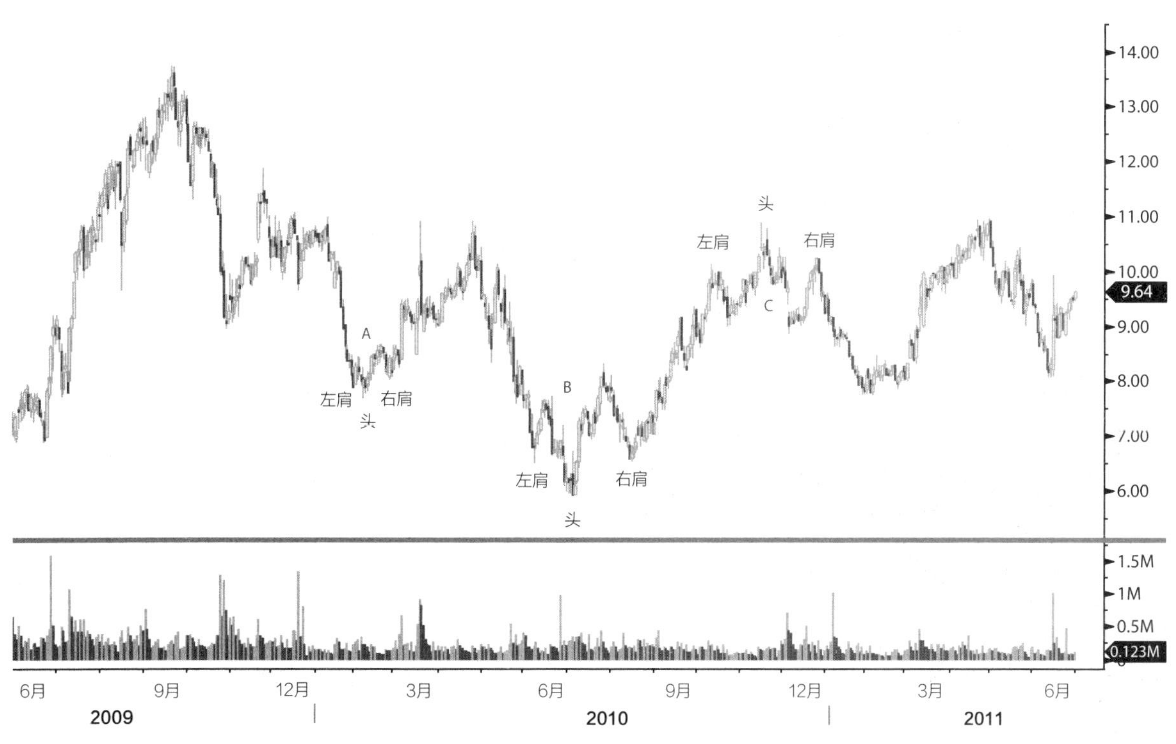

图 16.1　美股 Stein Mart 公司

线条即颈线。左右两肩与头部的距离相当，但两肩价位并不完全相同。成交量在三个波谷的变化并不明显。换句话说，头肩底的成交量变化存在一般规律，但也有很多例外情况，要视具体情况而定。

图形 DEF 看起来更像一个头肩底。两肩价位一致，与头部距离相当，价格收在颈线上方。

那么问题出在哪呢？答案就在左肩。左肩不是一个次低点。我们知道，次低点应该是五天内的最低价位，而这个左肩仅仅是上行价格趋势中一个小波澜。

表 16.1　头肩底的主要特征

特　征	描　述
下行价格趋势	头肩底前的短期价格趋势是向下的
三个波谷	头肩底有三个波谷，中央波谷低于左右波谷。三个波谷和两个腋窝（波谷之间的峰头）都应是易于辨识的次高点和次低点
对称性	整个形态体现对称性。左右两肩价格相近，且与头部的距离相当
成交量	成交量整体呈下降趋势，左肩最高，右肩最低，头部成交量也可能较高。但不要因为成交量异常而轻易否定某个头肩底
颈线	颈线是经过两个腋窝所作的线
证明	价格收在颈线上方，则证明该头肩底有效。当颈线向上倾斜时，需要收在高于右腋窝的位置

◎交易心理分析

头肩底是如何形成的？这种形态展现出投资者试图找到符合股票价值的最低价格的一个过程（图 16.3）。

例如这幅图显示，在股价下行进入左肩时，成交量依旧呈上升趋势。一般而言，成交量上涨是波谷到来的标志。但股价从 2010 年 1 月的波峰开始一路下跌，成交量曾多次上浮，这次又有什么特别之处呢？

购买需求加剧，止住下跌趋势，股价上涨，但这仅持续一周左右。随后，股价再次下跌，进入头部。头部形成初期的成交量低于左肩的成交量，这是头肩底的典型表现。

聪明的投资者在此时囤入股票，期待行情逆转。股票在头部波谷处有了支撑，逐渐回暖，成交量也随之上升。这是熊市向牛市转变的信号。

价格升至右腋窝处后旋即下跌，形成右肩。此处，成交量下降，仿佛聪明的投资者能够不

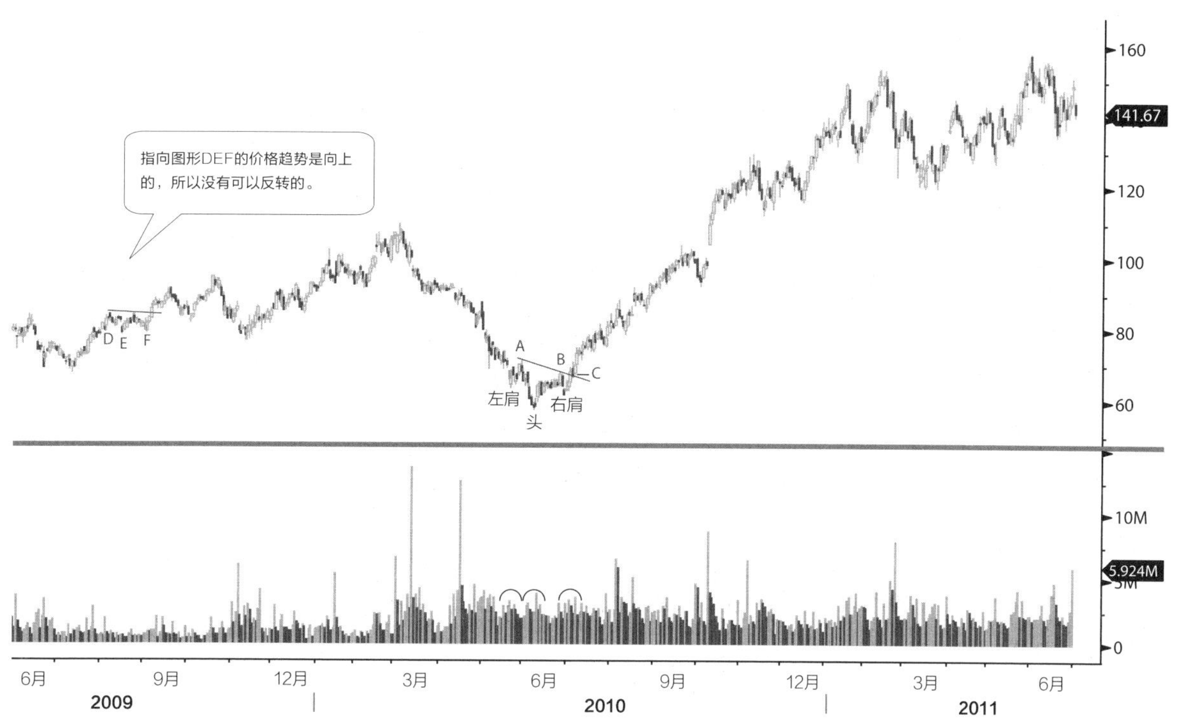

图 16.2　美股 CF Industries Holdings 公司

动声色地洞察何处价值最高。他们的买入使股价再次上升，突破颈线后收盘，自此拉开牛市的帷幕。

此时，聪明的投资者可以安守位置，他们轻酌玛格丽特鸡尾酒，看着其他投资者努力让股票价格涨上去。

◎头肩底的变体

图 16.4 中最值得注意的是右侧的头肩底。它的特别之处在于，它有多个肩部。

右肩有两个小波谷，左肩有三个。我将其中四个标示出来。依照五日标准，这五个小波

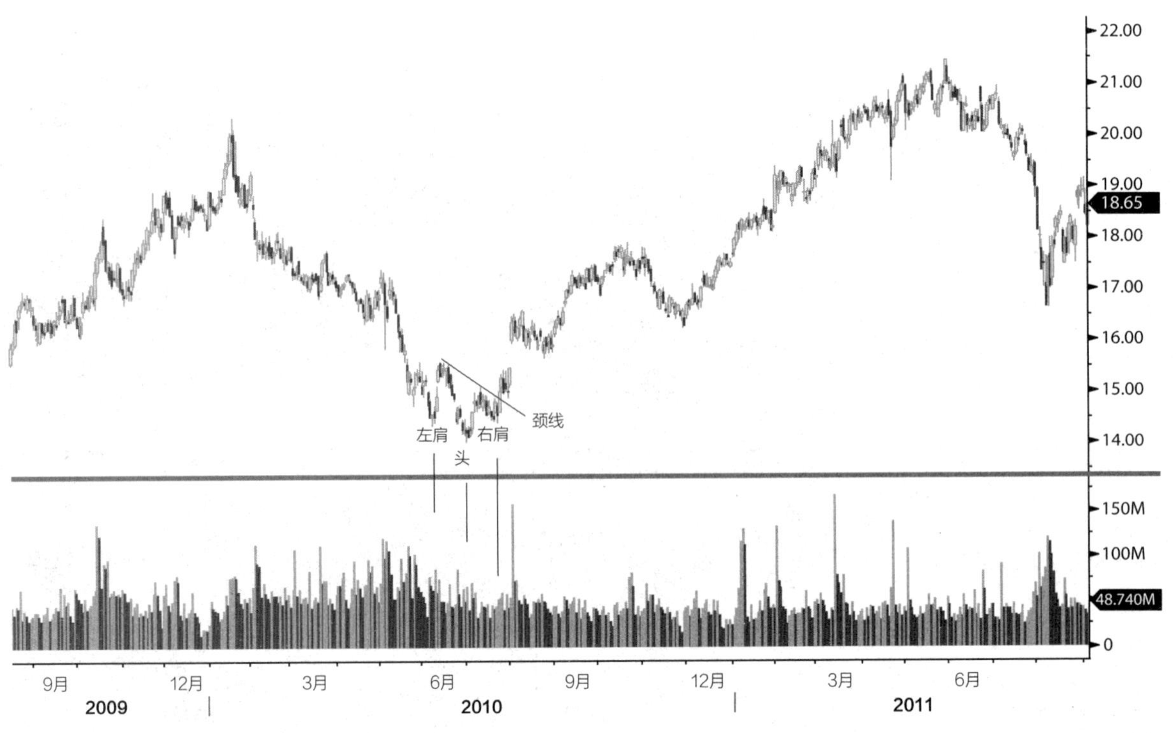

图 16.3　美股 Pfizer In 公司

谷里，只有两个算是次低点。

这种变体被称为复合型头肩底。复合型头肩底通常有很多肩部，或很多头部，或肩部和头部都很多（较罕见）。

所以当你遇到头肩底时，要记得查看一下左右是否还有其他的肩部或头部。但我们对复合型头肩底和普通头肩底都一视同仁。

至于另外两个头肩底，注意它们的左肩都比右肩稍高一些。刚开始接触此类形态时，你可能会被这种不规则性干扰，但你会慢慢习惯。

图 16.5 给出一个容易被误认为头肩底的

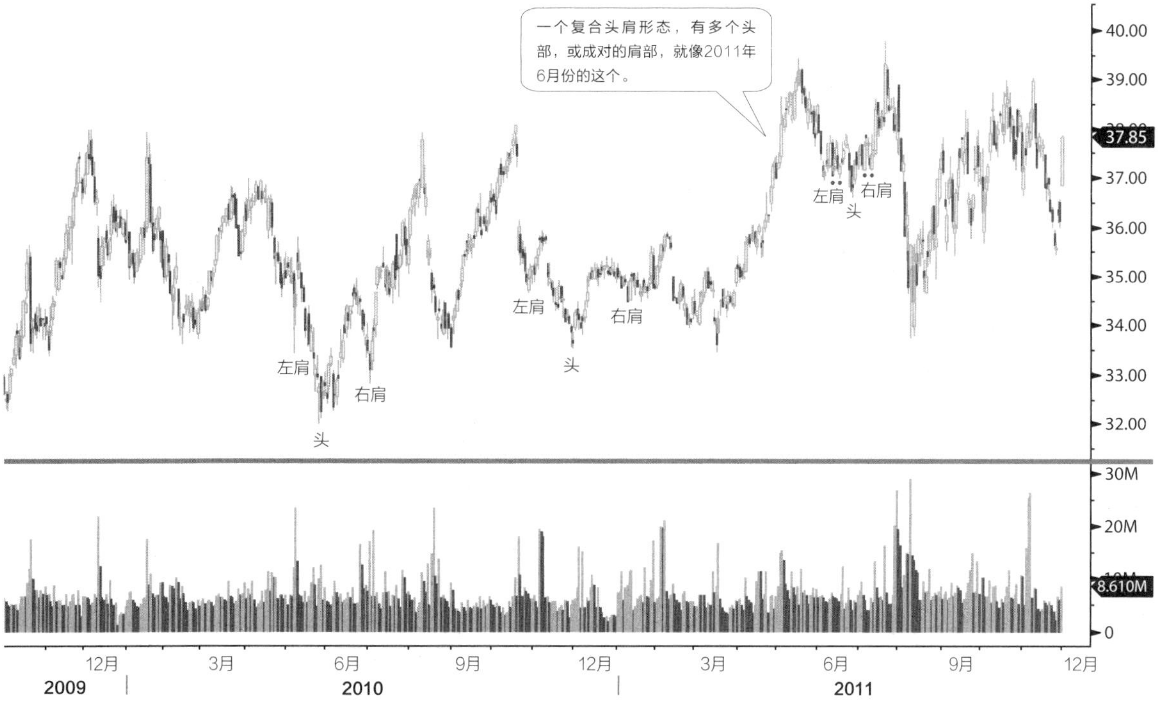

图 16.4 美股 Eli Lilly & Co 公司

形态。你认错了吗？那两个弯到底是什么？

首先，如图中通道线所示，形态前的价格趋势不是向下，而是向上。这是上行价格趋势中的中继形态，而非反转形态。

或许有人会站出来反驳，价格自 2009 年 7 月从波峰开始下跌，经历一段上行反复后，于次年达到波谷。好吧，可是它还有一个瑕疵。那便是，它没有得到证明。价格并未收在颈线 A 或右腋窝 B 上方，而是先收在形态底部下方。记住，当颈线不是水平而是向上倾斜，以右腋窝为准。

第一个练习就是找出图 16.6 中的三个头

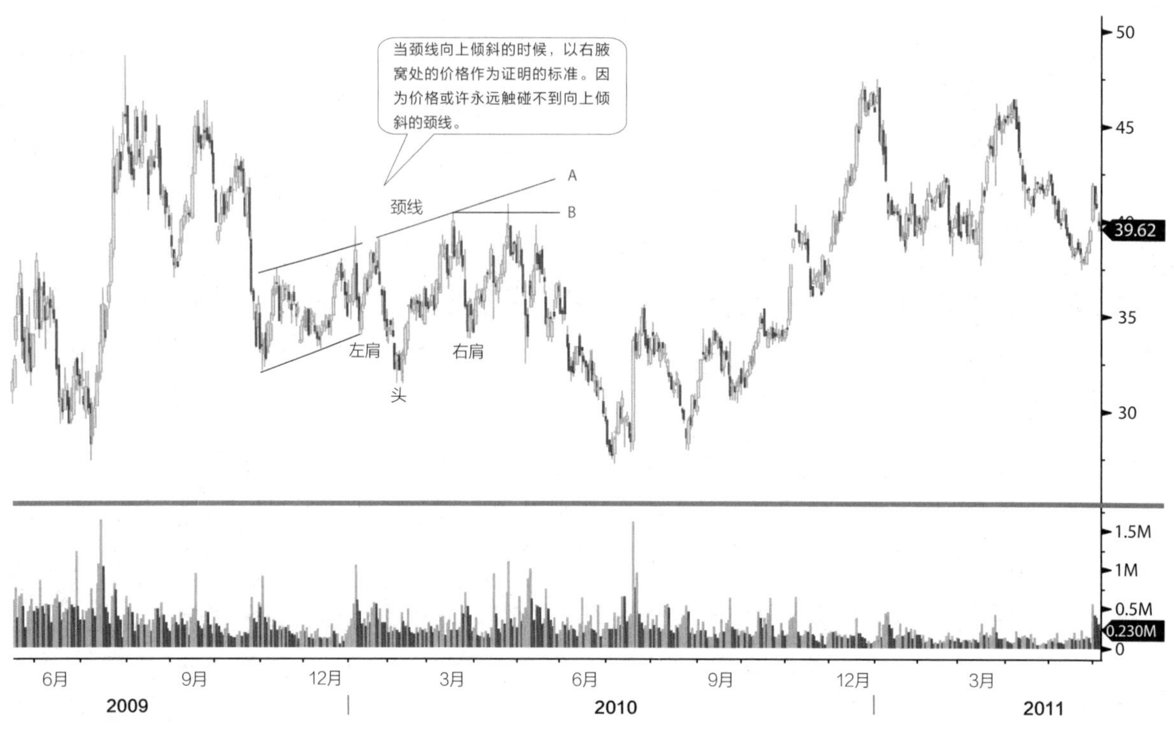

图 16.5 美股 Texas Industries 公司

肩底。你或许会对其中一个有异议，不过先试着把它们都找出来吧。

图 16.7 揭晓答案。那个让人存疑的头肩底就是图形 A。为什么？因为进入 A 之前的价格趋势向上。所以它并不起反转作用，而是中继作用。

另外两个头肩底有效，它们都对短期下行趋势起到反转作用。

注意形态 A 和 B 中的水平证明线，它们的颈线向上倾斜。

第二个练习看似简单，但同样具有欺骗性。图 16.8 中至少有一个头肩底。你能找出几个？

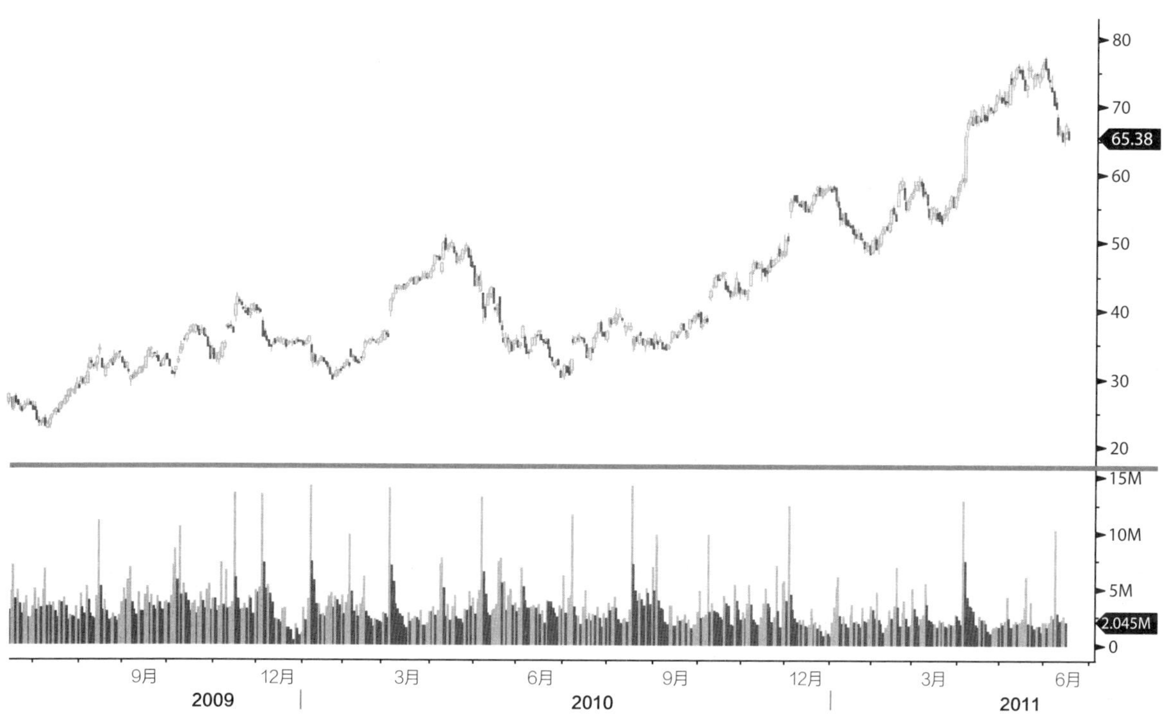

图 16.6 美股 A&F 公司（Abercrombie & Fitch）

图 16.9 揭晓答案。图形 A 不是一个头肩底。因为它没有体现对称性。右肩到头部的距离比左肩到头部的距离远得多。

图形 B 是一个有效的头肩底。

在第 17 章中，我们将讨论头肩的另一种形式：头肩顶。头肩底的变体或许让你有些难以把握，相比之下，头肩顶容易辨识得多。

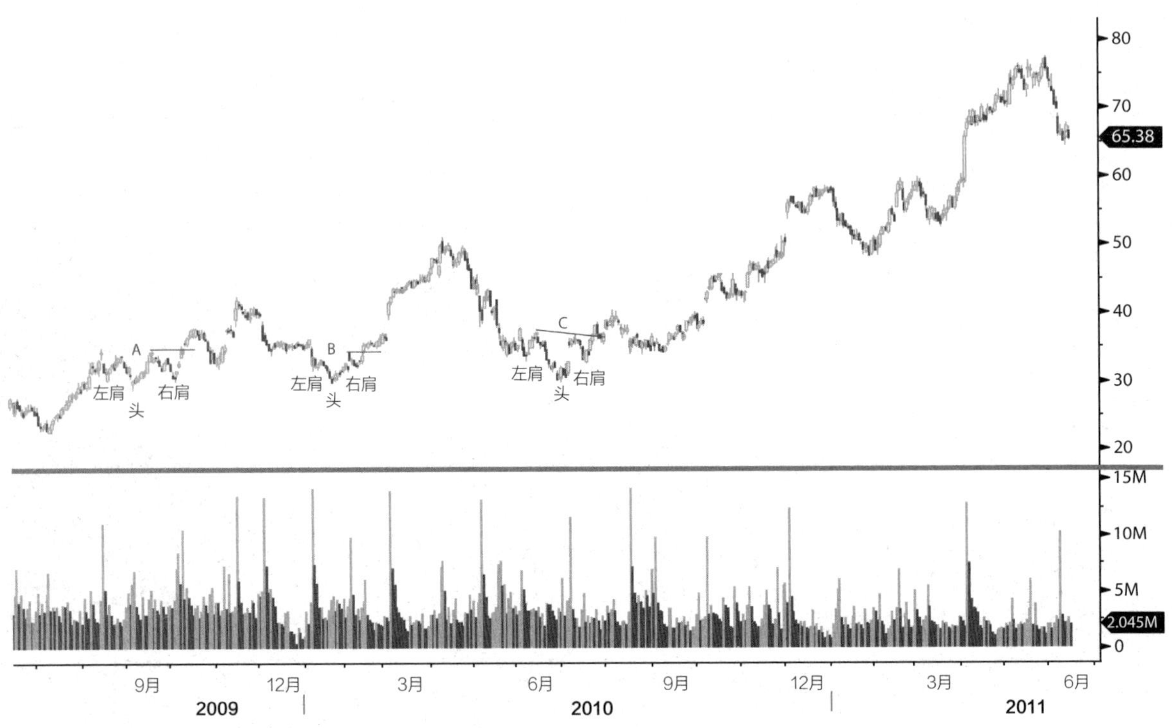

图 16.7 美股 A&F 公司（Abercrombie & Fitch）

图 16.8　美股 Coach 公司

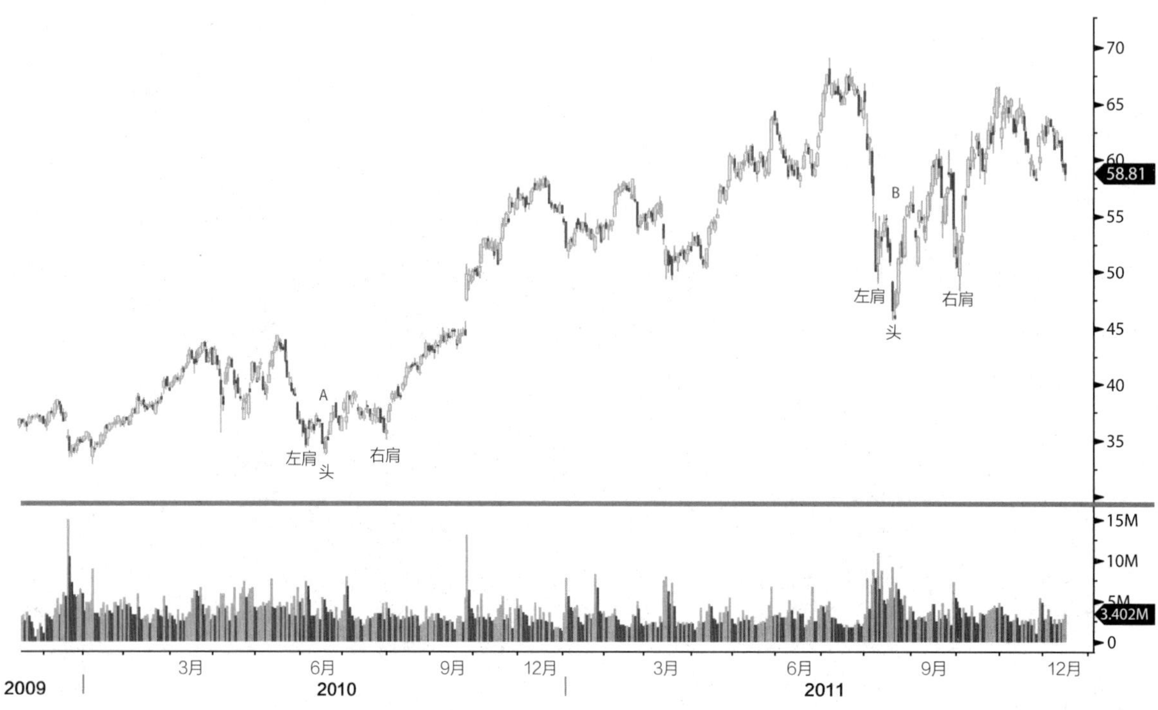

图 16.9 美股 Coach 公司

自测题

判断下列表述是否正确：

1. 起反转作用的股价形态，价格在进入形态前趋势是向上的，退出时也向上。
2. 证明头肩底时，连接形态的两个波谷作颈线。
3. 头肩底虽是一种反转形态，但有时候也会起到中继作用。
4. 当颈线向上倾斜时，把左腋窝当作证明的标准。
5. 当价格突破向下倾斜的颈线时，头肩底得到证明。

答案：1. 错误　2. 错误　3. 正确　4. 错误　5. 错误

第17章 找到头肩顶

对我来说，辨识顶形态更容易。或许是因为我觉得保本比赚钱更重要。不论原因如何，让我们进入第二部分的最后一章。

头肩顶的形状，就如同它的名字。从图17.1给出的例子，可看到它是由一头两肩组成。价格趋势向上进入头肩顶，形成左肩，接着形成头部和右肩。当价格收在颈线下方时，该头肩顶得到证明。退出头肩顶后，价格就一落千丈，像断了绳索的登山者。

◎辨识技巧

图17.2是一幅周线图。图中的头肩顶像坐在山顶的山大王。注意，不管是在周线图，还是在日线图或是其他刻度下，头肩顶的形状大体不变。头部高出两肩，两肩与头部的距离相当，所在价位却不一定完全一致。

这个头肩顶有一条向下倾斜的颈线，即线A。而线条B沿右腋窝画出。价格收在右下方，头肩顶得到证明。这幅图显示，使用右腋窝来证明头肩顶会快得多。成交量方面，左肩的成交量高于右肩。

◎交易心理分析

头肩顶是如何产生的？假设你代表着聪明

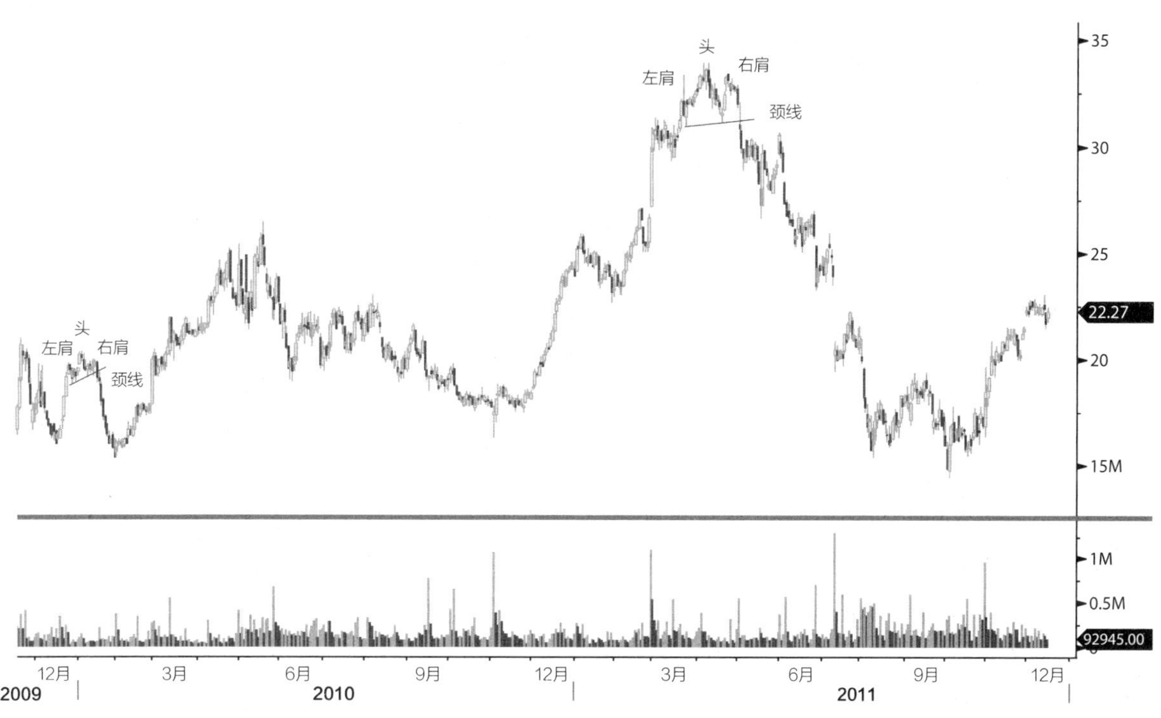

图 17.1　美股 Trex Co 公司

的投资者——资金雄厚的个人、投资机构、对冲基金或者共同基金。你正在寻找合适的股票投资，你认为图 17.3 中的 Hovnanian 公司是一只潜力股。

于是，你从 A 点开始买入，推动股价从 3 月的松散盘整区突破出去。

其他投资者陆续跟仓，像发射太空飞船一样把股价送进上涨轨道。

当太空飞船进入太空，股价已超过 7 美元。你在短短两周内赚了 40%。该卖了。

你的卖出让股票的上涨趋势戛然而止，甚至开始下跌，左肩由此形成。

表 17.1　头肩顶的主要特征

特　征	描　述
上行价格趋势	指向一个头肩顶的短期价格趋势是向上的
三个波峰	头肩有三个波峰，中央波峰高于左右波峰。三个波峰和两个腋窝（波峰之间的波谷）都应是易于辨识的次高点和次低点
对称性	整个形态体现对称性。左右两肩价格相近，且与头部距离相当
成交量	成交量整体呈下降趋势，左肩最高，右肩最低，头部成交量也可能较高。但不要因为成交量异常而轻易否定某个头肩顶
颈线	颈线是经过两个腋窝所作的线
证明	价格收在颈线下方，则证明该头肩顶有效。当颈线向下倾斜时，价格需要收在低于右腋窝的位置

看到股票已经漏出疲软信号，你暂停卖出，静观其变。动量投资者也看好这个机会，他们在股票下跌时买入。于是下跌趋势止住，股价重新上升。

随着股价的攀升，追高者也加入，股价一鼓作气冲破 8 美元。你又开始抛售，但没有急着清仓，因为你手头的量太大。尽管这样，还是被人察觉到，股价再次应声下跌。

在股价惨跌之前，你把剩余股份全部抛出。其他投资者也紧随其后，让毫无防备的投资者接手，于是成交量大增。股价跌破 6 美元，投资者相信该股已经触底，买入需求再次高涨，股价又回到之前的高位。

你在场外看着这一切。股价上涨形成右肩，但由于缺乏上升支撑，股价急转直下。

擅长技术分析的投资者看到这个头肩顶，知道这是一个反转形态，于是不动声色地大赚一笔。其他投资者开始短线操作，在高点卖出，期待股价跌破零点。

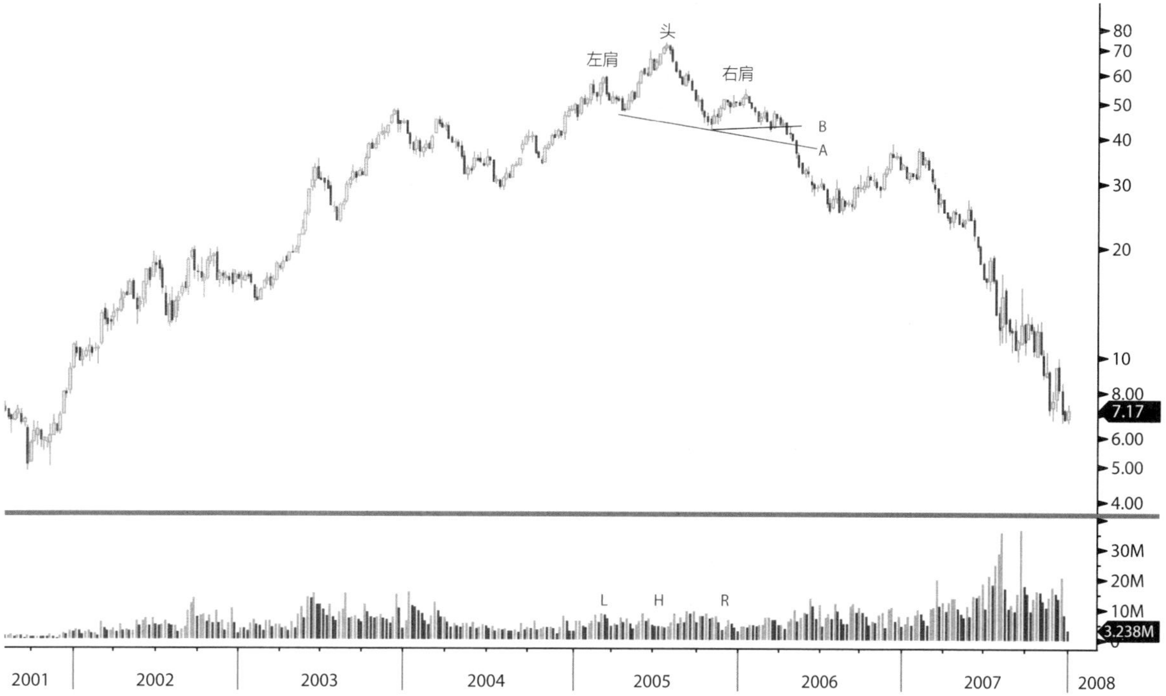

图 17.2 美股 Hovnanian Enterprises 公司

股价继续下行，形成三角旗形后，突破下行，就此开启头肩底的反转趋势。

图 17.4 给出几个头肩顶的变体。让我们从左侧开始。A 处的头肩顶是一个“常规款”。它的肩部又宽又圆，腋窝深陷，价格收在水平颈线下方，完成证明。

而形态 B 有些不同。它左右两肩不够宽，都算不上次高点。但这个头肩顶是上行价格趋势中的反转形态，价格收在向上倾斜的颈线下方后，完成证明。

形态 C 有时会被人忽略。它的头部仅由小小的价格峰头组成，与其肩部完全不成比例。

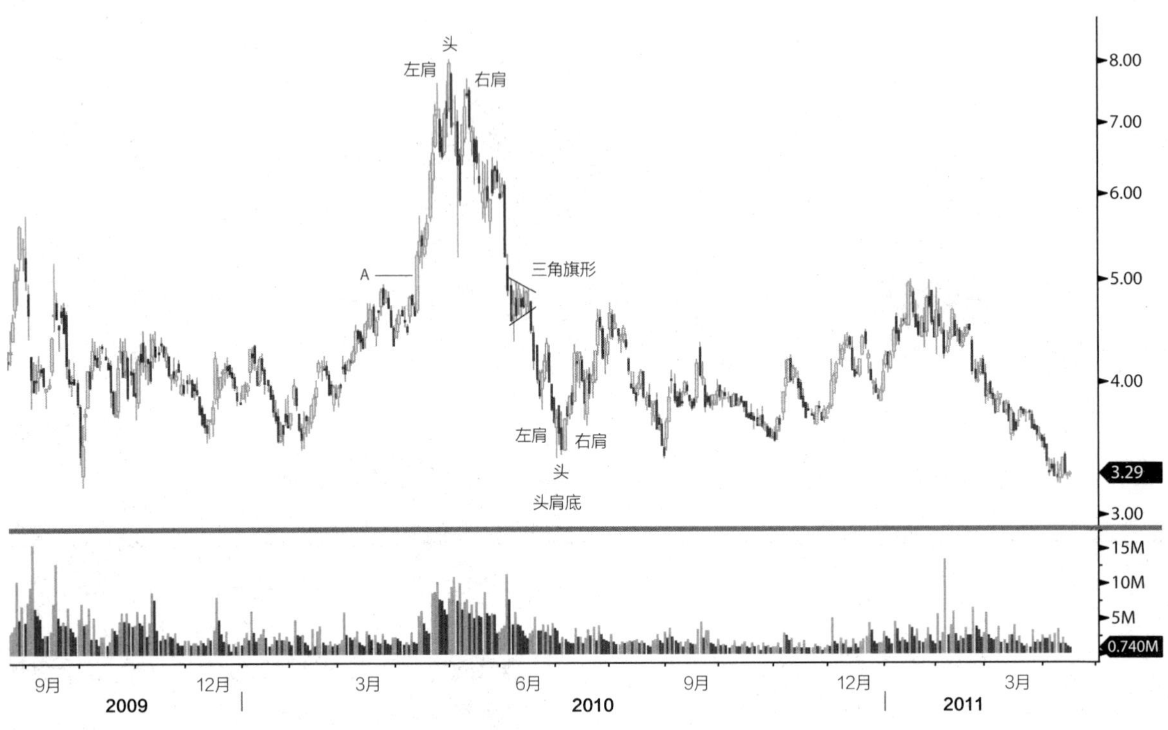

图 17.3　美股 Hovnanian Enterprises 公司

但是它的价格也收在向上倾斜的颈线下方，完成证明。

形态 D 是这幅图中唯一无效的头肩顶。它的左肩比右肩宽很多，两肩与头部的距离不等，不符合对称性。

而且，股价收在证明线下方前，先收在头部 E 的上方。所以这是个无效形态。

在寻找头肩顶时，我时常问自己这样一个问题：这个图形像不像人的半身像？记住，一旦遇到长脖子或者高低肩，最好还是接着看下一个吧。

图 17.4　美股 Church & Dwight 公司

◎本章测试题

尽可能把图 17.5 中的头肩顶都找出来。另外在图中，还有双顶、三重顶、双底、三重底、上升三角形和下降三角形，把它们也找出来吧。

图 17.6 揭晓答案。这些形态，就像面包上抹的花生酱一样分布均匀。

头肩顶 A、B 和 C 都是有效形态。尽管形态 D 也完成证明，但它出现前的价格趋势向下，所以它不是反转形态，而是中继形态。

注意，如果头肩出现在趋势的末端，那它

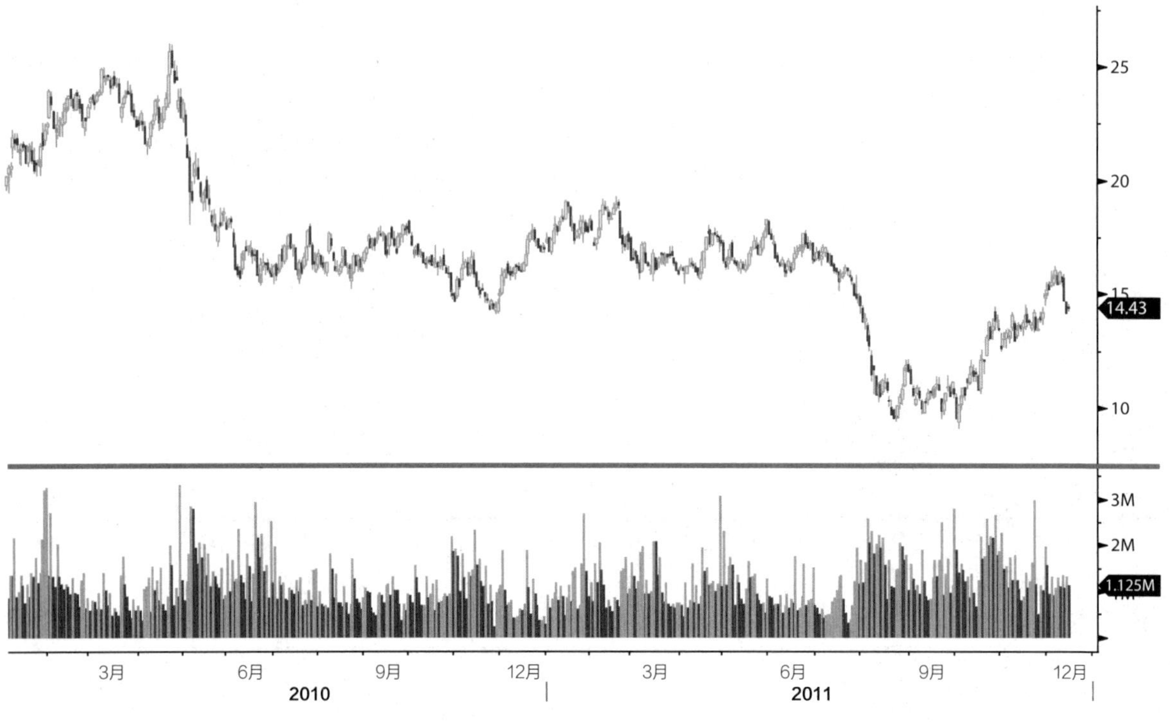

图 17.5 美股 Ryland 集团

即使下行突破也不会对趋势产生很大影响。这条经验或许会对你将来的投资有帮助。

还有其他没有标出的股价形态，如 2010 年 11 月形成的双底。这两个底不太对称（3% 的价差），所以有些难以辨识。

图 17.7 中有许多看似头肩顶而实际不是的股价形态。你能找到其中两个有效的头肩顶吗？

图 17.8 揭晓答案。有效的头肩顶是图形 A 和 B，其他都无效，因为它们都未能在价格上升到形态上方之前完成证明。

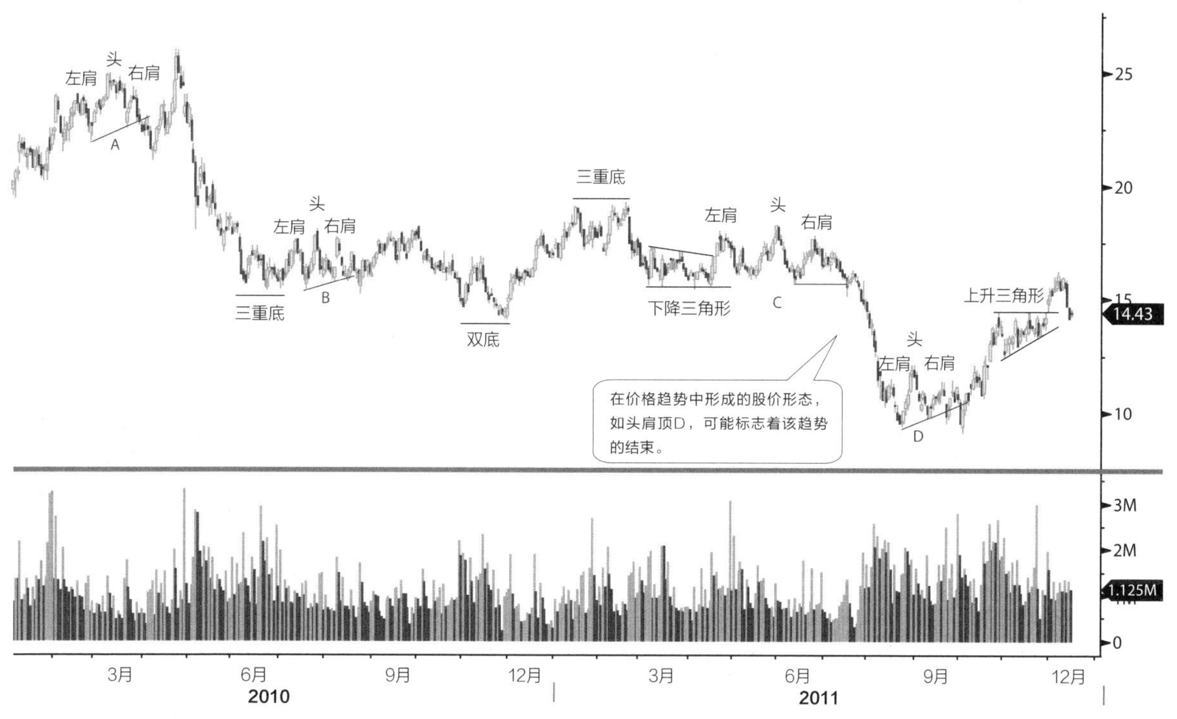

图 17.6　美股 Ryland 集团

◎小结

这是第二部分的最后一章。在这一部分，我们学会如何利用水平趋势线寻找矩形，然后沿其中一条倾斜趋势线寻找上升三角形和下降三角形。而两条相交的趋势线帮我们找到对称三角形。接着，我们翻过波峰和波谷，找到双顶、三重顶、双底和三重底。

最后，我们探访较为复杂的头肩，这种形态与三重顶、三重底十分相像。

如今我们已知道该寻找什么，下一部分，我们就要学习怎样用这些形态来交易。

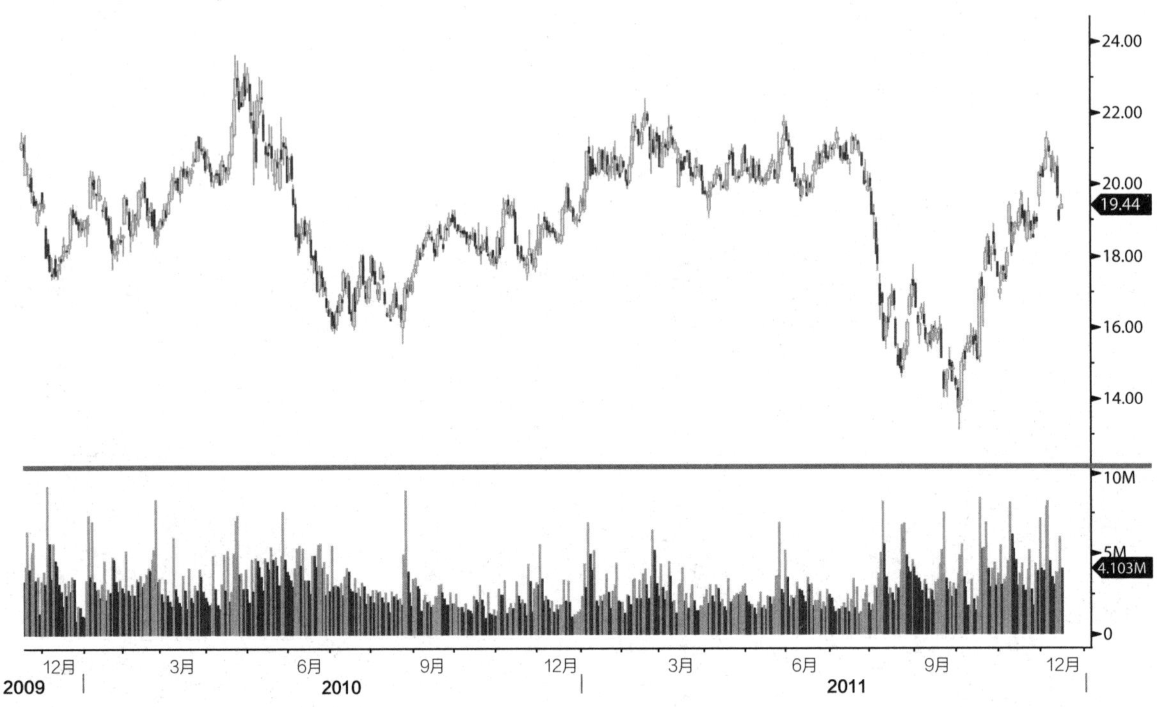

图 17.7 美股 Toll Brothers 公司

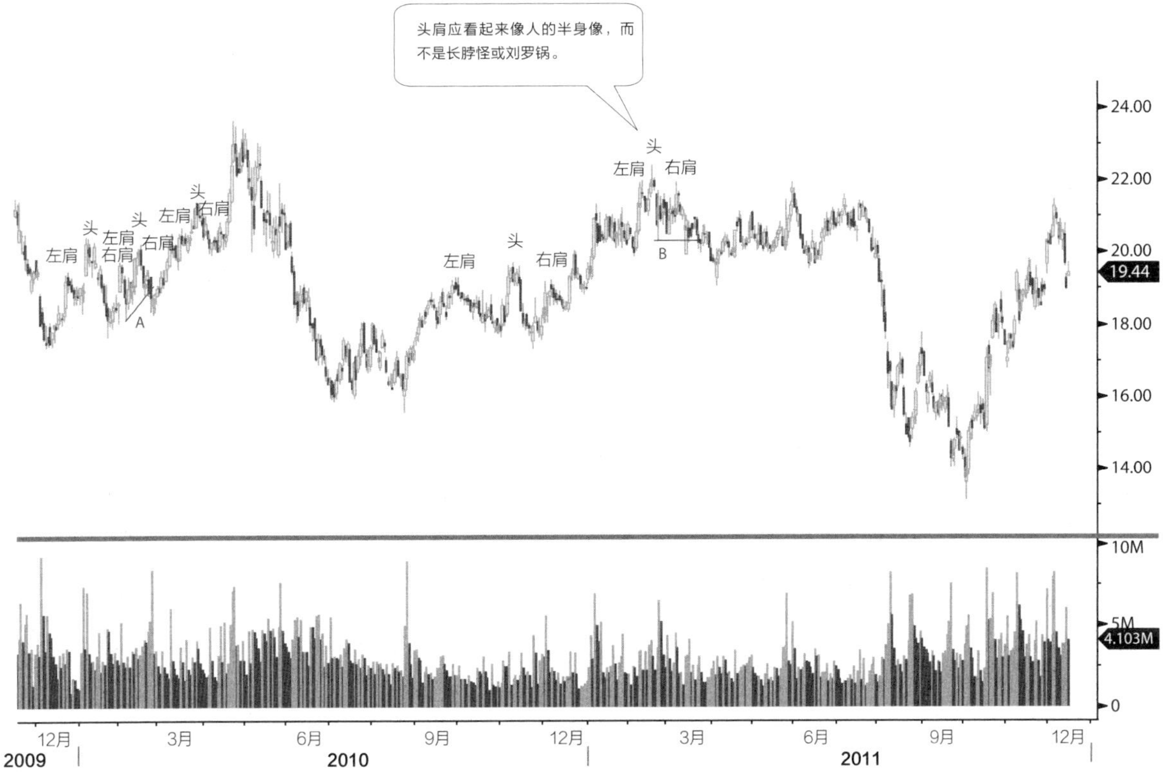

头肩应看起来像人的半身像，而不是长脖怪或刘罗锅。

图 17.8　美股 Toll Brothers 公司

自测题

1. 头肩顶的两肩的价格需要多接近?

A. 25 美分以内

B. 50 美分以内

C. 无关紧要

D. 无关紧要，只要这个头肩顶看起来像人的半身像

2. 判断对错：头肩顶中，价格收在左腋窝下方，则完成对该形态的证明。

3. 判断对错：顶形态要求价格必须以上行趋势进入该形态的底部。

4. 判断对错：三重顶中，中央波峰可以比左右两个稍低一些。

答案：1. D　2. 错误　3. 正确　4. 正确

第三部分
怎样运用股价形态及时入手

股价形态产生的交易信号，我分为两类：买入信号和卖出信号。这一部分中，我们将关注代表买入信号的股价形态。这一部分使用的数据，是牛市中上百次完美交易得来的，所以别期望你也能收到同样的效果。

随着样本的增多，数字可能会继续变化。所以更为重要的，是关注数字背后的原理，而不是这些数字。接下来要谈到的方法技巧，都是以图像技术为基础的经验归纳。我的经验告诉我，混用指标只会将策略复杂化，而鲜有助益。

第18章 掌握常见形态的买进策略

本章将股价形态视作一种交易工具。既然我们已经能辨识股价形态，那么我们可以通过这些形态知晓入市良机。

本书所讨论的大部分股价形态，它们的基础买进策略规则一致。

策略规则：

1. 在高于上趋势线1美分的价位挂买单，用以捕捉上行突破。

2. 一旦交易开始，将止损点设置在低于股价形态1美分的价位。

注意，这个策略不涉及移动平均线或其他指标。简单最好。我已用本书讨论的大部分股价形态检验这一策略，稍后我会和大家一起讨论我的检验结果。本章所有案例，都来自真实的交易经验。

◎上升三角形

当价格突破上升三角形时，立即买入。以我自己做过的交易为例，请看图18.1。

在我的交易笔记中，我曾这么写道："石油板块最近很热。我觉得这只股票有上升空间。而且，它还有股息。尽管记-1分，不过应该会回抽。希望它能到我的目标价位65.91美元附近。"

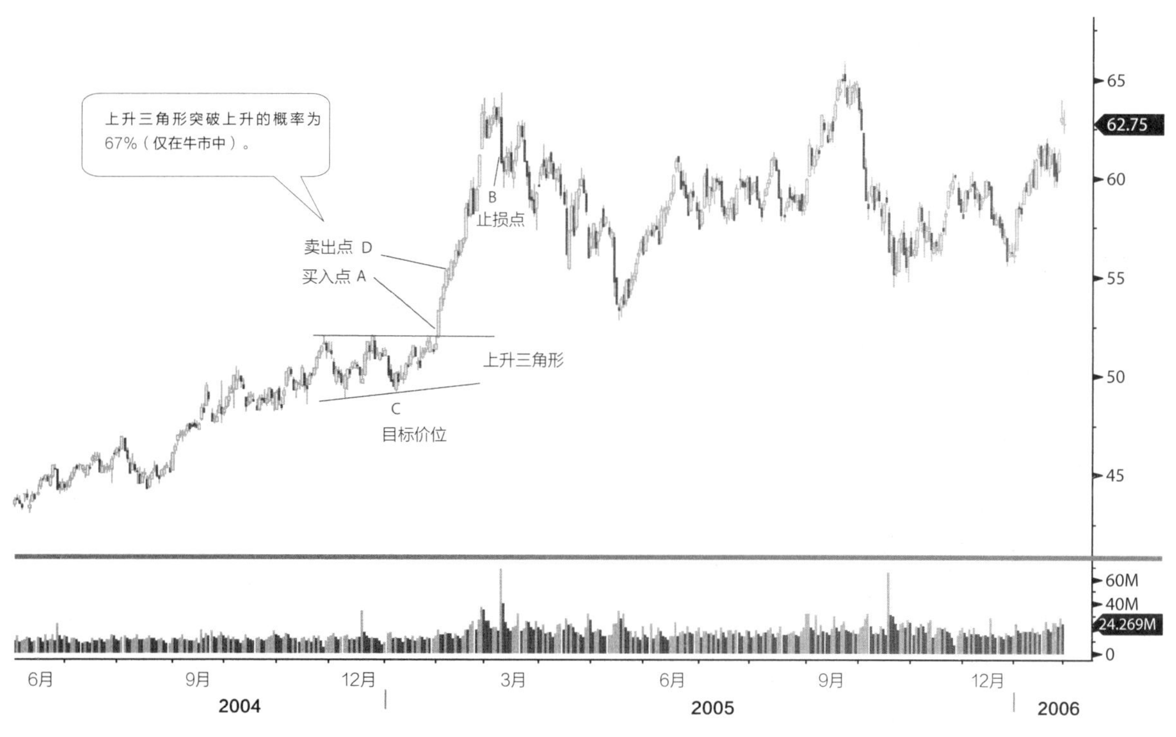

图 18.1　美股 Exxon Mobil 公司

我提到的“记分”，来自我的另一本书《典型股价形态交易》（*Trading Classic Chart Patterns*）。在那本书中，我提出一套记分系统。它用于评估股票达到目标价位的可能性。此例中的这只股票，我设置的目标价位是 65.91 美元。我的评分系统显示，它在下跌之前爬到我的目标价位的难度较大。

事实也正如我所料。突破前日，我在 52.06 美元价位挂买单，即高于上升三角形一美分的价位。第二天，成交价格为 52.07 美元，即 A 点。

一定要将买入指令设置在上趋势线上方，

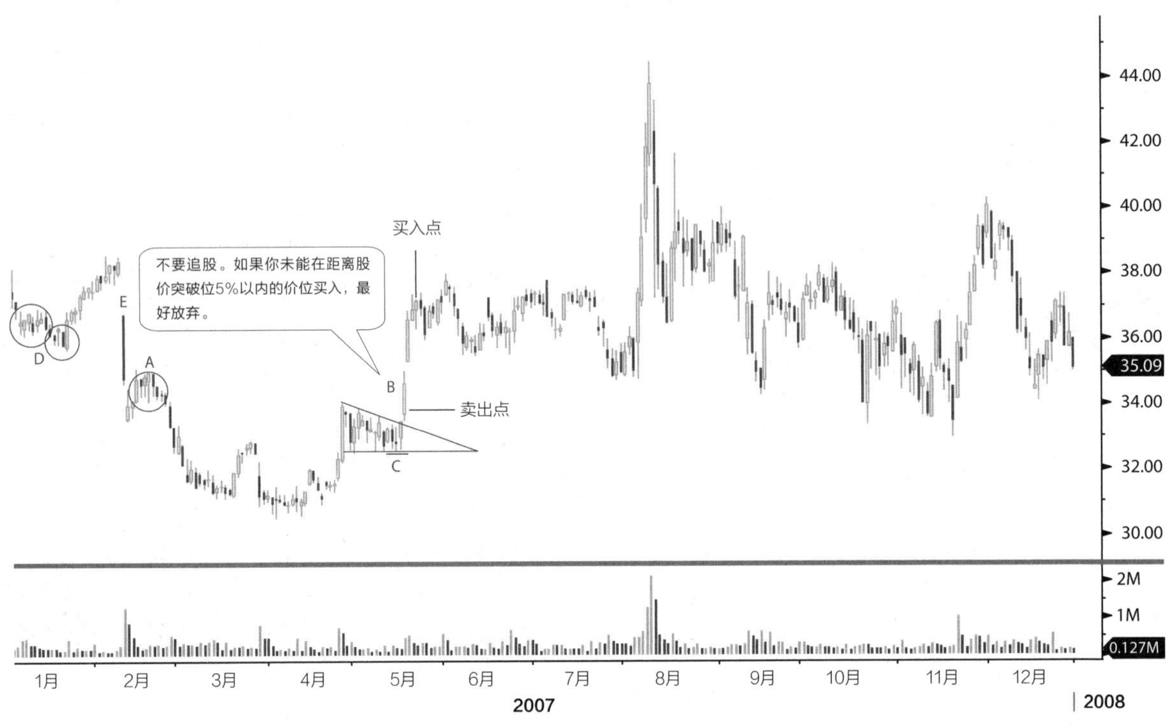

图 18.2 美股贝迪公司（Brady Corp）

因为可能还会有波峰出现。

我在次低点 C，即 49.21 美元处设置一个止损点。如果股价形态偏高，把止损点设置在形态的波谷常会带来严重损失。所以，我把止损点设置在形态的下方。

我用测量规则（将在第 24 章详细讲述）计算出目标价位，55.20 美元（D 点）。如图所示，股价像挣脱绳索的热气球，飞速上升。随着股价的上涨，我把止损点上调 7 次，最高的一次在 61.15 美元。但当股价跌至 60.90 美元（B 点）时，引发次日大规模抛售，我的止损点被吹跑。我持有该股 37 天，净赚 17%。

◎下降三角形

突破上升的下降三角形是我喜欢的股价形态之一。图 18.2 展示我如何利用这种形态进行交易。

5 月 16 日，贝迪公司发布盈利报告，并宣布次日早晨将就此召开一次会议。我决定，只要它缺口开得够高，我就下手。

但我从不追股。开盘以后，我一看股票，它已经从前一天的收盘价 33.46 美元涨到 34 美元。我退了一步，把买单挂在 33.78 美元，后来股价确实来到我的目标价位。

三角形的底部价位是 32.50 美元，所以我把止损点设在次低点下方的 C 点 32.46 美元处。我的目标价位是 34.50 美元，这个价格是根据上行阻力区 A（圆圈处）和更高的区域 D（36 美元起）得出。这两个价位并不是我预计的卖出点，但它们可以标出股价可能遇到阻力的位置。一旦我认定股价可能反转，这两个价位就会成为卖出价位。

价格还在持续攀升中，但是我的笔记提醒我：价格柱越来越短；价格将在缺口 E 处停滞；大 W 形态 AB 就要结束；价格即将超出我最初的目标价位。

收益继续增长的可能性越来越小，所以我决定立即卖出，均价是 36.80 美元。这就是说，我持有这只股票 6 天，收益 9%。

◎对称三角形

对称三角形通常是一种盈利形态，它意味着我们有许多交易机会。图 18.3 是我曾利用对称大三角形做的一次长线交易。

此前我已经留意这只股几个月，我在它突破上行的第二天开盘时买入（A 点）。在这次交易中，我综合利用基本面和对称三角形。我的买入价是 28 美元，目标卖出点是 56 美元。因为这是一次长线操作，我最初没有设置止损点。到 4 月时，我开始设置止损点，并且四次上调止损点的位置。

7 月 9 日，我发现有形成头肩顶的趋势，这把我吓到。于是我在 35.73 美元卖出，盈利 30%，还获得四次股息分红。

可是，头肩形态从未得到证明，我的卖出是错的。股价继续攀升，10 月份涨到 41.87 美元。然而，股价在随后的两天内下跌 7 个点。这么看来，当初抛售也算不错。

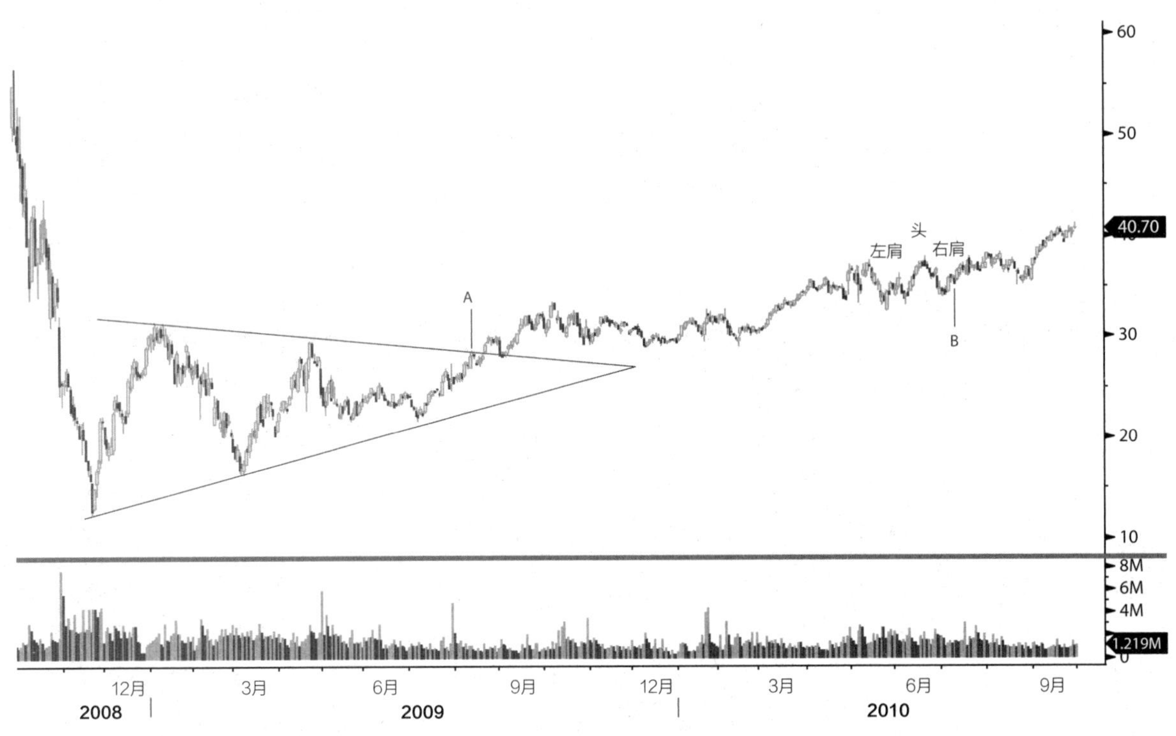

图 18.3　美股 Assurant 公司

◎双底

双底买进策略是将买单挂在形态上方 1 美分的价位，这样最为及时。我不建议购买未经证明的双底形态（图 18.4）。

我用了周线图，这可以较为完整地呈现我的交易过程。我在双底 AB 得到证明后的第二天开盘时买进，成交价格为 5.94 美元（C 点）。

这个双底的左底很深，所以我也把它称作大 W 形态。尽管两底的形状不太协调，但这不影响我的判断。

2009 年 6 月，一家公司将这只股评级为

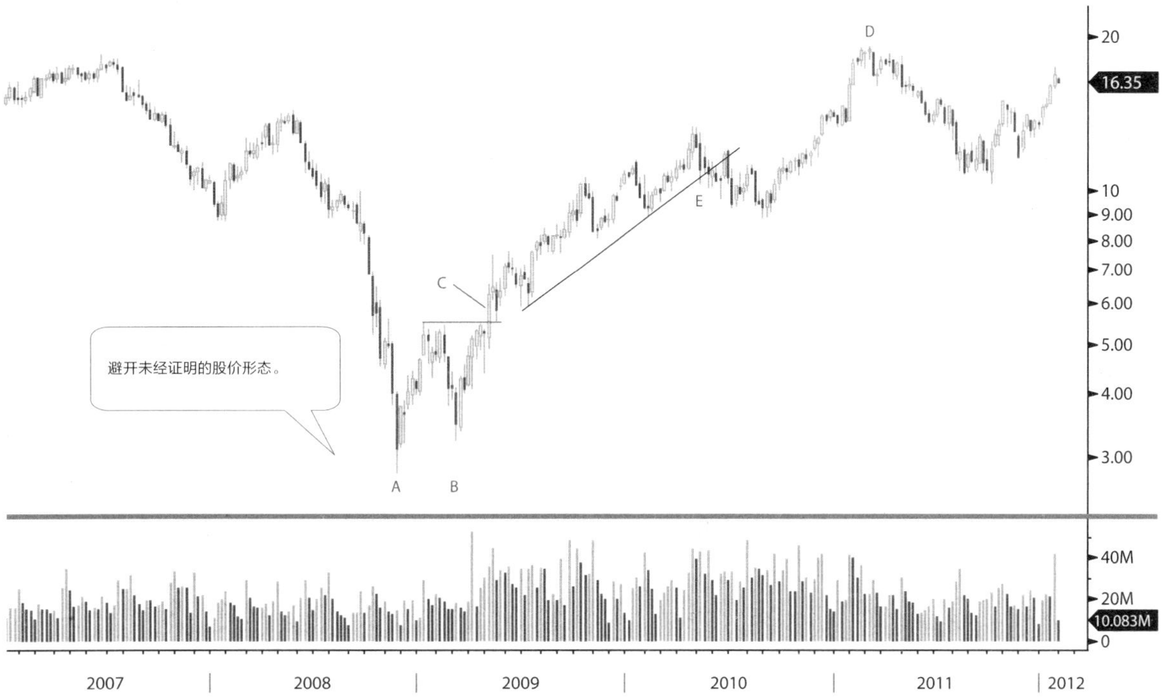

避开未经证明的股价形态。

图 18.4　美股 Teradyne 公司

强力买进，而另一家则将其评级为强力卖出。等着瞧，必然有一个说法错误。

一年后，也就是 2010 年 7 月上旬，我开始担心。股价突破趋势线 E。当时，我还预计将迎来熊市。于是我设置了一个止损点，并随着价格攀升而向上调整。然而，大约一周后，英特尔宣布，他们取得了十年来季度盈利之最。所以我想这只股票的表现也不会差到哪儿去。因此，我取消止损点。

2011 年 1 月，我在笔记本上写道："看起来，这只股要下跌，13 美元，12 美元，然后 11 美元。"

2 月 16 日，我在次低点下方的 17.55 美元

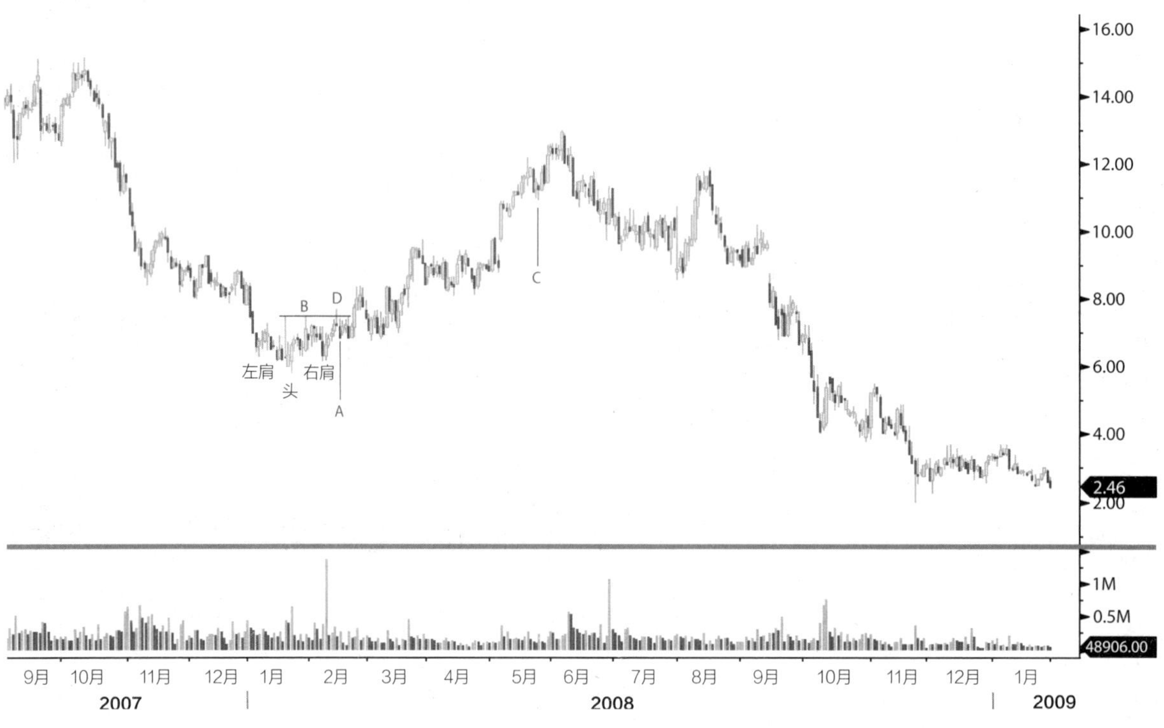

图 18.5 美股翰德国际集团

处设置止损点。股价果然一周后就跌到我的止损位。我持股一年又十个月，盈利 194%。

我们一起来看看。对于这种形态，具体有哪些交易策略呢？

◎头肩底

头肩底的策略与其他股价形态略有不同，

1. 股价图出现头肩底。

2. 若颈线向上倾斜，在高于右腋窝 1 美分的价位挂买单；若颈线向下倾斜，则待股价收在颈线上方后的第二天买进。

3. 买进后，在低于头部 1 美分的价位设置止损点。

在低于头部 1 美分的价位设置止损点，那最多受损 16%，最高收益幅度却多达 84%。

这些只是理论，实际应如何操作呢？来看看我的交易案例吧（图 18.5）。

1 月出现一个小小的头肩底。线 B 是颈线。颈线向下倾斜，所以当价格收在颈线上方时，形态得到证明。如果颈线向上倾斜，当价格收在右腋窝的上方时，形态得到证明。我测量了右肩波谷到波峰 D 的价差，然后将买入价设在 D 点下方价差为 38% 的位置。这个 38% 是斐波那契数，用于计算价格的反转幅度。最终，我的成交价格为 7.06 美元（A 点）。

买进之后，我立即在低于右肩波谷 10 美分的价位，即 6.05 美元处设置止损点。

我研究了同行业其他股票的表现，发现其中 8 只股票跌停后反转回升，另外 4 只跌停后继续走低。

右肩偏左处的盘整区吸引了我的注意，这是下行阻力区。大盘疲软时，不如静待回抽。

尽管我没写在笔记上，不过我猜，我当时可能过右腋窝画了一条颈线。而它正好落在盘整区的顶部。这足以表明，这是一个得到证明的头肩底。

我的笔记还记下当月有许多内部人士买进该股。随着价格攀升，我把止损点向上调整 13 次，最后定在 11.03 美元。我是这么写的："卖出原因是股价到达我预设的止损点。尽管收盘价较高，我还是拉紧止损点，因为昨天股价忽然大跌 5%。"

最终的卖出价为 11.00 美元。这说明，我持股三个月，盈利 55%。

◎矩形

我想拿来作为矩形案例的公司由于合并而不复存在，所以没有可以分享的股价图。

矩形交易的传统策略是：

1. 找到矩形。

2. 将买单挂在高于矩形 1 美分的价位。

3. 买进之后，把止损点设置在低于矩形 1 美分的价位。

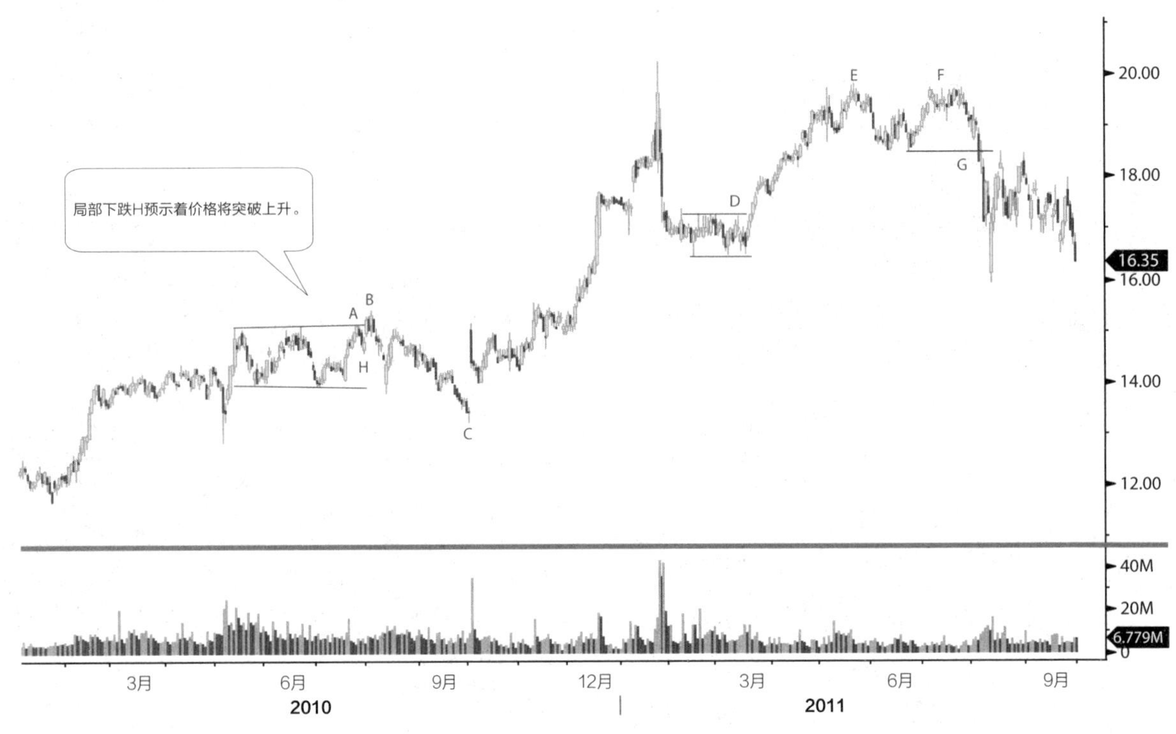

图 18.6　美股 Sara Lee 公司

图 18.6 给出两个突破上升的矩形。

第一个矩形于 A 点突破，随后滑行至 B 点，而后遭遇阻碍，于 C 点触底。那么，如果把止损点设在矩形下方，此时便已离场。

而第二个矩形则表现得更好。价格于 D 点突破上升，一路攀升至顶点 E，价格形成双顶。如果价格收在线条下方，就意味着该退出。

注意第一个矩形，最后一个触点之后形成短暂下跌（H）。价格触及上趋势线后反转下跌，但并未到达下趋势线就突破上升。

这个短暂下跌叫作局部下跌。股价图上先有一个有效的矩形（价格与上下趋势线各

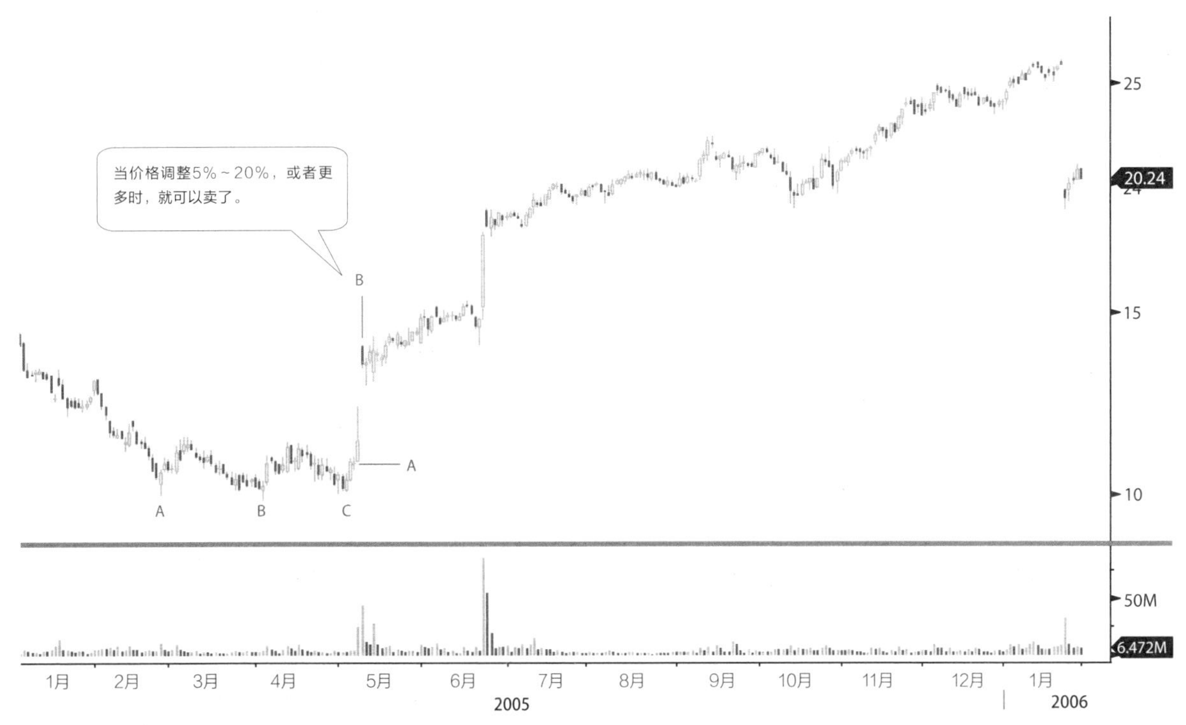

图 18.7　美股翰德国际集团

有两个以上触点。当然，如果各有三个触点，那最好）。

然后，你再找局部下跌。据我对 69 个矩形底和 170 个矩形顶的研究，局部下跌后突破上升的概率达 89%。

◎三重底

在这个三重底交易的案例中，我的运气不错（图 18.7）。

我在三重底底部买进，当时，三重底还没有得到证明。严格来说，这样做不对。我当时

表 18.1　形态基础买进策略的有效性

股价形态	盈利 5%	盈利 10%	盈利 15%	盈利 20%
头肩底	93%	83%	72%	63%
双底	91%	81%	71%	63%
下降三角形	87%	77%	66%	60%
矩形	88%	76%	68%	60%
三重底	88%	75%	64%	56%
上升三角形	85%	72%	62%	53%
对称三角形	85%	71%	60%	52%

就觉得，这个三重底不会得到证明，可能会带来亏损，但我还是义无反顾地买进。

我的买入价是 10.78 美元（A 点），并把止损点设在次低点下方的 9.89 美元（C 点）。我的目标价位是 14 美元，该股曾于 2004 年 12 月在该价位形成次高点，那也是这个持续数月的长跌的源头。

周末，我把止损点上调到 10.17 美元。周一传出收购的消息，我立马在 13.49 美元位置卖出。当天股价也曾突破我之前的目标价位 14 美元。

我持股五天，收益 25%。

你是不是觉得，我卖得太早？从股价图可以看出，股价在持续攀升。但是，据我的经验，每当股价因新闻而调整 5% ~ 20% 以上，见好就收为宜。通常，股价会在事件发生当日或第二天触顶，然后在接下来几个月都处在下跌状态，不及时卖出可能会让你血本无归。

◎买进策略的有效性

到目前为止，我们讨论过的所有交易都没有涉及移动平均线、相对强弱指标或指数平滑移动平均线之类的指标。只需要最基础的策略，突破后买进，然后在形态下方设置止损点。

那么，这种基础策略的有效性如何呢？表 18.1 对本书涉及的大部分股价形态做了总结。

在低于股价形态最低波谷 1 美分处设置止损点，在高于股价形态顶部（如上升三角形顶部）1 美分处或价格突破上升后（如对称三角形的趋势线）买入。

我已统计价格达到目标价位的概率。例如，头肩底盈利 10% 的概率是 83%，而在同样盈利 10% 的标准下，对称三角形表现最差，为 71%。

换句话说，在概率为 63% 的情况下，头肩底价格突破后盈利 20% 以上。这些数据都不包含佣金及手续费，且以操作无误为前提。

受测量方式和四舍五入取整的影响，本统计数据比下面的模拟所得数据稍高一些。

◎模拟评估

我编写了一个程序来对基础策略进行测试。我抽取 1 000 只股票从 1991 年 7 月到 2011 年 7 月的走势作为样本，每次交易佣金为 10 美元（一买一卖就是 20 美元）。

我把盈利目标设置为 10%，止损点设置在低于股价形态最低波谷 1 美分的价位，并且不再调高。下面两个表格按盈利 / 亏损分类显示了统计结果。

从表 18.2 中，我们可以看到头肩底表现最佳。盈利概率为 82%，也就是说，40 天中，平均盈利幅度为 7%。与此同时，虽然其中一只股票跌幅高达 53%，但平均亏损幅度为 9%。

从表 18.3 可以看出三角形表现最差，下降三角形的平均亏损幅度为 4%，在三种三角形中表现最好。我再强调一下这个模拟的前提，一旦股价波动超过 10%，我们就会卖出。所以无论如何，我们的平均盈利或亏损幅度都小于 10%。

我还用其他的指标做了测试，如 50 日或 200 日移动平均线，还试着在不同止损点价位设置止损点（如低于买入价位的 5%、10%、20%），最后得到的数据并无显著差异。

通过这个模拟，我们可以给出一些结论。

第一，股价形态不喜欢受到盈利目标限制。当价格上涨 50% 甚至更多的时候，为何还要把收益限制在 10% 呢？

第二，止损点的设置会让你提早从有望获利的交易中退出。有人认为，盈利是亏损的两倍最为理想。所以我把模拟交易的卖出价位设置在盈利 10% 处，而止损点设置在亏损 5% 处。

这样的话，上升三角形的平均盈利幅度从 6% 降为 2%，盈利的概率从 74% 降为 56%，最大亏损幅度也从 33% 下降到 14%。如果你

表 18.2　形态基础买进策略的盈亏统计

	头肩底	双　底	矩　形	三重底
交易次数	1 274	2 201	788	605
盈利概率	82%	82%	75%	75%
平均盈利幅度	7%	6%	6%	5%
平均持股天数	40	50	39	55
最大亏损幅度	-53%	-40%	-22%	-40%
平均盈利幅度	10%	10%	10%	10%
平均亏损幅度	-9%	-13%	-8%	-11%

表 18.3　三角形态买进策略的盈亏统计

	下降三角形	上升三角形	对称三角形
交易次数	597	922	1 234
盈利概率	74%	70%	69%
平均盈利幅度	6%	4%	5%
平均持股天数	25	46	33
最大亏损幅度	-33%	-38%	-36%
平均盈利幅度	10%	10%	10%
平均亏损幅度	-4%	-10%	-7%

将止损点设置在形态下方，而当股价下跌时，平均亏损幅度为13%，最大亏损达38%，这都是因为三角形太高。

◎最佳止损点

调整止损点是一门基于调查研究的艺术。我了解过各种止损点设置的方法，并且已用实际交易验证它们的成功率。其中，最简洁也最实用的一种方法，就是在次低点设置止损。

图 18.8 美股 Liz Claiborne 公司

在次低点设置止损的方法有两种，一种是把止损单挂在最近的次低点下方（低于次低点 1 美分至 10 美分的价位），还有一种是挂在次低点当日 30 周移动平均线的下方。史丹·温斯坦（Stan Weinstein）在他的《笑傲牛熊》（*Stan Weinstein's Secrets for Profiting in Bull and Bear Markets*）一书中讨论过这种方法。

类似的方法，请参照图 18.8。这种设置止损点的方法其实就是把止损点放在前一个次低点的下方，并随价格的上涨，不断上调止损点。

举个例子，假设我们在高于上升三角形上趋势线 1 美分的价位挂买单。买进之后，在低于前一个次低点几美分的价位设置止损点，即A点。

价格攀升至B点，然后回抽至D点。当价格收在波峰B上方，即C点处，将止损点上调到次低点D下方几美分处。

价格爬升到新波峰F，反转形成次低点G，然后在新波峰E收盘。此时立即将止损点上调到次低点G下方几美分处。

就这样不断调整，直到你被止损出局。在本例中，你于5.62美元买进，于6.08美元止损出局，盈利超8%。

如果说这章让你觉得靠股价形态来赚钱很容易，那最好先看看下一章。在第19章，我们将讨论股价形态的案例，那时你将会明白，赚钱多么不容易。不过，你也会学到一些有用的技巧，让你不至于在半决赛就出局。

自测题

回答下列问题：

1. 为什么要把买单挂在高于上升三角形上趋势线1美分的价位？

A. 那意味着价格趋势即将改变。

B. 那是价格突破下行的信号。

C. 可以防止当价格停在上趋势线时买单生效

2. “不要追股”是什么意思？

A. 千万不要爱上某一只股票。

B. 买得太晚将危及你的财产。

C. 如果股票已经形成一定涨幅，不要在波峰处买入。

3. 未证明的双底可以买吗？

A. 除非你喜欢赔钱。

B. 可以，但只在该股、该行业与市场的发展趋势不统一时。

C. 可以，但要认识到这么做将加大失败的风险。

答案：1. C　2. B　3. C

第19章 如何应对股价形态失效

股价形态失效是常有的事。本章总结部分股价形态失效的案例，并针对如何规避股价形态失效给出一些建议。第一条建议就是，只买长期上涨的股票。

◎三角形失效

假设你购买图 19.1 中的这只股票，买入点在高于上升三角形 1 美分的价位。

价格于 A 点突破上升，你喜出望外，庆幸自己抢占先机。可是，仅仅过去三天，价格突然下跌，三角形破裂。这还是你第一次碰到这种情况。幸运的是，股票还在股价形态底部的上方，也就是说，股价还高于你的止损点。

价格缓慢爬升到三角形上方，你的心情又变好。可惜好景不长，价格骤跌，三角形再次破裂。这一次甚至跌破你的止损点，于是你斩仓出局，亏损收场。几乎就在你出局的同一时间，价格反转上升，三角形第三次破裂，价格攀升到高出三角形顶部 10% 的位置。

图 19.1 展示三角形三次破裂的全过程。

在你决定根据上升三角形购买股票前，多看看该股价格在上升三角形的表现。如果塔也像图 19.1 中的股票一样不靠谱，那最好还是换只股票。

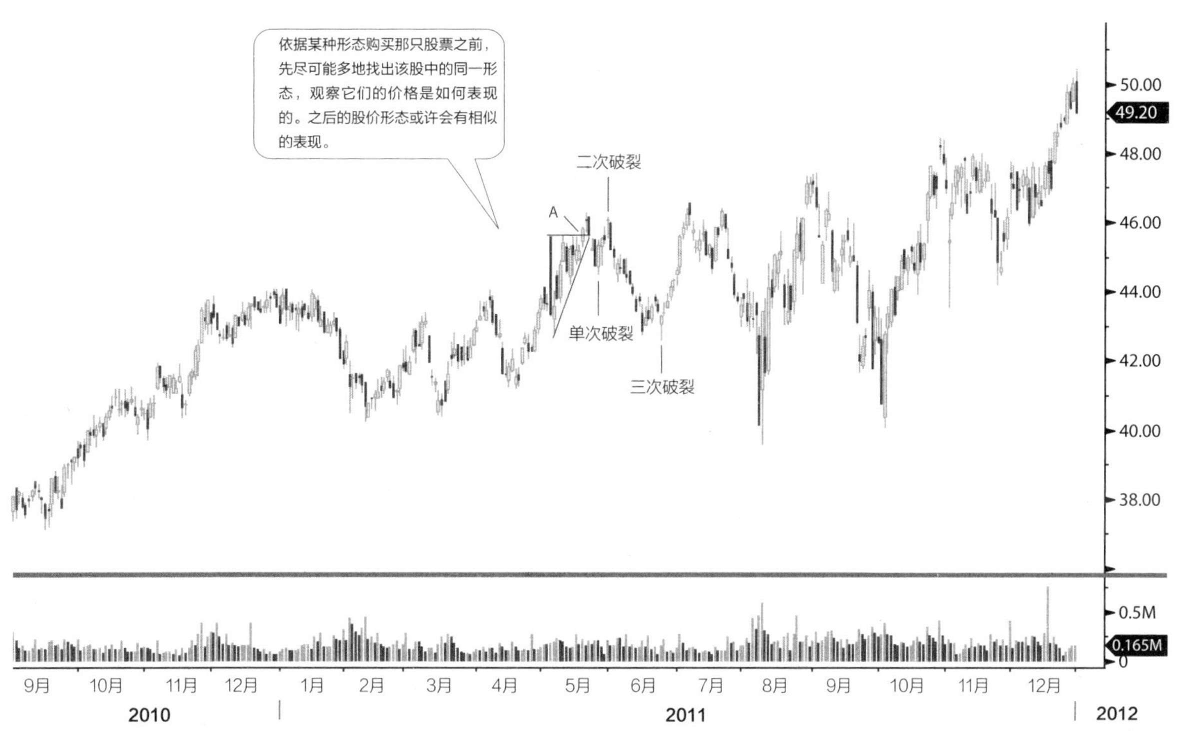

图 19.1　美股 New Jersey Resources 公司

◎哑弹处处有

图 19.2 这样的例子太常见。

2010 年 8 月下旬，价格开始上升（图中显示不全），于 2011 年春形成一个下降三角形。价格于 A 点突破上行，爬升一段时间后就开始反转下跌。价格收在形态底部下方，三角形破裂。

那么，三角形破裂的概率有多大？答案是 22%。应对此类失效的方法之一是，观察进入该形态前上升价格趋势的长度。股价形态在趋势中出现得越早，其表现就越好。

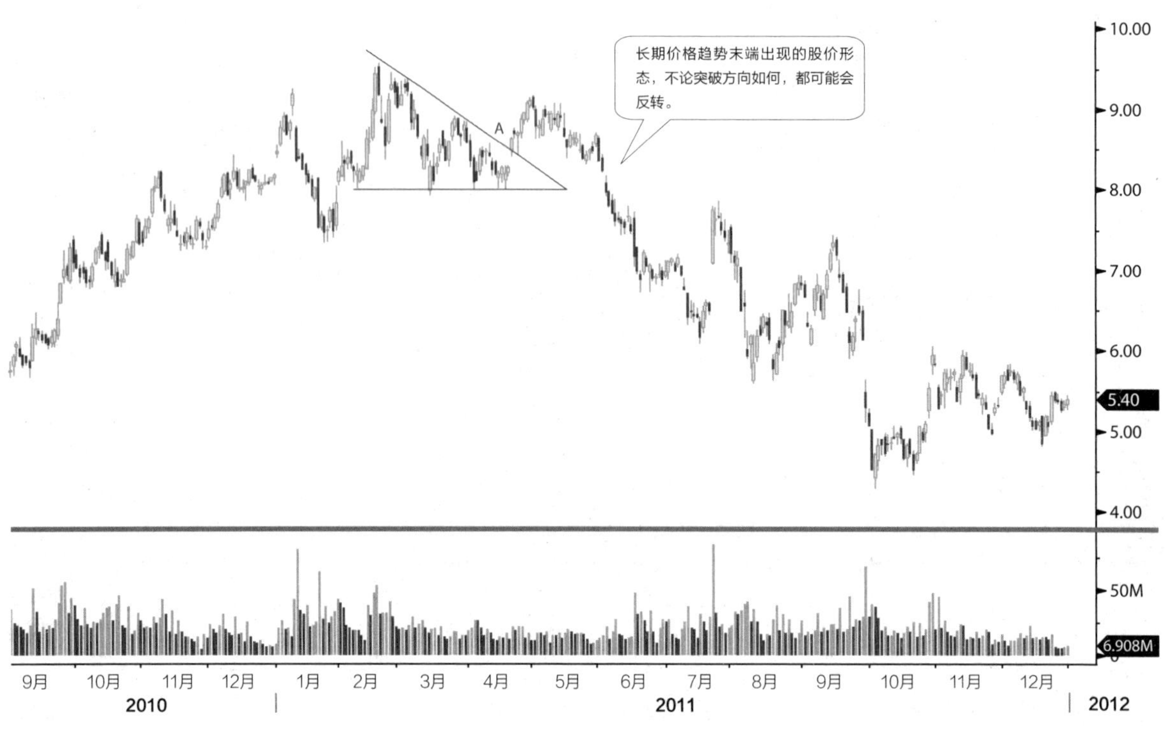

图 19.2 美股 Advanced Micro Devices 公司

以下这组数据也是很好的证明。进入股价形态前，趋势较短的（不到三个月），突破上升后的平均涨幅达 40%；进入股价形态前，趋势不长不短的（三到六个月），突破上升后的平均涨幅达 37%；但是进入股价形态前，趋势较长的（六个月以上），突破上升后的平均涨幅仅为 27%。

因此，要特别留意股价形态距离价格趋势起点的远近。距离越远，表现越差。

◎双底失效

查看我的交易记录时，总能在双底处看到

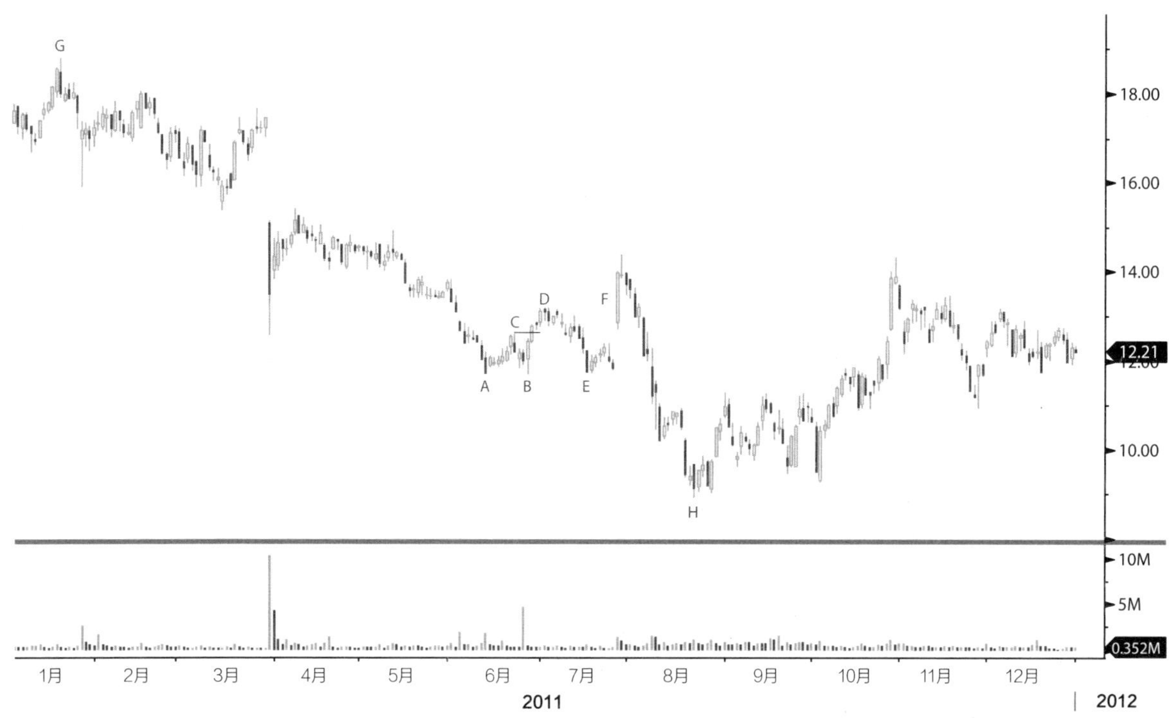

图 19.3　美股 Acxiom 公司

很多血本无归的案例。图 19.3 就是一个典型例子。

下降趋势从股价图左侧的 G 点开始。股价在双底 AB 处探底，此时的跌幅已达 38%。你或许会认为这是一个适合买进的价位，再加上还出现了双底反转。

双底在 C 点完成证明，因此你买入该股，并在低于 B 点 1 美分的价位，即 11.69 美元处设置止损点。价格逐渐攀升至 D 点，从这开始你有麻烦。

股价开始下跌，日复一日，丝毫没有反转的迹象，直到在 E 点探底。“哎呀！”你惊呼，“离止损点好近。”确实，股价跌到 11.74 美元，

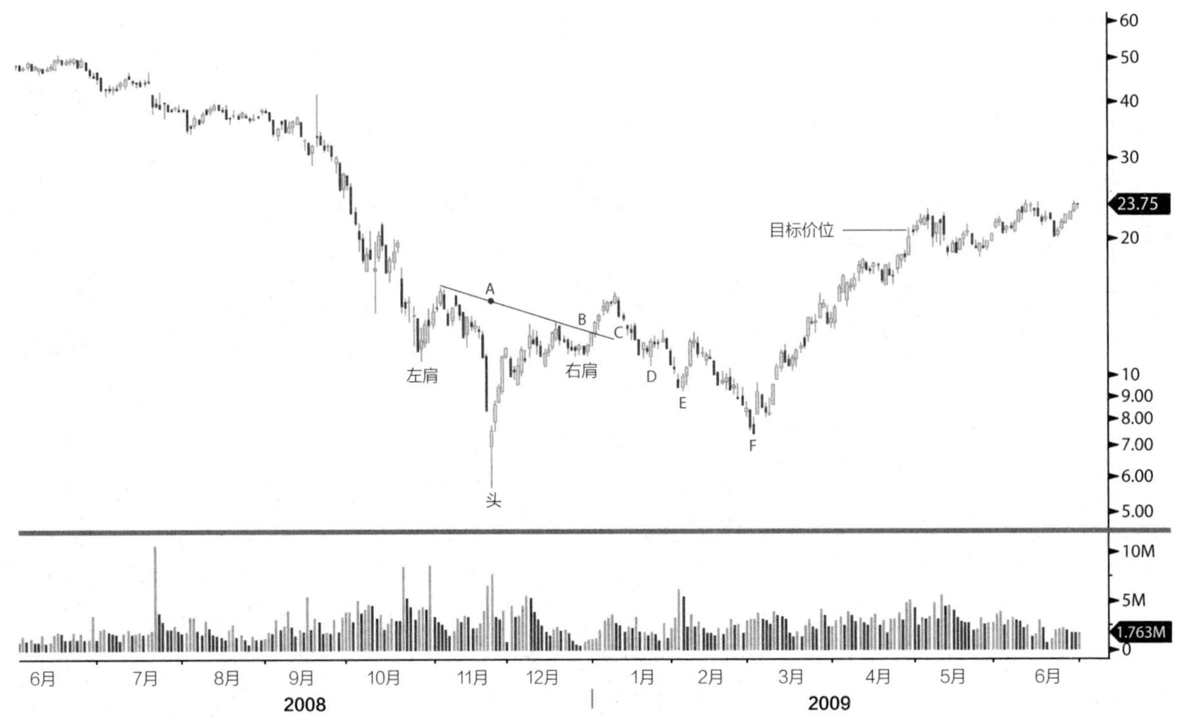

图 19.4 美股 Celanese 公司

与你的止损点仅有 5 美分之差。股价开始回升，你也渐渐乐观起来。

股价在 F 点产生突破缺口，通常预示着好事将近。想在回抽之后买进的投资者多半会在开口的 F 处入手。只要在 E 点之后（回抽完成），在高于 C 点 1 美分的价位挂买单就可以。

在 F 点买入的投资者只剩一个星期的时间退出，因为该股在一周后就一落千丈。它最终跌破止损点，让你斩仓出局。股价在 H 点探底，此时已经低于你的止损点 24%，低于波峰 G 的 53%。我们可以通过这个故事得到好几条教训：

1. 止损点设置不合理，将来会后悔。

2. 严重亏损，不一定只发生在熊市。

3. 很难判断市场（或股票）到底何时探底。

◎头肩底失效

只要价格没有按照预计的趋势发展，任何形态都可能失效。图 19.4 给出一个例子。

我们从测量规则开始。头部波谷价位是 5.71 美元，对应的颈线价位是 14.38 美元，价差为 8.67 美元。那么加上突破价位 12.50 美元，我们的目标价位应当是 21.17 美元。

这么计算合理吗？当然不合理，因为这样一来，涨幅会达到 69%。太不现实。“可是该股真的达到目标价位了！”我知道，我的回答是：“偶然成不了真理！”

如果你在突破口 B 或稍后一点买入该股，你或许会把止损点设置在前一个次低点下方，也就是稍低于右肩的价位。

那些等待回抽（C 处）的投资者，会把 D 点甚至 E 点看作反转的时机买入。他们还可能会将止损点设置在 D 点或 E 点，但没想到价格一路走低，跌至 F 点。

如果你是个胆大的人，你或许会把止损点设置在头部下方的价位。那么在这个例子中，你反败为胜，但是潜在损失也大得惊人——低于突破价位 54%！

这个头肩底是熊市变牛市的前兆。F 点后的第四天，大盘渐渐转为牛市。光看图就能体会到，熊市终结后大盘起死回生，这是一件多么值得庆祝的事情。

◎矩形失效

图 19.5 给出的是一个背离预期的失效的矩形顶。

价格从 A 点开始飙升，于 B 点过冲形态的起点。然后，价格开始横向发展，但是要注意到，横向盘整区的波谷逐渐升高。这是一个上升矩形，但由于波谷与趋势线靠得非常近，所以还是把它看作矩形顶。

我之所以说是矩形顶而非矩形底，是因为你要忽略形态出现之前的过冲 B。进入股价形态前的趋势向上，而不能从过冲 B 开始算，把趋势看成向下的。

价格从 C 点开始突破上升，但是很快遭遇

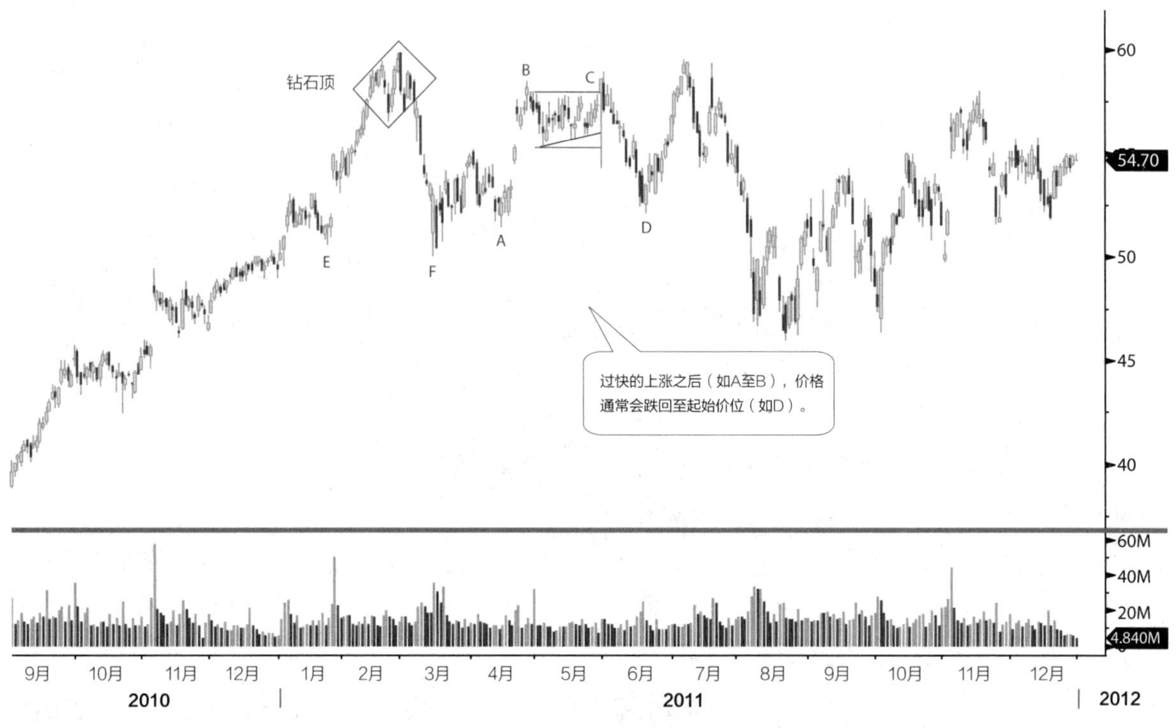

图 19.5 美股 QUALCOMM 公司

困境。股票一头撞上 B 价位的阻力线，与 2 月出现的钻石顶价位相当。接下来，股票从云端坠落地面，于 D 点着陆，几乎接近起始价位 A。

注意价格是如何从点 E 攀升至钻石顶，然后又反转跌落至 F 的。这会是矩形表现的一个预告吗？这是个值得思考的问题。

◎三重底失效

三重底为何会失效呢？原因可能有很多，但一个不变的基本事实是：价格未能形成趋势。

我们来看一下图 19.6 中的三重底。

E 点位置，一家证券经纪公司将该股纳入

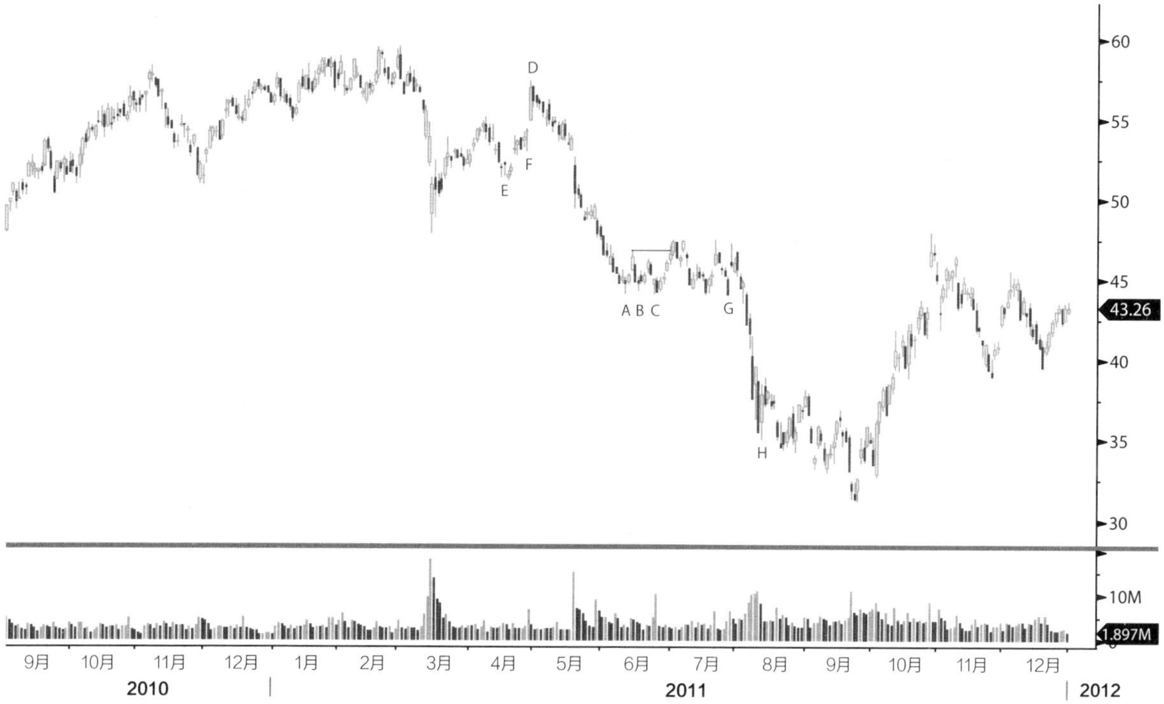

图 19.6 美股 Aflac 公司

研究范围，并给出增持的评级。F 点处，Aflac 公司发布盈利报告，盈利超出预期。第二天，股票跳升至 D 点，但是大盘情绪也开始变化。股票一路下跌，直到三重底 ABC 形成。

价格收在线条上方，三重顶 ABC 被证明，但是反转后劲不足，未能抬高股价。如果之前在三重底下方设置止损点，痛苦会小很多。

理论上，三重底应当是股票的反转标志，事实上也的确起到了反转作用，但仅仅维持了两个月。在 G 点处，Aflac 公司发布了第二份盈利报告，向上跳空缺口出现后，股价只上升了短短几天。推动股价从 D 点下跌的推力卷土重来，让股价下跌，而且一直持续到秋季。

要注意，形态 ABC 特别小。我们知道，面积小的形态的有效性通常不如面积大的形态，这或许能够解释此例中的惨烈局面吧。同时，D 点开始的直线下降，简直是形态 ABC 处状况的提前预演。

这个三重底事实上是出现在 DH 趋势中途的半旗。

自测题

回答下列问题：

1. 判断对错：进入股价形态前的趋势越长，这个形态的表现越差。

2. 股价形态的测量规则用于：

A. 判断该公司是否有破产可能。

B. 判断是否会出现零元以下股价（公司破产）。

C. 估测价格趋势的持续时间。

3. 判断对错：基于股价形态进行交易的最佳时机，是价格形成趋势以后。

答案：1. 正确　2. C　3. 正确

第20章 利用回抽获利

投资者偏好的另一种策略就是等待回抽完成，然后再买入。如果你没能在股价形态被突破前将其辨识出来，或者没能在价格上涨的早期买进，这一策略就显得尤为重要。

回抽出现在价格从股价形态突破上升后，但是股价会在一个月之内，回到突破价位或趋势线价位。对2000年以来出现的10 305个股价形态进行统计后，我发现回抽的出现概率是58%。

回抽购买结构的关键在于，等待回抽完成之后再下手买进。具体操作方法，我们一一讨论。

◎三角形回抽

图20.1是出现在上升三角形中的回抽。

价格于B点突破上升，但几天之内就出现回抽，跌破突破价位。这可吓坏了投资者。

持有该股的投资者，都在密切关注着该股走势。眼看股价刚一回暖，涨到G点，随即又遭遇向下的压力，直接跌破形态的底线C。投资者被迫斩仓出局。

这幅股价图告诉我们，有时候，回抽也会变得很不靠谱。如果你等待回抽完成之后再下手买入呢？

数据表明，出现回抽的上升三角形，平均

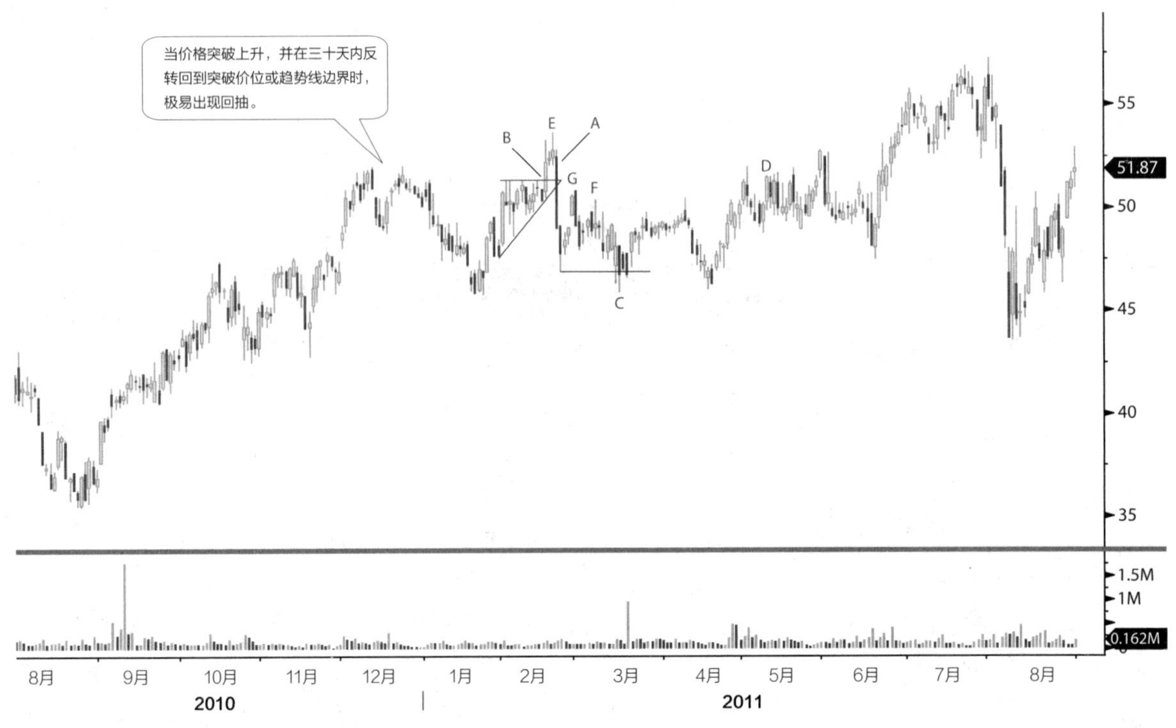

图 20.1　美股 Kaiser Aluminum 公司

收益为 28%；而没有回抽的上升三角形，平均收益达 42%（数据均基于完美交易）。如果你坚持等待回抽出现再交易，那往往只能看着股价一路上涨。

等待回抽出现，虽然会错过诱人的收益，但也避免了一项潜在损失：在 25%的情况下，价格会受回抽影响，跌至上升三角形底部以下。等待，意味着增加交易成功的概率。

基于这个理论，我提出以下两种购买策略：

1. 等待回抽。
2. 回抽完成后，下手买入。

当出现以下三种情况中的任一种时，回抽完成：

1. 价格收在形态上方时。

2. 价格形成更高的波峰和波谷时。

3. 价格涨到突破价位和回抽波谷之间的最高波峰上方时。

第一种情况。等待价格回抽后在股价形态上方收盘，这是判定价格是否确实从回抽中恢复的好办法。图20.1中的D点是一个典型例子。

这种办法之所以奏效，是因为股价形态起到上行阻力的作用。所以，如果在回抽中，价格跌得太多，反转时就会遭遇上行阻力。耐心等待价格突破阻力之后再买入，就再无后顾之忧。

在D点买入也会让你在交易中占据有利位置，因为这相当于在最初的突破价买入。

第二种情况。当股价在回抽中下跌时，在前一个次高点上方挂买单。例如，在E点上方挂买单。价格跌破我们在E点后的次低点右侧画的线时，就将买入点下调到G点或F点。随股价下跌而不断下调买入点，但要记住，股价形态依然起着上行阻力的作用。

等价格涨到最低波谷上方时，如果初始趋势变成下跌趋势，那么交易可能会失败。记住这一点。

第三种情况。等待价格完全恢复，开始形成新波峰时再买入。在突破点（B）和回抽期的最低波谷（C）之间，寻找最高波峰，即图中的E点。一旦价格收在E点上方，立即买入。

我研究100多个上升三角形，结果表明，等待回抽完成并形成新的波峰，会得到最理想的结果。可惜的是，这样做的买入价较高。

◎双底回抽

有些投资者认为，用形态进行交易前，等待回抽是一个明智的选择，这样可以避免出现图20.2中的这种麻烦。

A和B是双底的波谷对。当价格收在C点上方时，该双底完成证明。如果你在此时买入，并在波谷B下方设置止损点，那么当价格回抽至D点时，你会被迫斩仓出局。

如果等待回抽完成，就能避免上述麻烦，还可以在上升趋势更为明朗的时候买入。

图 20.2 美股 Public Service Enterprise 集团

当时，持有公用事业股份的收益是 5.4%。我将止损点设置在拆股调整后的 19 美元处，低于我的买入价 20.31 美元，也低于波谷 D。

股价一路上升，持续到次年 3 月，股息也显著增长。我把止损单挂在 26.67 美元的支撑线下方，股票也确实滑到这个价位。持股期间，我共收到 3 次股息，收益 35%。

◎回抽前双底的买进策略

回抽买进策略的这一个变化是为进阶投资者所准备。图 20.3 中的 AB 位置是一个双底，

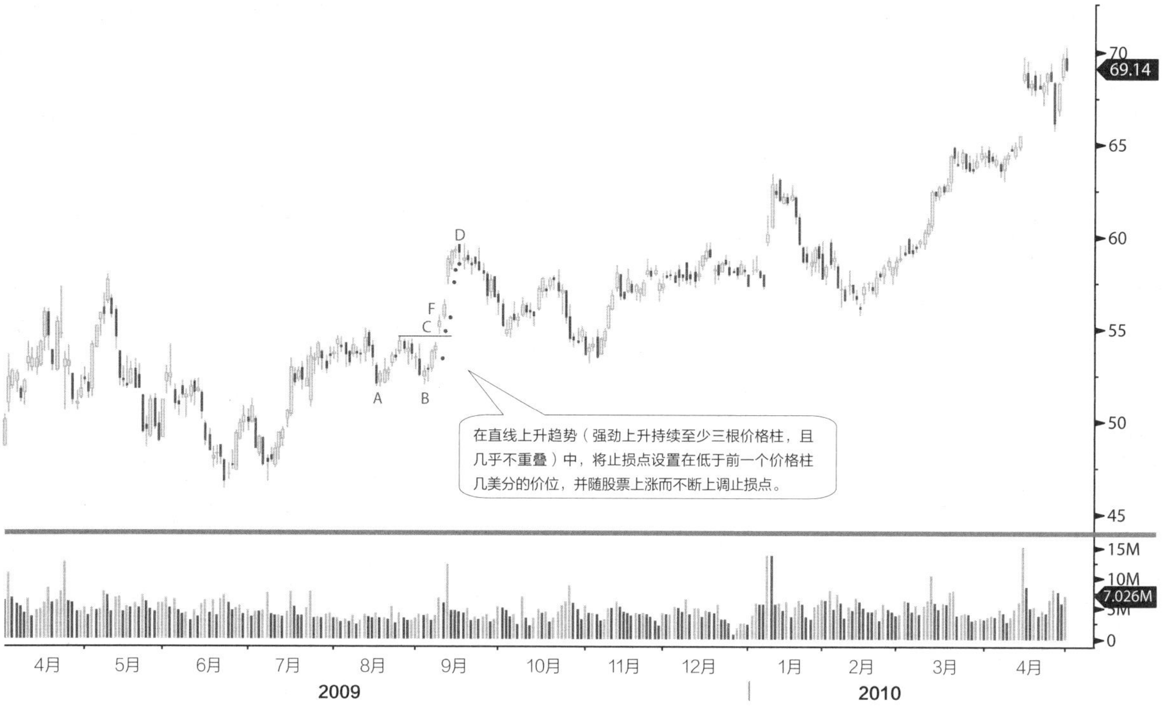

图 20.3　美股 United Parcel Service 公司

它在 C 点完成证明，然后股价一路飙升，形成缺口。

这一策略的核心之处就在于迅速买进，乘势登顶（D 点，回抽在此生成）。那么具体操作如何呢？

这一策略的规则如下：

1. 统计一下，在你认为的突破日前，有几个依次升高的收盘点。如果少于三个，那么直接放弃这次交易。

2. 在证明点价位挂买单。

3. 买单成交后，在低于前一个价格柱的价位设置止损点。

4. 随着更高波谷的出现而不断上调止损点。

像图 20.3 那样，价格直接跳出股价形态的情况非常少见。但是，一旦它出现，你应该做好准备。

第一步，查看突破前几天的收盘价。如果价格依次升高收盘，如图中所示，那就说明将要迎来一轮强劲突破。

研究发现，如果价格在临近突破前，形成三个依次升高的收盘点，那么出现回抽的概率降为 30%。在本例中，这三天从 B 点后的价格柱开始，于突破前一日结束。突破口（C）是第四个升高的收盘点。

于突破口价格柱 C 买进。

将止损点设在前一个价格柱下方的价位，也就是最低的那个点。第二天，出现价格柱 F。于是，止损点上调至低于 C 点 1 美分处。此后每日随价格变化不断上调止损点，如图中标出的圆点所示。最终，价格于 D 点跌破止损点。

如果遇到异常高的价格柱（当日收盘前），比前一个月价格柱（20 根价格柱）的平均高度高出两到三倍，你要么在靠近波峰的价位抛售，要么把止损点设在低于高价格柱中间价 1 美分的位置。为什么呢？因为在高价格柱出现后的一两天内，股价十有八九会出现反转。我们要在反转之前，尽可能抓住这个高价格柱带来的收益。

如果迟迟不见直线上涨趋势，那么回到第 6 章去看看回抽例图和数据。尝试根据回抽的存续时间来判断抛售时机，因为价格在回抽之前，需要四天时间来形成波峰。四天之后，反转开始。所以，我们最好在第四天退出。

从突破价位到回抽波峰期间的收益频数分布显示，股票波峰的频数从高到低依次为：6%、8%、4%、10%，其他值（间隔 2%）收益金额较少。

换句话说，回抽期间，股票涨幅为 6% 的概率最大，其次是 8%，再次是 4%。当价格突破上升时，我们可以以此为参考。

如果遇到大的价格重叠，那么接下来极有可能发生反转。借助布林线，找到一个波动较小的交易日。

如果布林线大幅收窄，那么次日的波动强度可能会加大（波动强度加大，意味着潜在价格摇摆剧烈的反转趋势）。

先试着练习一下，看看能否用这些购买策略获利。

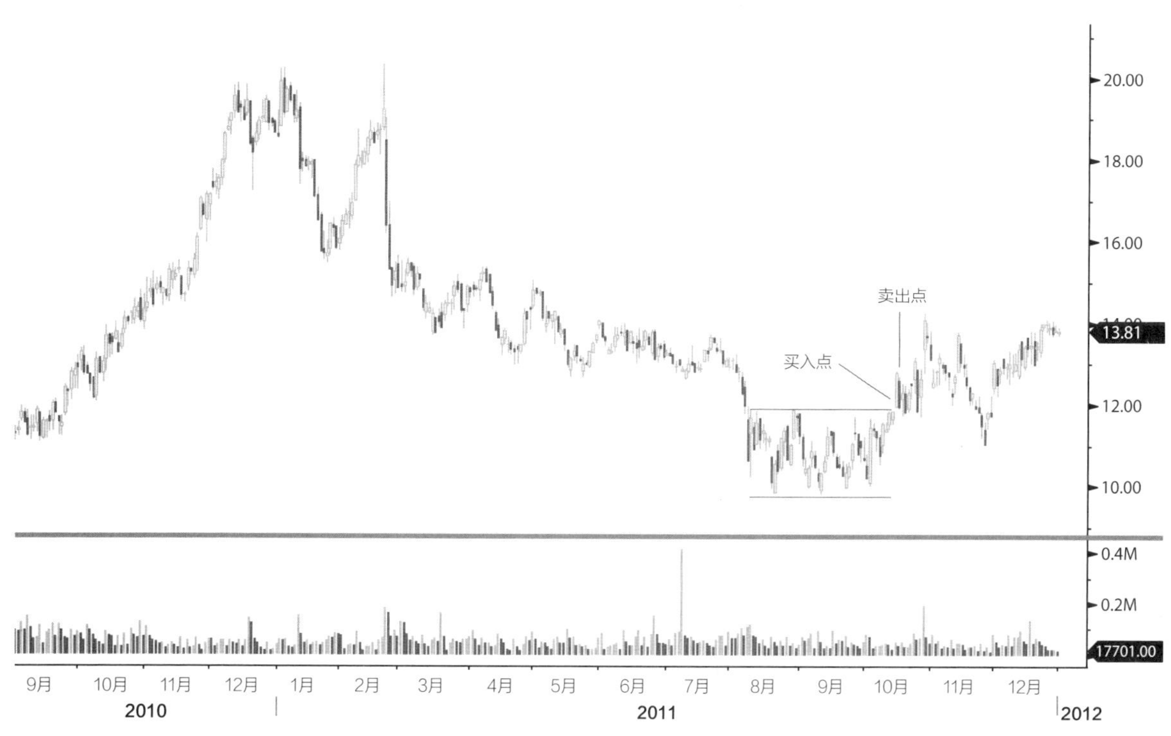

图 20.4　美股 CDI 公司

◎回抽前矩形的买进策略

图 20.4 展示的是我为利用矩形回抽前的价格走势而原创的购买策略。图中的矩形底已经突破上升。这一策略要在突破价位买进，在收益为 5%或三根价格柱之后卖出。不需要用到止损点。这一策略的规则如下：

1. 不适用股价不到 5 美元的股票。

2. 在高于矩形 1 美分价位挂买单。

3. 买入成功后，在涨幅达到买入价的 5%或第四根价格柱形成时抛出。

表 20.1　1 001 个上升突破矩形买进策略的成功率

项目	结果总结
交易次数	1 001
成功率	77%
平均收益	$253.03（2.5%）
最大亏损	-12%
平均收益	311.59（3.1%）
平均亏损	-$58.55（-0.6%）
价格退出交易次数	433
价格退出收益	$583.57（5.8%）
时间退出交易次数	568
时间退出收益	$1.05（1.1%）

图 20.4 展示这一结构如何起作用。价格在矩形上方形成缺口时买进，因此，买入价就是开盘价，也就是 11.98 美元。涨幅 5%的价位是 12.58 美元。第二天，开盘价为 12.62 美元，已经超出目标价位。如果价格一直未能达到 5%的涨幅，那么就在买进后的第四根价格柱退出。

我的这一买进策略的成功率如何呢？我对 1 001 个上升突破的矩形进行一个统计，结果如表 20.1 所示。每次交易资金为 10 000 美元，佣金 10 美元（一买一卖 20 美元）。这一买进策略的成功率达 77%，平均收益为 253 美元。损失最惨重的一次，损失 12%。按照涨幅达到 5%时抛出的价格原则，总共退出 433 次交易，平均收益达 583 美元。而按照第四根价格柱形成时抛出的时间原则退出的 568 次交易，平均收益仅为 1.05 美元。这表明，遵循价格原则交易更加明智。

注意，尽管没有用到任何复杂的指标，这一策略依然在 1991 年 7 月至 2011 年 11 月测试期内，带来相当可观的收益。要知道，这段时间出现过两次熊市和三次牛市。

在第 21 章，我们将讨论四边旗形和三角旗形的测量规则，而半旗可以成为我们的退出信号。

自测题

回答下列问题：

1. 下列哪一个表述是正确的？

A. 回抽仅在突破上升后出现。

B. 一般情况下，回抽意味着股票将有不好的表现。

C. 一般情况下，如果回抽期间下跌过猛，股票将有不好的表现。

2. 判断对错：双底从不回抽，因为只有顶形态回抽，底形态不回抽。

3. 判断对错：如果出现异常高的价格柱，则意味着价格将很快形成波峰或波谷，但是它们的出现不意味着什么。

答案：1. A, B, C 2. 错误 3. 正确

第21章 四边旗形和三角旗形的测量规则

本章将介绍四边旗形和三角旗形的测量规则，以及投资者如何利用它们来预测趋势变化。

让我借助图21.1做一个详细的解释。三角旗形BC就位于趋势AD的中间点上。只要知道旗杆AB的长度，我们就可以预测该上升趋势的结束价位。这当然并非万无一失，但当你需要判断某趋势的寿命有多长时，四边旗形和三角旗形就非常有用。

◎测量规则

如果形态BC是价格趋势的中间点，那么我们就可以预测该上升趋势的结束价位。具体操作方法如下。

测量从A到B整条旗杆的长度。旗杆终点就是四边旗形或三角旗形开端处最高的波峰。根据这些我们可以算出，A在波谷57.14美元，B在波峰64.47美元，AB总高度为7.33美元。

然后找到形态末端的波谷价位（在突破前一日），也就是C点（62.00美元），加上AB的高度，就可以算出该上行趋势会在69.33美元附近结束。

我用水平线标出了69.33美元这个目标价位。

这个过程可以总结为以下两个步骤：

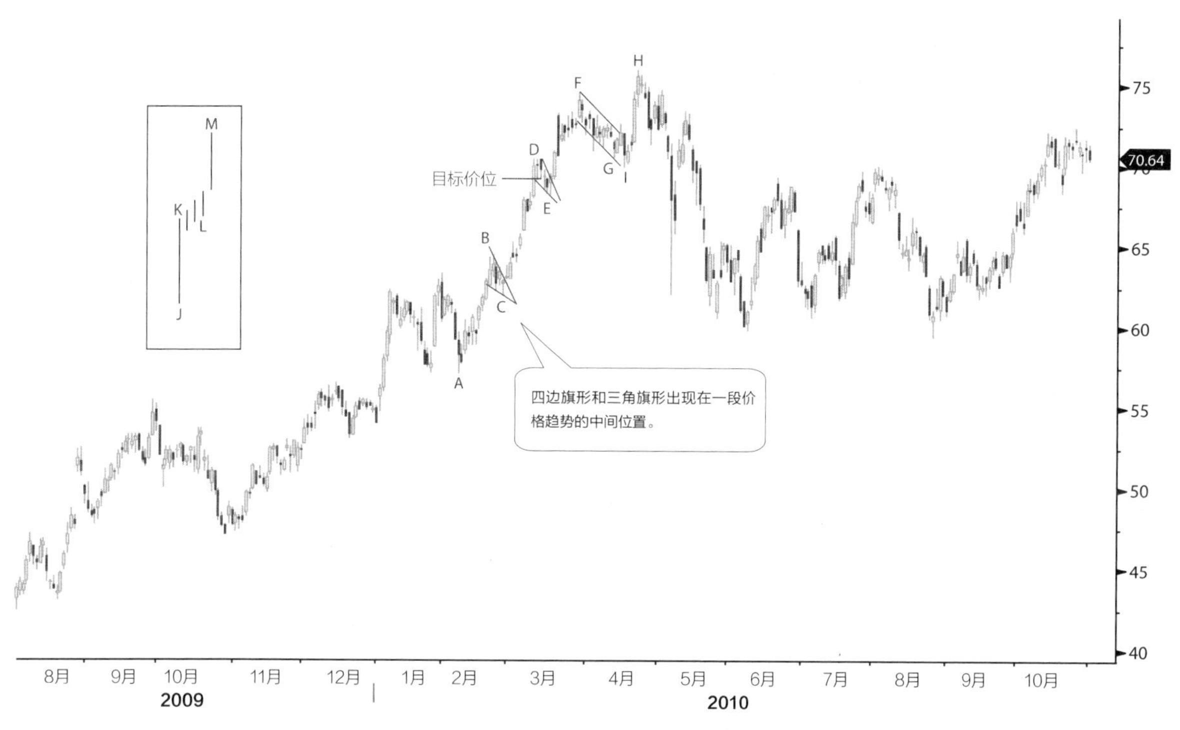

图 21.1　美股波音公司

1. 测量旗杆的高度，从旗杆底部（趋势的波谷）开始，至旗杆顶部（趋势的波峰，即四边旗形和三角旗形的开端）结束。

2. 旗杆高度，加上四边旗形和三角旗形突破前的波谷价位，即为目标价位。

接下来，我们把这个规则应用到下一个三角旗形上，看看预测的准确性如何。旗杆起点 C 为 62.00 美元，终点 D 为 70.48 美元，则总高度为 8.48 美元。加上形态突破前日的波谷 E 点的价位 68.30 美元，得到目标价位 76.78 美元。而该趋势的结束价位是 76.00 美元，所以此例

表 21.1　四边旗形和三角旗形下测量规则的成功率

测　量	四边旗形	三角旗形
旗杆高度	15 天，22%	14 天，27%
趋势结束	19 天，23%	23 天，25%

我们的预测误差仅为 78 美分。

我们再拿四边旗形做个实验。四边旗形的旗杆起点 E 为 68.30 美元，终点 F 为 74.53 美元，则高度为 6.23 美元，加上突破前波谷 G 点价位 70.50 美元，得到目标价位 76.73 美元。所以，预测结果依然低于实际结果。

如果比较四边旗形 FG 的大小与旗杆 EF 的高度，会发现价格早早“弯折”是因为旗头太沉，我们选择的旗杆和旗头大小不协调。

我会换根长一点儿的旗杆 CF 来支撑旗头，并把形态延长，将波谷 I 也包括进来。我们再看一下插图，这个四边旗形的旗面顺风展开。测量规则不变，旗杆高度 JK 加上突破前一日波谷价位 L，得到目标价位 M。

◎测量规则的有效性

图 21.1 中，只有左边的三角旗形涨到目标价位，可其他两个旗形却有点虎头蛇尾。这一定程度反映了价格表现的变化。如果四边旗形和三角旗形的旗面顺风展开，则目标价位和真实价位相差不大。

那么，四边旗形和三角旗形下测量规则的成功率如何呢？请参看表 21.1。

这个表格比较了旗杆起点到终点的天数和旗形波谷到趋势终点的天数。百分比方面，旗杆高度一样，但是测量趋势终点，我用的是突破日的最低价格。

这个数据的样本较小，只有 149 个四边旗形和 173 个三角旗形。可想而知，如果扩大样本容量，结果将会大不一样。

根据这个表格，不管从时间角度，还是从价格角度来衡量，四边旗形都位于价格趋势的中间位置（15 天比 19 天，22% 比 23%）。而三角旗形的表现稍差。预测目标价位时，是保守些为好，尤其当旗杆特别长的时候，更要谨慎。在趋势行将结束的位置寻找上行阻力，用此处做止损点。

第 22 章的内容与破裂的股价形态有关。

自测题

回答下列问题：

1. 什么是“半旗”？

A. 此类形态出现在价格趋势的中间位置。　B. 此类形态死。

C. 四边旗形或三角旗形的出现加大交易的风险。

2. 四边旗形和三角旗形的区别在于？

A. 四边旗形是半旗而三角旗形不是。　B. 四边旗形的趋势线交会于一点。

C. 大多数情况下，两者仅仅是形状不同。

3. 判断对错：如果旗杆非常短而旗面格外大，则说明这个三角旗形不值得相信。

答案：1. A　2. C　2. 正确

第22章 怎样把握破裂形态的交易机会

“破裂股价形态”是我的自造词，是为方便我们讨论表现异常的股价形态。如果价格朝一个方向突破后迅速反转，随即又形成趋势，那么我们说该突破遭到破坏。不幸的是，破裂的价格趋势可能像过山车一样，一再反转，一再破裂。

数年之前，我对一些表现不如预期的股价形态进行观察后，有了新的发现。例如，上升三角形突破下跌后，价格会反转形成新趋势，像乘了滑翔机一样一飞冲天。“这可是绝佳的商机！”我感叹道。

通过对突破后价格表现的研究，我发现，形态破裂后总会伴随让人欣喜的反转。这也是我提出破裂股价形态的基础。

本章将参照实例，对破裂股价形态的表现进行探讨。通过股价图，我们可以了解破裂形态长什么样，然后根据数字筛选不符合条件的形态。首先，我们从单次破裂、二次破裂和三次破裂讲起，这三个也是我的自造词。

◎单次破裂、二次破裂和三次破裂

参照图 22.1 的单次破裂板块，线条代表价格。假设你突然脑子短路，在上升三角形突破上升后，于 A 点卖空。价格短暂下跌后迅

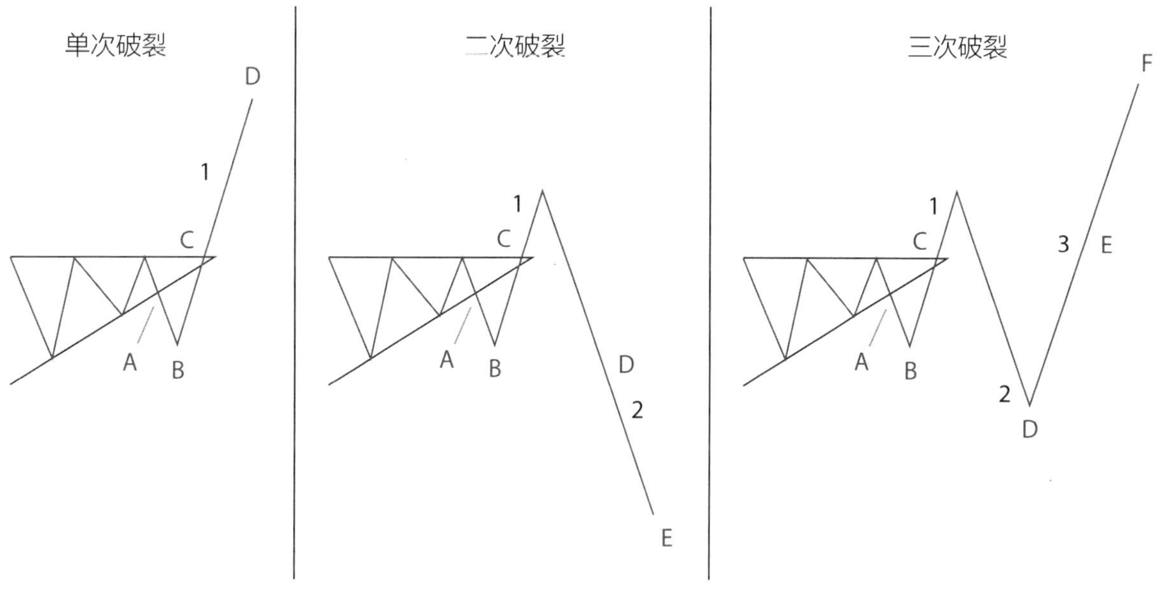

图 22.1　破裂形态的三个阶段

速反转。为给自己留条后路，你下了条件单——如果价格收在形态上方的C点，则条件单生效。

随后，价格果真收在上升三角形上方C点，上升三角形第一次破裂，于是你被迫止损出局。如果股价继续按趋势发展，攀升到D点，即高于股价形态10%的价位，破裂计数为一。

这就是一个单次破裂。价格朝着一个方向突破，短暂发展（不足10%）后立即反转。接着，价格收在形态的顶线上方或底线下方，然后沿新方向形成趋势，上涨或下跌至少10%。

二次破裂包含单次破裂从A到B再到C的过程，但是价格收在C点后，没有继续按新趋势发展10%以上，而是再次反转，并收在形态底线下方的D点，即形成两次破裂。如果价格沿这个趋势下跌至E点，也就是低于股价形态10%的价位，破裂计数为二。

当价格二次破裂，并收在 D 点后，没有继续下跌 10% 以上，而是反转上升，收在股价形态上方的 E 点，并继续攀升 10% 以上达到 F 点，那么破裂计数为三。

如果价格没有攀升到 F 点，而是又重复 CDE 路径，并且价格收在形态上方或下方，然后沿新趋势短暂发展后立即反转，那么破裂计数又累加一次。当价格沿形态上方或下方发展 10% 以上，破裂计数停止。

以上规则适用于所有股价形态。初始突破方向可以朝上也可以朝下。破裂的基本原理就是投资者在股价形态的反方向设置止损点，且被迫止损出局。

◎破裂上升三角形

图 22.2 给出一个单次破裂上升三角形的例子。

这并非一个理想的上升三角形，因为 A 处的空白面积过大。价格挤出三角形顶点后，突破下跌至 B，不过跌幅不到 10%，就反转上升。

当价格收在三角形上方的 C 点，向下突破破裂时，正是买进的好时机。在本例中，价格于 D 点达到最高，高出突破价位 40%。

如何利用向下突破破裂的形态交易呢？我列出以下 4 点交易策略。

1. 价格从股价形态突破下跌。
2. 价格下跌不足 10% 后，反转上升。
3. 价格收在股价形态上方。
4. 次日以开盘价买进该股。

上升三角形发生破裂的概率是多少？答案是 40%。也就是说，上升三角形突破下跌之后，价格在 10% 的跌幅内反转上升，并收在三角形上方的概率为 40%。

接下来，价格继续攀升，平均涨幅为 26%，这个数据包括二次破裂和三次破裂。而突破上升的上升三角形的平均涨幅达 34%。如果仅看单次破裂的情况，突破下跌单次破裂的上升三角形的平均涨幅大大提高，上升到 40%。

上述数据表明，三角形突破上升的表现更为理想。不过，如果你遇到某三角形突破下跌后迅速反转，那么还是立即收入囊中吧。

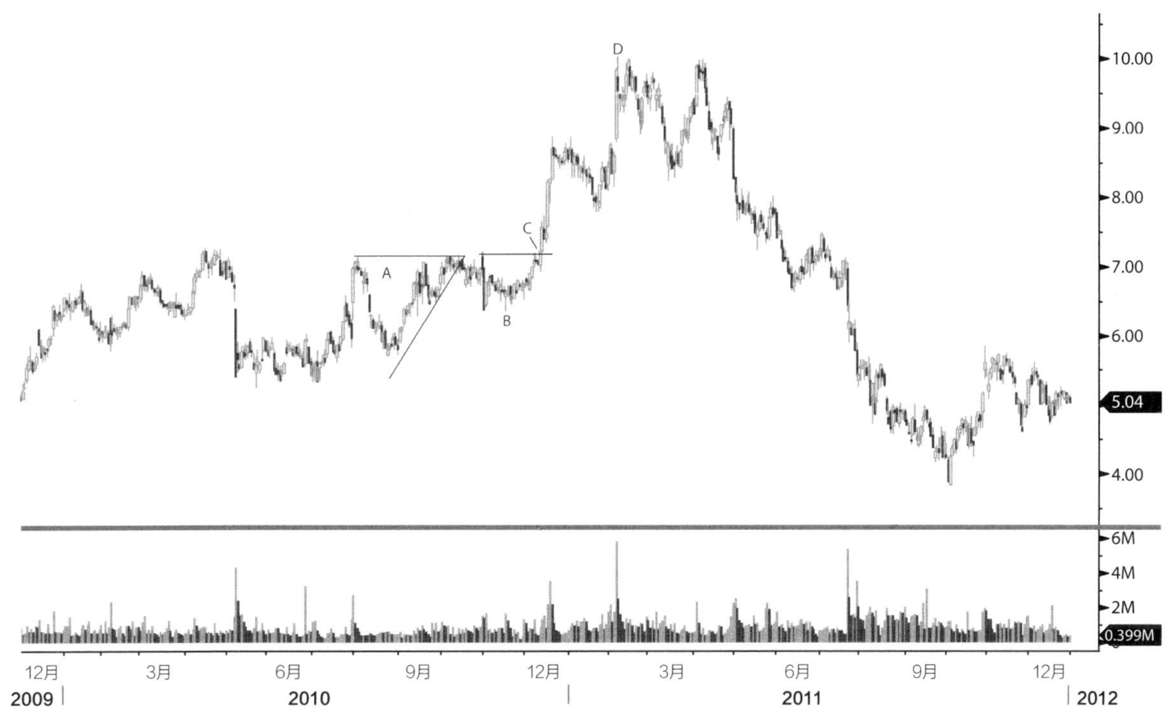

图 22.2　美股 Harmonic 公司

◎破裂下降三角形

破裂下降三角形是指下降三角形突破下跌之后，价格收在三角形上方。

图 22.3 就是一个例子。下降三角形被上下两条趋势线牢牢捆住。价格突破下跌至 A，跌幅不到 10%就迅速反转，收在股价形态上方 B 点处。你在次日以开盘价买进。C 点处，巴塞特家具公司（Bassett Furniture Industries）发布盈利报告，让投资者大为振奋。40%的突破下跌的下降三角形，至少发生一次破裂。而破裂以后，在形态上方的平均涨幅达 29%。

这两个数据基于对 250 个破裂下降三角形的完美交易，和实际交易的结果略有差距。

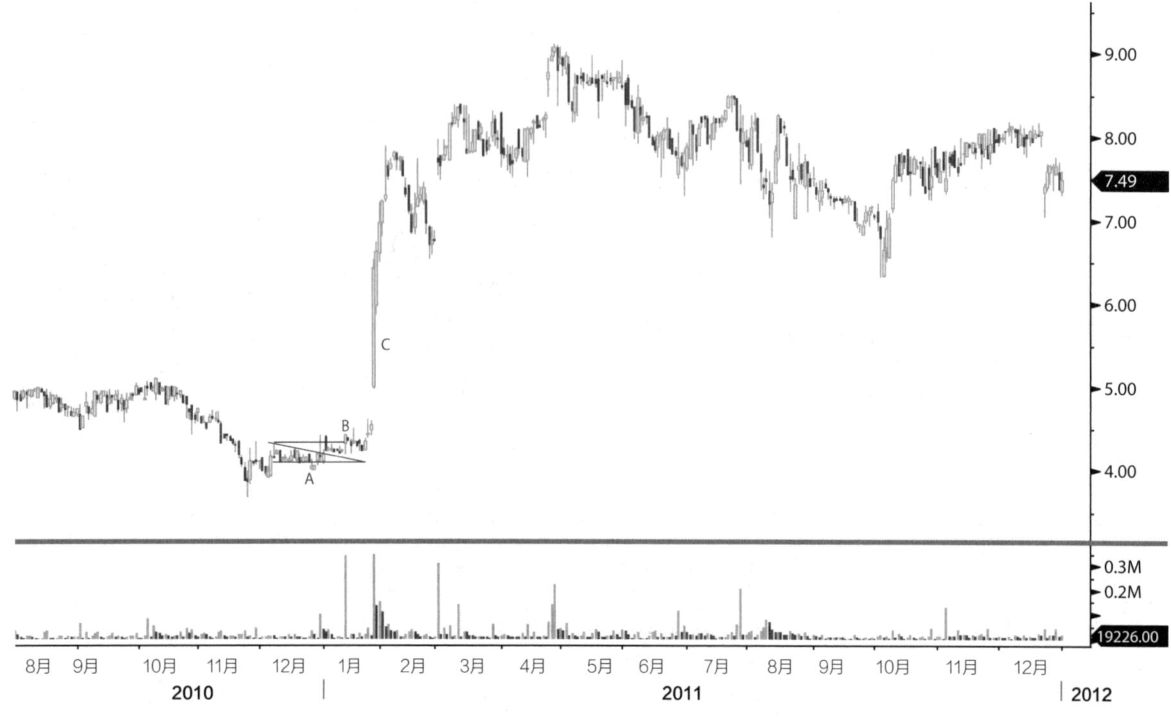

图 22.3 美股 Bassett Furniture Industries 公司

◎破裂对称三角形

对破裂股价形态进行系统研究之前，我就认为对称三角形发生二次破裂的概率很高。事实证明，我的想法是对的。换句话说，形成对称三角形的价格波动会在形态破裂后延续下去，给投资者盈利带来难度。

图 22.4 中的对称三角形发生单次破裂后，走势良好。

价格于 A 点从股价形态突破下跌，并收在下趋势线下方。股票稍一下跌就迅速反转，形态破裂，价格收在三角形上方的 B 点。

缺口 C 是一个突破缺口，预示将迎来一波强劲的上升趋势。

图 22.4　美股 Bassett Furniture Industries 公司

如果你于开盘价 B 点买进，那么买入价就是 62.44 美元。如果你以波峰 E，即 71.79 美元卖出，那么你就可以在这六个星期的时间里收益 15%。当然，这是理想的完美交易。

◎破裂双顶

下一种破裂形态的买进策略，我们要讲到双顶。

图 22.5 中，价格收在线条下方的 C 点，双顶 AB 完成证明。随后价格滑落至 D 点，距离突破价位的跌幅不足 10% 后反弹回升。

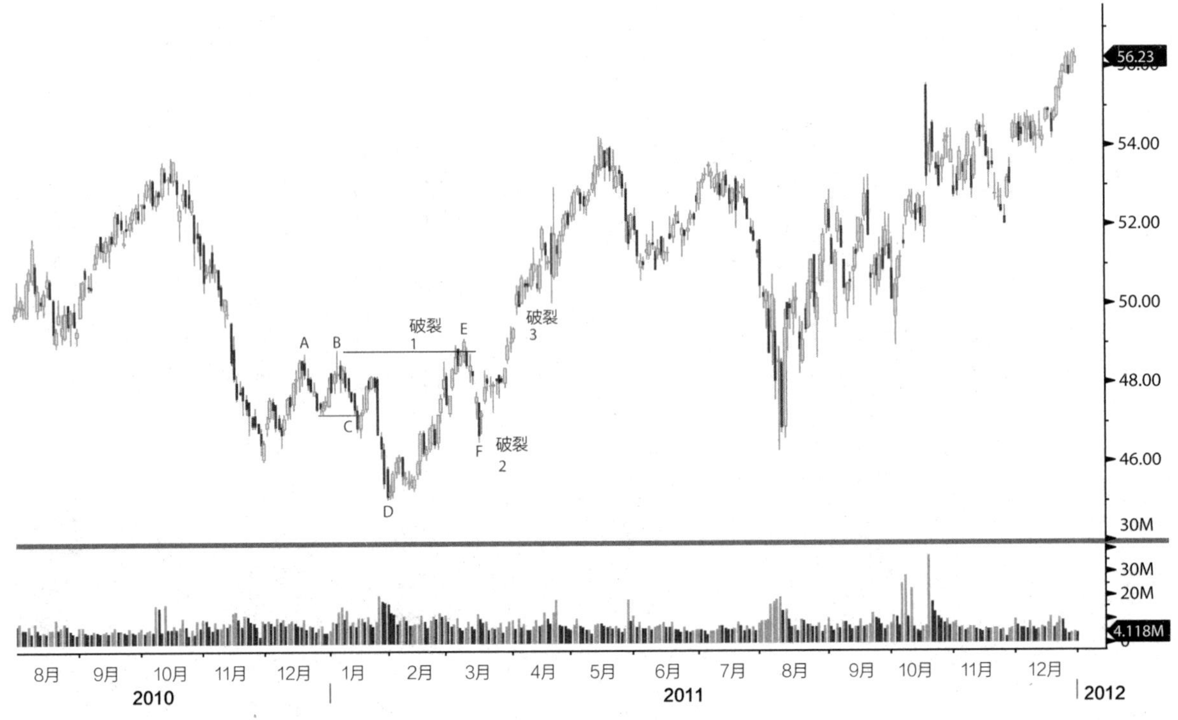

图 22.5　美股 Abbott 实验室

股票攀升至 E 点，发生第一次破裂。遭遇来自双顶的上行阻力后，价格回落。

价格收在双顶下方的 F 点，形态发生第二次破裂。紧接着，双顶第三次破裂，因为价格再次收在双顶上方。三次破裂后价格才形成趋势，扬帆破浪。

当然，这个例子也告诉我们，利用破裂形态交易是一件多么费神的事情。如果你把止损点设置在双顶上方，那么第一次破裂时，你就已经亏损出局。

还好，双顶极少发生二次或三次破裂。对双顶而言，二次破裂和三次破裂的发生概率只有 5%。但是，在牛市中，双顶发生单次破裂的概率达 23%。

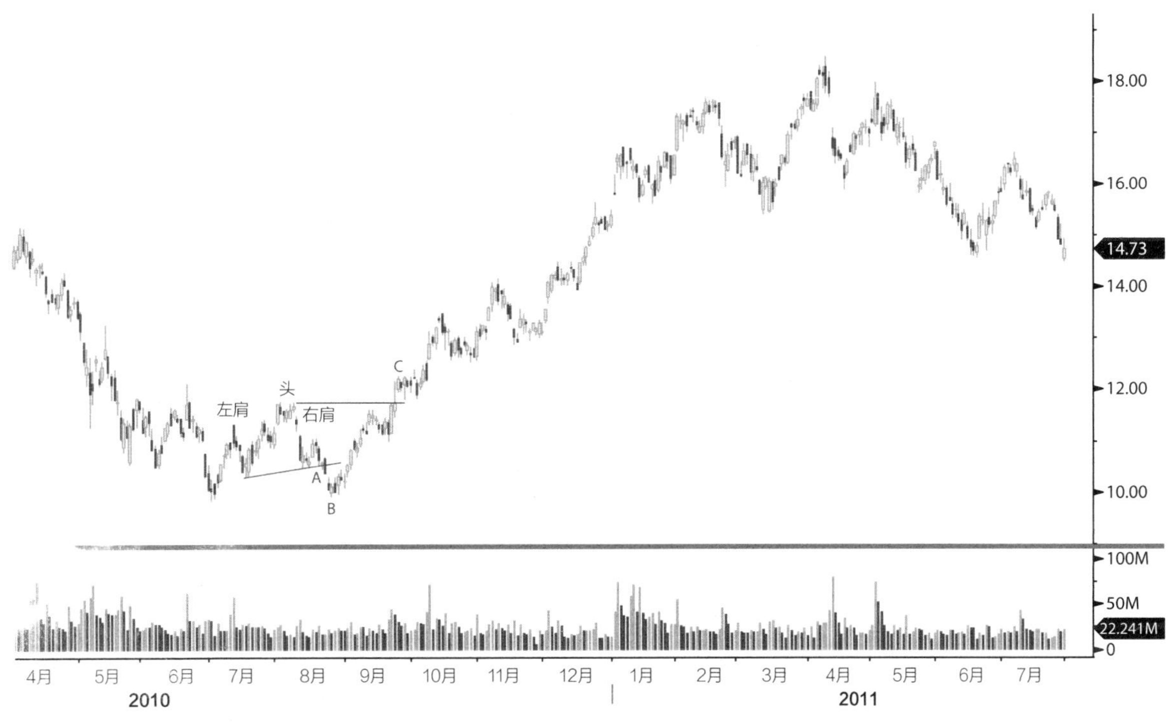

图 22.6　美股 Alcoa 公司

◎破裂头肩顶

图 22.6 的破裂头肩顶出现在一段下行价格趋势的尾部。

价格突破下跌，然后收在线条下方的 A 点。股价继续走低，两天后反弹回升，然后再次收在股价形态的上方 C 点。至此，头肩顶破裂，给我们带来十分可观的收益。

破裂头肩顶的买进策略如下：

1. 找到已经证明的头肩顶。

2. 形态突破后，价格下跌不到 10%，就迅速反转上升。

3. 股价收在形态最高波峰的上方。

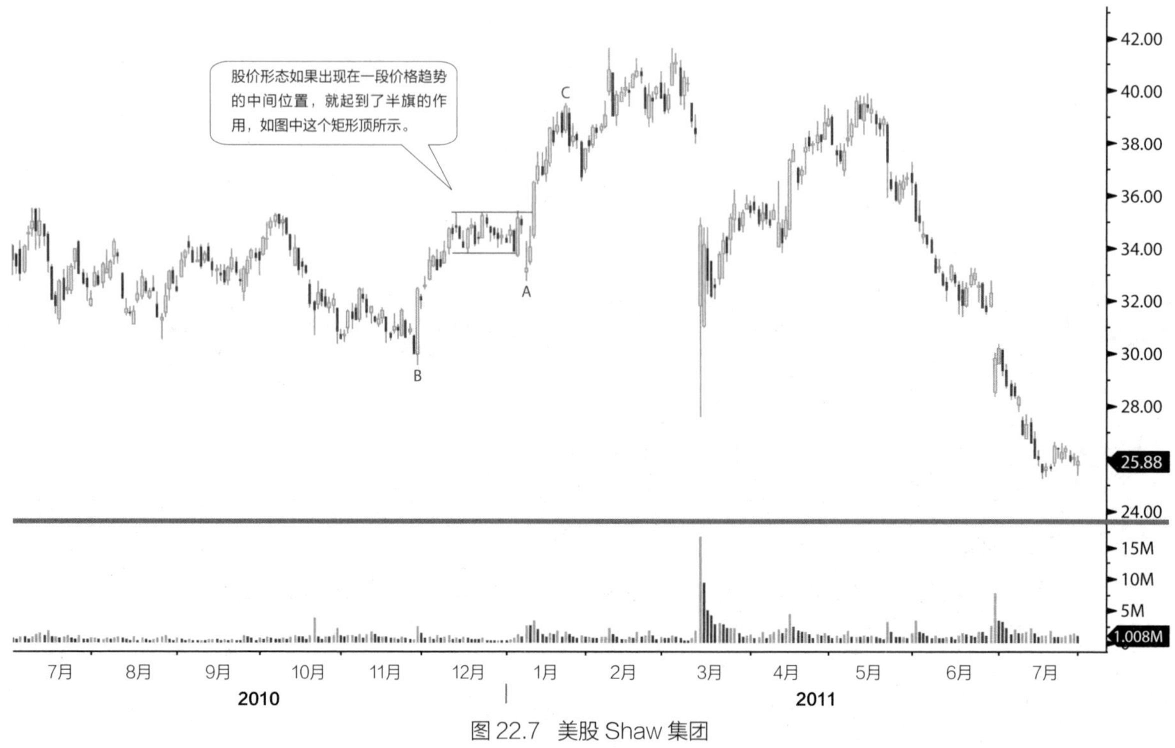

图 22.7 美股 Shaw 集团

4. 次日，以开盘价买进该股。

5. 在头肩顶的最低波谷下方设置止损点。

你或许会觉得奇怪，为什么我的这套购买策略丝毫没有提及 50 日或 200 日移动平均线一类的指标。我的答案是，这类指标价值不大。

举个例子，我用 50 日移动平均线对上面这个购买策略进行检验，结果发现 479 次交易里，只有 8 次的突破价位低于移动平均线。这 8 次交易的平均收益达到 51%，而其余突破价位高于移动平均线的交易，平均收益为 31%。

200 日移动平均线的检验结果也大同小异。472 次交易中，只有 31 次的突破价位低于移动平均线，它们的平均收益是 44%。而突破价位高于移动平均线，平均收益为30%。

低于移动平均线的样本数太少，所以得出的结果可信度不高。不过它至少提示我们，当破裂形态反转上升时，价格表现往往很好。你也可以用200日移动平均线检验一下结果是否如此。

◎破裂矩形

图22.7给出一个破裂矩形顶。价格突破下跌，于A点探底，然后反转上升，收在形态上方。

我选择这幅股价图还有一个原因。注意看，矩形所在位置是BC趋势的中间点。用股价形态交易时，切记形态总是出现在趋势中路。

牛市情况下，相对于矩形顶，矩形底表现更佳。矩形顶的平均收益为30%，而矩形底的平均收益为37%。当然，这也是完美交易的结果，仅作参考。

◎破裂三重顶

下一个破裂形态，我们要讲到三重顶。图22.8给出两个很好的例子。

三重顶ABC下行突破，于G点探底，距离三重顶最低波谷的跌幅不到10%。

价格随即反转上升，收在三重顶上方H点，形态破裂。

至于三重顶DEF，价格变化与ABC非常相似。价格收在线条下方，完成形态证明之后小幅下跌，旋即反转回升，收在F点右侧的线条上方。我在通过形态最高波峰的位置开始画线。价格收在直线上方的I点，形态破裂。

图中的缺口是一个突破缺口。所以对于三重顶DEF，我们要在I点次日以开盘价买进。而对于三重顶ABC，我们要在H点次日以开盘价买进。记得在形态下方设置止损点，然后就静观其变吧。

◎买进策略的有效性

至此，我们已经讨论许多破裂股价形态，也就是突破下跌又破裂上升的股价形态。下面的表格给出按照上述购买策略，用破裂股价形态交易实现收益的概率。

例如，我们可以看到，突破下跌的下降三

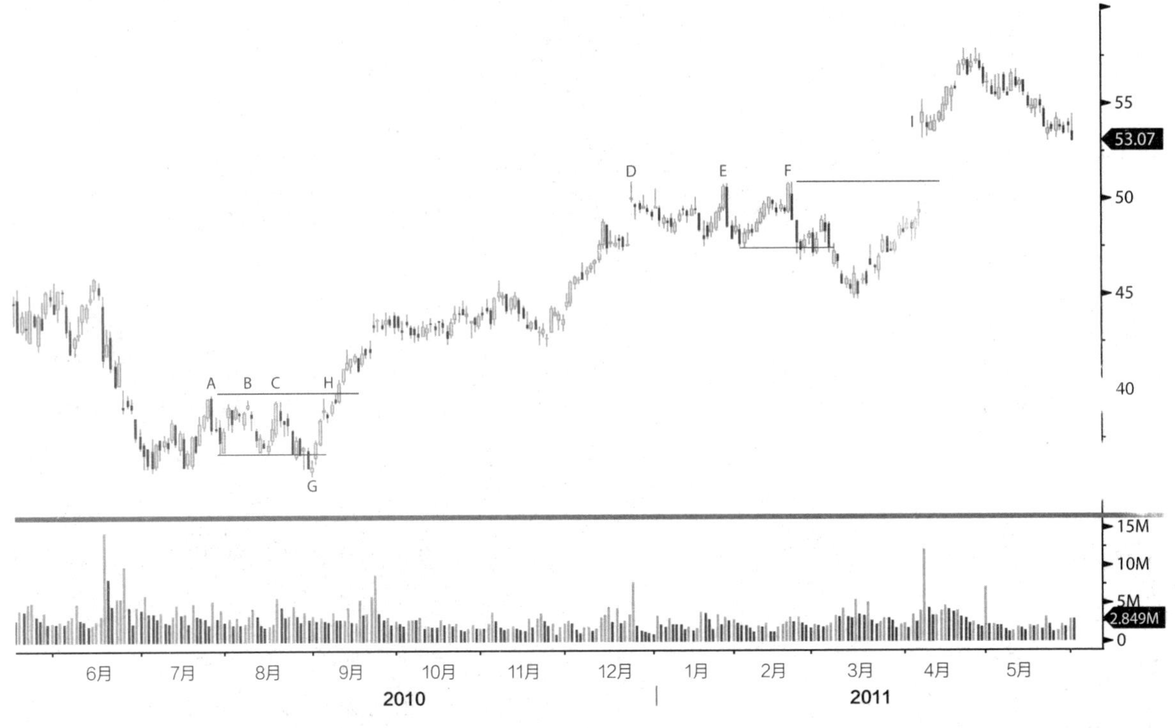

图 22.8　美股 Bed Bath & Beyond 公司

角形，破裂上升后，有 70%的概率可以爬升到形态上方 10%以上的价位。如果从这个角度来看，下降三角形在表 22.1 中所有形态中表现最好。

表现最差的是三重顶，三重顶破裂后，仅有 64%的概率能够爬升到三重顶上方 10%以上的价位。

◎形态破裂概率

股价形态发生二次破裂和三次破裂的概率有多大？表 22.2 可以告诉你答案。例如在表格所列形态中，不管如何计算，头肩顶发生破裂的概率都最低。

表格底部，对称三角形发生单次破裂的概

表 22.1 形态的有效性

股价形态	5%	10%	15%	20%
下降三角形	82%	70%	61%	55%
对称三角形	82%	69%	58%	52%
头肩顶	81%	68%	57%	51%
上升三角形	79%	56%	57%	52%
双顶	82%	66%	57%	48%
矩形	78%	65%	54%	44%
三重顶	80%	64%	56%	49%

率达 30%，二次破裂概率也是所有形态之最。总数上，对称三角形与矩形不相上下，都是 42%。你想趁对称三角形突破上升时入手，它却偏偏迅速破裂下跌，让你止损出局。

头肩顶、双顶和三重顶这几个鼓包形态被安排在表格上部，而受趋势线限制的三角形和矩形却在表格底部，用意何在？这是一项建议：不论破裂与否，最好都优先选择那些不受趋势线限制的鼓包形态。

表 22.3 对比了破裂形态和一般形态的表现。全破裂型是指价格突破下跌后破裂上升至少一次的股价形态，包括单次破裂、二次破裂、三次破裂及多次破裂。

我们看一下表格中部的三重顶和三重底。破裂三重顶，突破下跌后破裂上升，平均收益 29%。突破上升的三重底，平均收益 32%。

如你恰好买到一个单次破裂的股价形态，其表现很有可能比未破裂的一般形态更好。比如单次破裂的矩形的平均收益为 61%，而未破裂的一般矩形的平均收益只有 33%。

在第 23 章，我们将要讨论交易技巧及其他购买策略。

表 22.2　股价形态发生二次破裂和三次破裂的概率

股价形态	单次破裂	二次破裂	三次破裂	总　计
头肩顶	20%	4%	4%	28%
双顶	23%	5%	5%	33%
三重顶	24%	6%	7%	37%
下降三角形	29%	6%	6%	40%
上升三角形	27%	6%	7%	40%
矩形	28%	5%	9%	42%
对称三角形	30%	7%	6%	42%

表 22.3　破裂形态和一般形态的表现

破裂股价形态，突破下跌	全破裂型	单次破裂	未破裂	总　计
矩形	34%	61%	33%	28%
头肩顶 / 头肩底	31%	42%	37%	33%
下降三角形	29%	45%	35%	37%
三重顶 / 三重底	29%	43%	32%	40%
双顶 / 双底	28%	38%	38%	40%
对称三角形	28%	41%	29%	42%
上升三角形	26%	40%	34%	42%

自测题

回答下列问题：

1. 什么是破裂形态？

A. 突破方向背离预期的股价形态。

B. 价格突破后，沿突破方向发展不到10%就反转形成新趋势的形态。

C. 破裂形态是破产的前兆。

2. 判断对错：用破裂形态交易会加大失败的风险。

3. 判断对错：所有股价形态都会破裂。

答案：1. B 2. 错误 3. 错误

第23章 其他买进策略和技巧

本章是一章杂录，收录各类股价形态的买进信号和技巧，是一些我希望传授给大家却无处安放的知识。这里提到的所有表现数据，都是来源于成百上千次完美交易。所以，这些数据仅供对比参考。

本章内容可以在你利用股价形态交易前，提示你哪些可以下手，哪些应该跳过。养成做交易笔记的习惯也很管用。把每次选择的细节都做个记录，持续追踪交易表现。

或许，你在熊市中长线操作。或许，你根本就脑子糊涂，记不清何时买进。把我这些技巧当作长征前必须签署的条款吧。签过之后，你的银行账户才能支撑你到曙光来临。

◎上升三角形交易技巧

上升三角形对投资者有着致命的吸引力，因为它突破上升的概率达67%。但是通往宝藏的路途布满地雷，下面这几个技巧或许多少能帮你清除一些。

1. 趋势开端

选择上升三角形，要选择那些出现在价格趋势开端附近的，而不要选择出现在长趋势末端的。当价格偏离原趋势20%以上时，意味着新趋势开始。假设你站在某一个上升三角形的顶部，回望历史价格，发现距离三角形的出现越远，价格越低。

最低波谷是一个V形底，价格从V形底开始上涨至少20%。那么，该V形底底部就是该趋势的开端。

在另一个例子中，当你回望历史价格时，发现价格形成一座高于上升三角形的小山丘。如果较远一侧价格跌幅超过20%，那么这座小山丘的山顶就是趋势开端。

对上升三角形的研究显示，如果从趋势开端到形态出现不满三个月，那么突破上升的三角形平均收益达39%。若超过三个月，那么平均收益锐减为不到29%。

这个技巧同样适用于其他在牛市中起中继作用的股价形态。

2. 三角形支撑线与阻力线

试着寻找阻挡趋势上行的阻力区间。这个技巧对横向盘整区尤为管用。横向盘整区就像橄榄球场上达拉斯牛仔队的首发阵容。价格或许能侥幸突破这道防线，但是希望十分渺茫。

在进行任何交易之前，我都会先寻找上行阻力线，因为上行阻力线可以告诉我价格何时可能会反转。但价格往往会突破形态附近的上行阻力线（高于形态5%）或出现回抽（与平均反转价位相距约8%）。试着在更远一些的地方寻找阻力线，并判断该阻力的强度大小。

至于支撑线，自然是越有弹性越好。也就是说，附近的支撑线要足以抵挡一枚陶式导弹。找到价格柱重重叠叠的区域，越紧密越好。

当价格突破后从4%跌到10%，回拉形成，将这些数据和潜在的支撑区间对应起来。这样，一旦价格突破下跌，你就能够再次拥有撤离的机会。

◎双底交易技巧

我曾以为，如果价格经历长时间下跌，应该会看到强劲反转，带来可观收益。可是统计数据给出的结果却恰恰相反。

在牛市中，进入双底的短于三个月的短期趋势，可以带来平均42%的涨幅；而三到六个月的中期趋势，平均涨幅为35%；长期趋势平均涨幅却出乎意料，仅为30%。因此对双底而言，最强劲的价格反转总是发生在短期下降趋势后。不过，其他股价形态或许会有不一样的表现。

1. 回抽

不回抽的双底和价格始终保持在突破价位

上方的双底，表现最好。回抽双底的平均收益为 33%，不回抽双底的平均收益达 43%。

实际上，如果价格“弯折”，有回抽态势，但始终保持在突破价位上方，表现也会很好。小幅度回抽比大幅度回抽表现更好。

这一点很好理解，因为回抽抵消一部分上升动力。所以回抽幅度小的，剩余上升动力多。

2. 高度和宽度

高双底比矮双底表现好。高双底的平均收益是44%，而矮双底的平均收益为34%。那么，衡量高矮的标准是什么嫩？可以用形态内的最大价差，除以突破价位，得数大于 15.6%（中位数），为高双底，小于 15.6%则为矮双底。

如果把宽度也考虑进来，那么宽于 37 天的双底平均收益为 42%，不足 37 天的双底平均收益高 8%。

这里的每一项技巧，都建立在完美双底交易的基础上。你也可能会遇到一个又高又宽，没有回抽，进入形态的价格趋势也很短的双底，但是价格涨幅仅 5%。第二天，公司发布盈利报告，低于预期。股价一落千丈，一个季度跌幅达到 67%。

我就曾买过迈克尔商店这只股票，一个季度下跌 18 次，跌幅 20%至 49%不等。我奋起反击，从拆分调整价 88 美分，坚持到它涨至 44 美元，收益达到 5 000%。但这足足用了 16 年的时间。

如果你交易次数够多，那么这些数据对你有利。但如果你总是投资不善，还有远离股市的打算，那么这些数据或许会激励你重回拆弹部队。

◎头肩交易线索

头肩底为投资者预测价格突破后的走势留下许多线索。以下内容，来自对 1991 年中期到 2011 年年末 1 600 个头肩底的研究。这些数据都基于完美交易，仅供参考，不要期望你的交易也能获得同样的结果。

若想收获最好的表现，试着在头肩中寻找以下线索：

1. 短期（短于三个月）的下行趋势进入左肩

找到进入左肩的趋势的开端。如果股价在抵达最低波谷或最高波峰前，涨幅或跌幅达 20%，那么它的趋势开端指的就是该趋势的最低波谷或最高波峰。如果趋势开端距离左肩波谷不足三个月，那么平均收益为40%；中期趋势（三到六个月）的平均收益为36%；长期趋势（长于六个月）的平均收益为33%。

2. 下倾颈线

颈线下倾的头肩，平均收益为40%，而颈线上倾的头肩平均收益仅为31%。

3. 高形态

高头肩底（形态内最大价差偏大），比矮头肩底表现好。这一原则适用于绝大部分股价形态，而不仅仅是头肩底。

对于头肩底，用形态内的最大价差除以突破价位，大于中位数15%的平均收益为49%，而小于15%的，平均收益仅为28%。

形态的高度是衡量其表现的重要指标之一。

4. 宽形态

宽于中位数41天的头肩底，可以带来44%的平均收益，而不到41天的头肩底平均收益为30%。

又高又宽的头肩平均收益为51%！先别太兴奋。记住，这些数字基于完美交易得来，也就是说，在突破价位买进，在价格崩溃前的最高波峰卖出——并且完美执行上百次。

5. 右肩成交量高

当右肩成交量比左肩和头部都要高时，股票平均收益达48%；若头部成交量最高，则平均收益为36%；当左肩成交量最高时，平均收益仅为32%。

6. 突破日成交量高

若一头肩突破日的成交量高于该月平均水平，则平均收益为40%；反之，平均收益降为30%。

7. 回抽

不回抽的头肩底平均收益为42%；回抽的平均收益为33%。

◎月线图中的对称三角形交易技巧

高对称三角形的表现更好。为此，我选取了高、矮对称三角形各627个进行验证，事实证明确实如此。高对称三角形突破后平均收益为39%，矮对称三角形的平均收益为24%。再次声明，这些数据基于完美交易得来，所以不要期望你的交易也能得到相同结果。

如果我们在月线图中利用三角形交易呢？

我从1998年至2006年间上百只股票的月线图里挑出对称三角形。有些对称三角形的形状十分古怪，我好一会儿才适应过来。通常情况下，每条趋势线上的触点数量要有至少两个。图23.1给出一个例子。

图示三角形的上趋势线有两个触点，下趋势线有三个触点（包括那个未能完全接触的触点）。价格在A点突破上升，于B点形成波峰，然后直线下跌至熊市起点价位。随价格变化在缓慢爬升的价格下方画一条趋势线C，价格突破该趋势线的位置便可作为卖出点。更保险的办法是，等待价格收在趋势线下方，然后以次月开盘价（D点）卖出。

如果你在A点45.13美元处买进，D点57.57美元处卖出，那么你的收益有28%。如果在波峰B 81.84美元处卖出，那么收益高达81%。如果你已设置自动止损点，在波峰下方20%的价位卖出，收益依然有45%。

我的收益计算系统会帮我找到B点这个极限波峰，并以此作为我的退出价位，这意味着一次完美交易。

此后，价格直线下跌，从波峰一直跌到收盘位置，跌幅达20%。这套波峰至收盘的测量方法是月线图制胜的关键，因为它可以无视波动，直捣黄龙。

我对该方法进行检验，发现在牛市中，129个突破上升的月线对称三角形，平均收益为111%。这129个对称三角形中，81%的对称三角形收益高于45%。只有两个收益较差，分别是8%和9%。

以下是月线对称三角形交易规则总结。这是一种买进持有策略，所以无需用到止损。

1. 选用月线图，寻找对称三角形。

2. 对称三角形与趋势线触点至少有两个。

3. 在上趋势线上方几美分处挂买单。

4. 买单成交后，持有观望。如果股价形成趋势，则沿股价下方画一条趋势线。股价收在该趋势线下方，即为退出信号。以次月开盘价卖出。

5. 如果价格保持在趋势线上方，那就重画一条趋势线，与价格贴合更紧密。从最高波峰处算起，如果价格跌幅超过20%，立即卖出。

6. 如果涨势喜人，收益达到100%，则在100%收益价位设置止损点。将近一半（47%）对称三角形的收益超过100%，但是周期较长，平均需要一年零九个月。

图 23.1 美股沃特世公司

7. 如果价格收在低于买入价位 20% 以上，立即卖出。

第 24 章讨论的测量规则可以照常使用。股价达到目标价位的概率高达 81%。

◎矩形交易技巧

你是波段交易者吗？如果是的话，矩形就是为你准备。在下趋势线附近买入，上趋势线附近卖出就可以。当然，实际操作没那么简单。图 23.2 已给出突破上升矩形内部的购买策略。

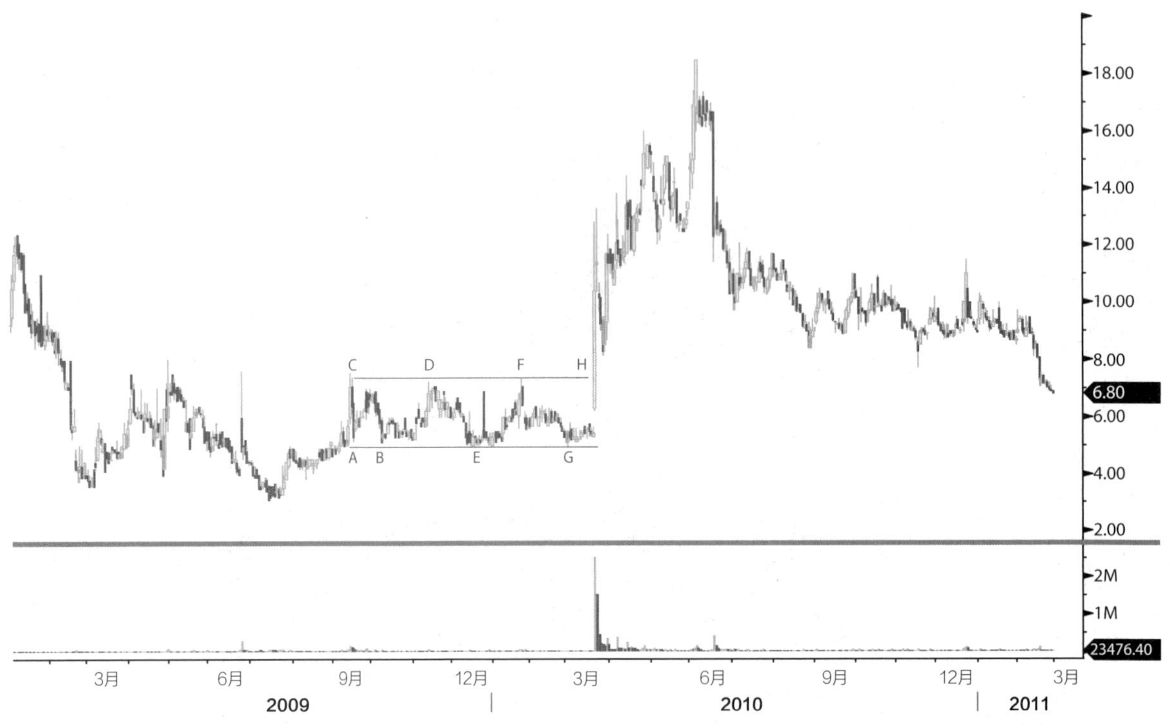

图 23.2　美股 Arrowhead Research 公司

价格在两条水平趋势线之间上下振荡，与上趋势线相接于 A、B 两点，与下趋势线相接于 C、D 两点。这四个触点一旦出现，伺机而动的波段交易者就会在 D 和 F 两点卖空，潜伏至 E 和 G 两点平仓，于 H 点退出。然后，他们兴奋地说“我没有在 H 卖空”；如若不然，恐怕就得从沙发垫里找回家的车票钱。

一旦波段交易者反应不及时，交易机会自然就大大减少。这个矩形不过 2 美元高，但是波动之下，每股价格从 5 美元到 7 美元不等。这对长线交易来说意味着 40% 的收益，对短线操作者来说就是 29%。

以下是这一购买策略的规则：

1. 找到一个矩形：两个在相近价位的波峰，两个在相近价位的波谷。

2. 测量波峰和波谷之间的价差，衡量一下在该区间内交易的期望收益是否足以抵偿潜在风险。

3. 在矩形顶附近卖空／卖出，在矩形底附近平仓／买进。

4. 将止损点设置在矩形外足够远的地方，避免因价格的正常波动而止损出局。

矩形必须足够高，才可能产生有利可图的波段。我的经验告诉我，一旦发现了一个可重复利用的模式，它就不再重现。如图 23.2 所示的这种值得交易的矩形非常少。所以，只有经验丰富的老手，并且抱着必死的决心，才敢使用这一技巧。在第 25 章中，我们将讨论卖出技巧。其实，相比买入价格，你的卖出价格更重要。

我的建议是，把注意力放在交易技巧上（精心筹划如何交易，并按计划实行），而不是盯着收益不放。这样的话，你可能会赚得更多，并且更轻松。

自测题

回答下列问题：

1. 判断对错：股价形态突破时，价格总是稍稍穿过附近的支撑线或阻力线（距离突破价位5%以内）。

2. 股价形态突破后，下列哪个支撑或阻力特征会阻碍价格趋势？

A. 横向盘整区

B. 次高点或次低点

C. 趋势线

D. 整数

E. 以上所有

3. 判断对错：矮的形态就像浓缩功能性饮料，比高的形态储存着更多的发力能量。也就是说，突破后，矮形态的价格趋势会走得更远。

答案：1. 正确　2. A, B, C　3. 错误

第四部分
怎样运用股价形态及时出手

决定何时卖出绝非易事，其难度并不亚于让你下决心扣动扳机。实际上，借助股价形态可以让这个决策过程容易许多，因为股价形态具备许多其他技巧没有的优势。

比如，一个经过证明的熊市形态就可以被看作卖出信号，我会用七个例子来解释。但并不是所有的熊市形态都意味着大幅度下跌。这里就需要用到测量规则。

善用测量规则，就可以估测价格会在多远的未来下跌。如果价格跌得过猛，你就知道该卖了。吸取教训，避免重蹈覆辙。

识别常见形态的卖出信号

本章将讨论如何在不同的股价形态中，寻找卖出信号。我们把测量规则应用到每一个股价形态，用来寻找底部支撑线，预测价格何时下跌，以及判断价格波动是否值得规避。

◎上升三角形的卖出信号

假设你持有图 24.1 中的股票。你会在 D 点卖掉吗？

卖出还是持有，是我们每次交易必须做出的重要决策。那么让我们认真研究一下股价图，看看应该如何决策为好。

ABD 是一个上升三角形。价格收在上倾趋势线下方，给了我们一个卖出信号。如果是日内交易者或波段交易者，我们的选择就更简单——立即抛出。

但如果你是渴望全垒打的买进持有派或是头寸交易者，怎么会愿意立即抛出呢？除非价格产生剧烈变动，否则你更愿意长期持有该股。

我们可以运用测量规则预估价格何时下跌。若是上升突破形态，就用突破价位加上形态内最大价差，若是下跌突破形态，则用突破价位减去形态内最大价差。所得结果就是目标价位。

例如，该上升三角形的最大价差即 A 到 B 的价差为 1.83 美元，那么预示价格将下跌

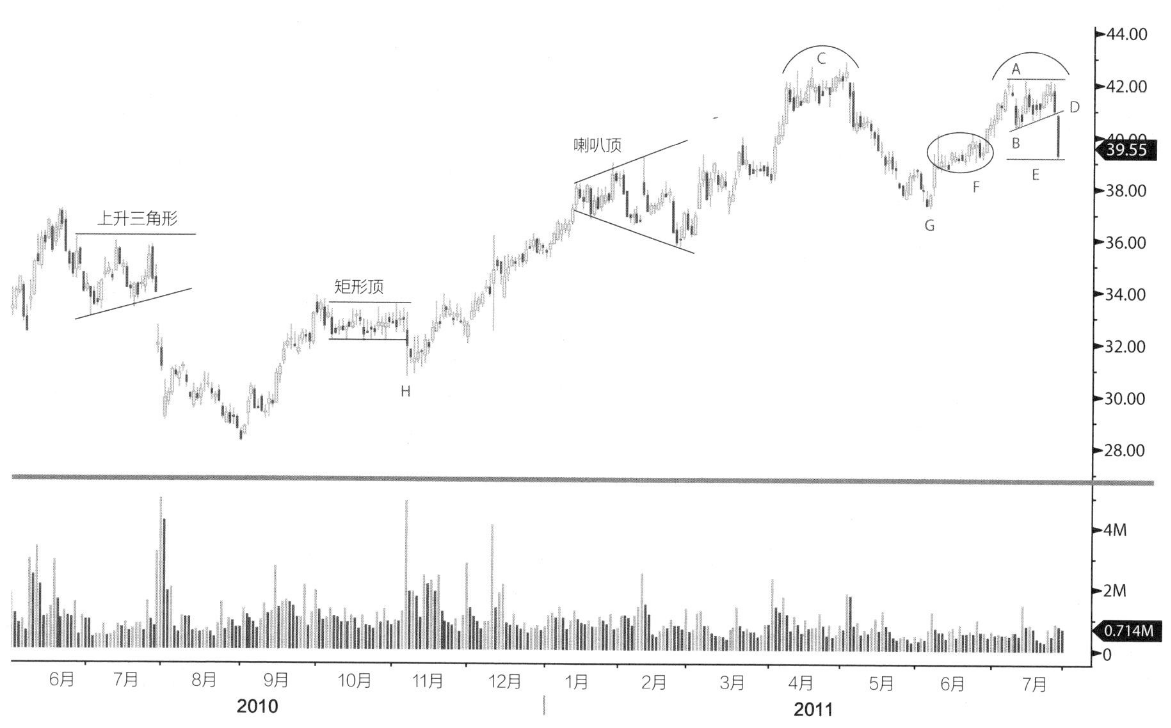

图 24.1 美股查理斯河国际实验室

4.5%，从突破价位（D 点，40.97 美元）跌至 39.14 美元。我用水平线 E 来显示这个目标价位。

目标价位接近圆圈 F 所示的横向盘整区。尽管价格并不是严格的横向发展，但我们的确能看到许多价格柱重叠。

价格跌至 G 点（发行价）也不是不可能，这意味着跌幅将达到 9%。如果我在进行长线操作，比起这 9%，我更担心看牙医这事（我的牙医从来不给我打局部麻醉药普鲁卡因，看一遍《霹雳钻》（*Marathon Man*），你肯定就能明白）。

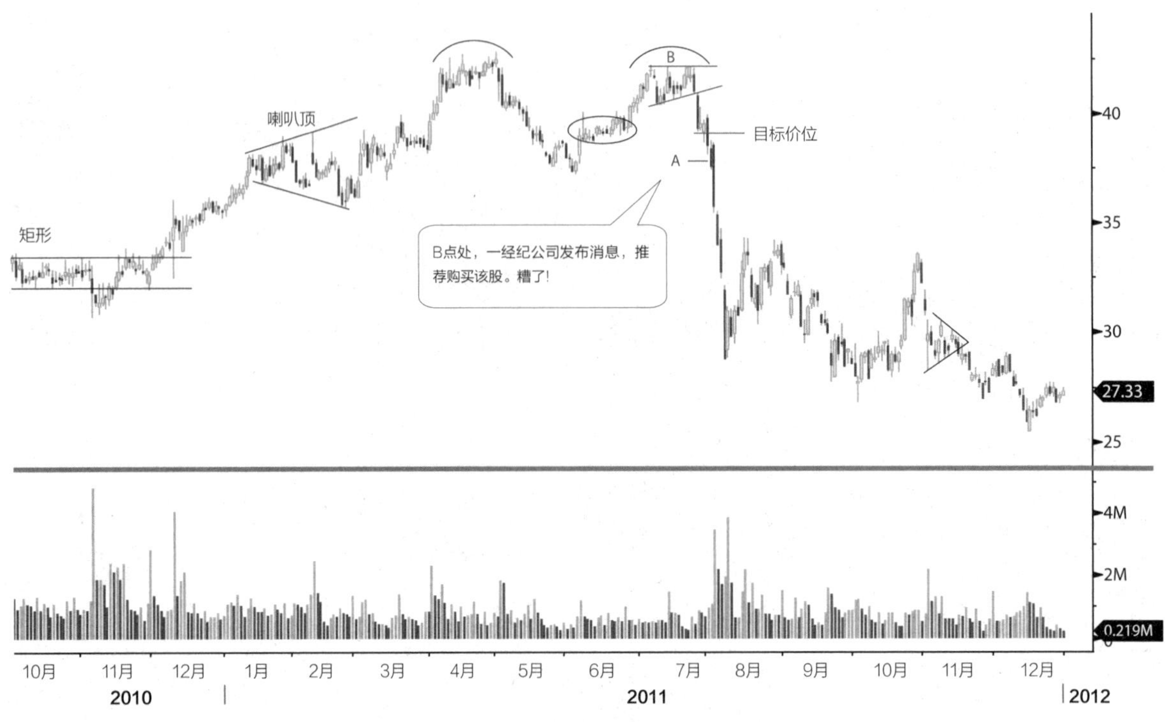

图 24.2　美股查理斯河国际实验室

2011 年上半年的喇叭顶或许能起到支撑作用，挡住价格的下跌趋势。但是，该喇叭顶的盘整区非常松散。我一直对松散盘整区没什么信心，因为它们经常像漏盆一样让价格流过。而紧密盘整区的表现要好得多。

最让人担忧的是右侧的双顶，也就是用弧线标示的 A 和 C。测量规则告诉我们，价格突破这个形态后会跌至 31.66 美元，也就是 H 点与矩形底中间的价位。如果从波谷 D 计算，这跌幅多达 23%，真是让人心痛。

这只股票接下来的走势究竟如何？图 24.2 揭晓答案。

图 24.3　美股巴西特家具公司

B 点处，股价达到波峰。一经纪公司发布消息，推荐购买该股。聪明的投资者并不买账。他们开始向那些听信经纪公司推荐的投资者抛售该股。

该公司于 A 点发布盈利报告，此时，聪明的投资者早已赚得盆满钵满，全身而退。

◎下降三角形

下降三角形突破下跌，就是卖出信号（见图 24.3）。

我们先看一下股价图上右侧那个小小的下降三角形，它于 A 点突破下跌。和图中其他的形态

图 24.4　美股巴西特家具公司

相比，它太不起眼。小题大做了吗？

这个三角形非常矮，只有 23 美分，但以目前的刻度计算，就意味着可能迎来 6% 的跌幅。下趋势线价位减去三角形高度，得到目标价位。

价格尺度，让低价股交易徒增许多，而且低价股极不稳定，稍微一点点变动都会引起百分比上的巨大落差。股价极不起眼的下跌，都可能让你不得不抛售，这就意味着资产大幅缩水。

我们再看一下股价图最左侧的盘整区 B。这段区域向下倾斜，内部十分紧密，价格柱层

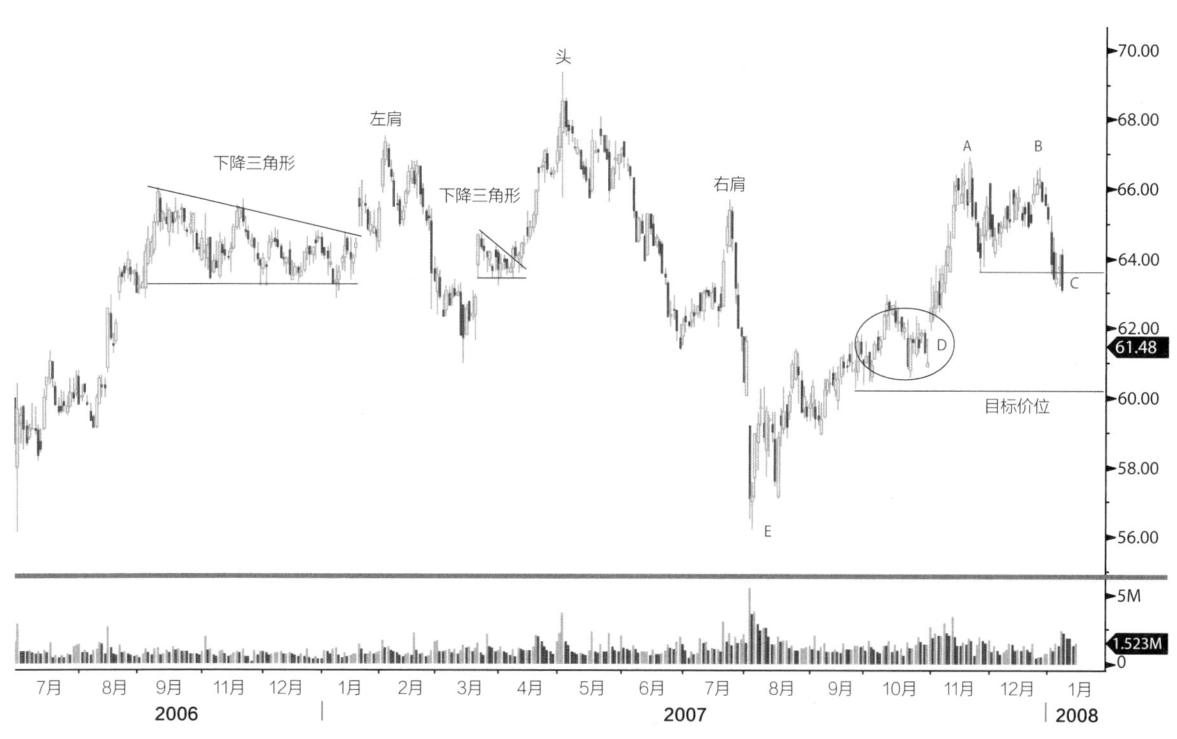

图 24.5　美股 Clorox Co/The 公司

层叠叠。价格柱重叠在一起，部分原因是这段时期交易量较低。但要注意到，那条代表支撑线的趋势线落在区域 B 的区间内。

这样一来，股票就很有可能跌至趋势线价位或区域 B 内价位。

下面，我们看看下降三角形 C。这个三角形特别大。根据形态高度，预计跌幅达到 1.24 美元，也就是三角形 A 以下 70%。这样大的跌幅，有时候要不了一天就能实现（这被称为“死猫反弹”），不过这种情况极为罕见。

跌至趋势线意味着跌幅近 8%。若跌幅达

到10%，就和D点价位持平。下一个主要支撑区域在B的最低波谷，即3.25美元。此时你会选择立即抛空、继续持有，还是补仓呢？

图24.4揭晓该股的未来走势。E点处，巴西特家具公司发布盈利报告，股市大为振奋。

如果你已经在A点抛售，那么只能眼睁睁看着别的投资者利润翻番。怎么办？忘了它，继续前进！别光向钱看，专注于技巧。

◎卖出双顶

假设你持有图24.5中的股票，你会在此时将其抛出吗？

AB是一个得到证明的双顶。也就是说，价格收在两顶之间的波谷下方价位。目前价格呈下降趋势，但这个趋势会持续多久呢？测量规则可以给我们一些提示。

首先测量双顶的高度，然后用突破价位（双峰之间的最低波谷价位）减去形态高度，得到目标价位。在本例中，测量规则预测价格将下跌至60.26美元（5%）。我用水平线标示该目标价位。

那么，这幅股价图还告诉我们什么？D处有一个盘整区，与目标价位非常接近。如果该股真的跌到目标价位，那么这里可能成为下跌趋势的支撑价位。

跌回发行价位（E点）也不无可能。这样，跌幅将达到C点以下13%。一般来说，我喜欢把亏损定在8%～10%，13%已经超出我的目标。

对大头肩顶应用测量规则后，我发现价格的确可能达到13%的跌幅。该头肩顶不算太标准，左肩的形态很奇怪，但两肩距头部的距离相近。

两个下降三角形突破上升，是牛市的表现。

我们再做一个更为私人的假设。如果你母亲已经退休，收入来源固定，却买了这只股票，你会建议她抛空吗？

我们看到刻度尺，过去17个月内，股价尽管有波动，但都没有大起大落。这么看是不是会让你安心，你猜想，股价接下来也不会有很大的波动。

我们再仔细看一看刻度尺。2007年10月，一轮熊市在D点开始形成。当AB两点出现时，大盘已经出现式微之势。图24.6揭晓该股的惨烈下场。

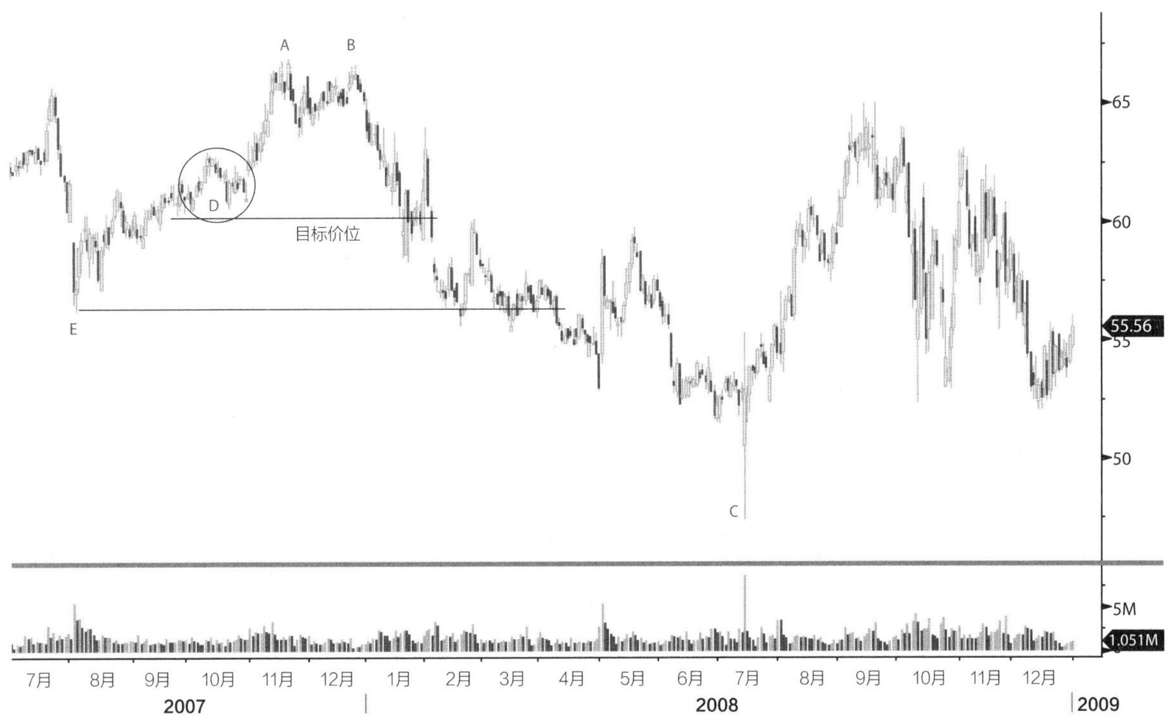

图 24.6 美股 Clorox Co/The 公司

股价在 D 点得到约一周的支撑，又于波谷 E 得到约两个月的支撑。但是，股价还是继续走低，于 45 美元达到波谷。然后在 2009 年 3 月（C 点附近）反转上行。如果你在波谷卖出，损失将达 28%。

这幅股价图充分说明熊市的危险性。危机四伏，防不胜防。比起那些缩水 50% 到 70% 的股票，这只股票已经算幸运。

如果恰好在熊市结束时买进，那么你会赚一大笔。我在公用事业股票探底时（2009 年 3 月 13 日）买进阿莫林公司，一周后又买了另一只同行业股票。简直赚翻！

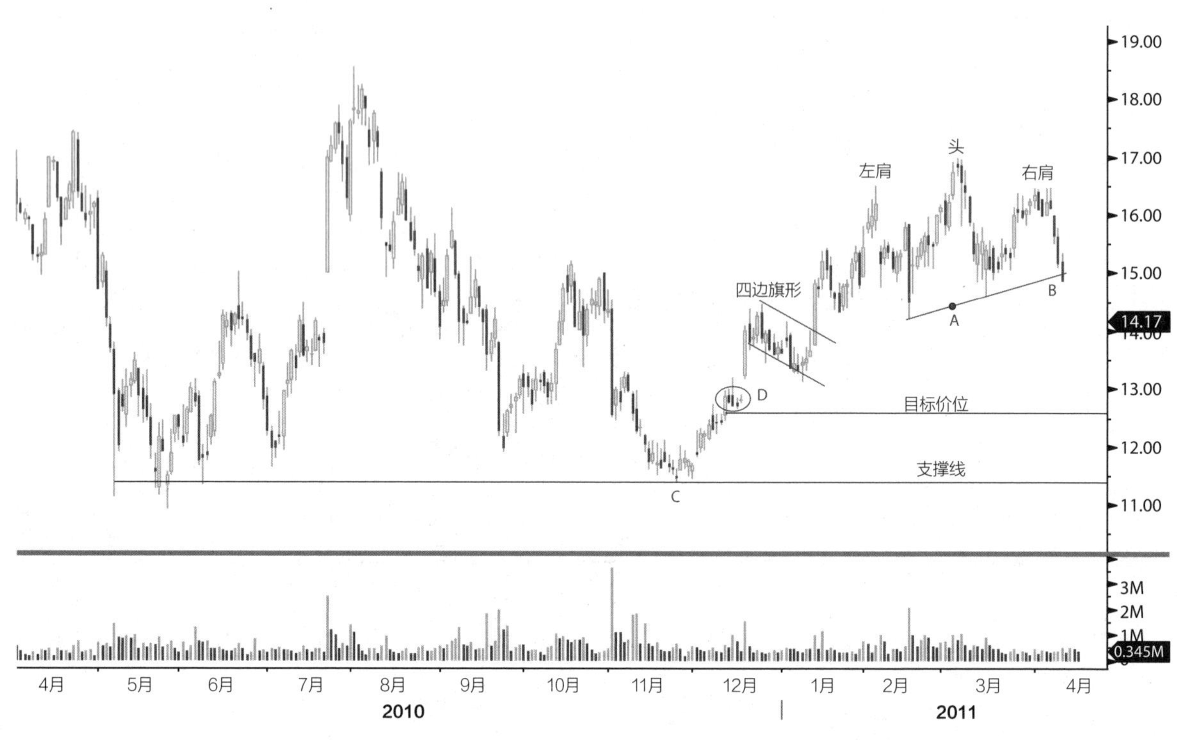

图 24.7 美股 Advanced Energy Industries 公司

◎卖出头肩顶

头肩顶在股市中比较罕见。图 24.7 给出一个标准的头肩顶。价格收在颈线下方 B 点，证明这一段价格曲线是有效的头肩顶。

你或许已经产生这样的疑问：既然头肩顶是反转形态，那么此例中有可反转的趋势吗？有的，就是 C 点开始的上行趋势。价格突破后也会下跌相应的幅度。

那么，测量规则又能告诉我们什么呢？头肩顶的测量规则稍有不同。虽然还是以形态高度为基础，但我们用的是形态最高波峰到颈线

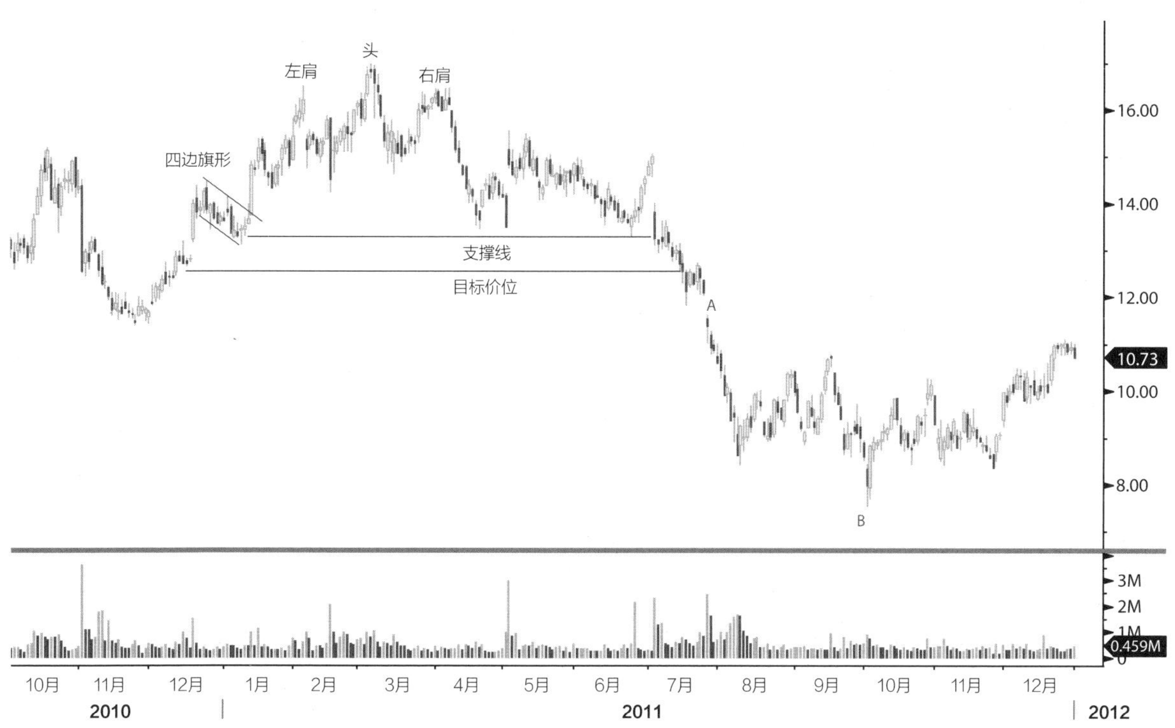

图 24.8　美股 Advanced Energy Industries 公司

的价差，而非整体高度。经过 A 点作颈线。直接测量头部最高波峰到颈线的距离。

本例的形态高度为 2.53 美元。用突破价位 15.05 美元减去 2.53 美元，得到目标价位 12.52 美元。我用一条水平线标示该目标价位。

股价一路向目标价位滑去，极有可能抵达四边旗形所构成的支撑线。

四边旗形内部价格分布十分紧密，带来的支撑力也会较强。当然，结果如何，尚未可知。

途中，目标价位临近 D 处的一小块盘整区。只要目标价位紧挨着支撑线，我就敢肯定，这目标价位八九不离十。

图 24.9 美股 DTE Energy 公司

目标价位下方的支撑线，我用另一条过波谷 C 的水平线表示。这条线上有好几个触点，贯穿几乎一整年。

因此，如果目标价位未能使下跌趋势得到反转，那我猜测，该股会在 C 线得到支撑。如果这样，将会亏损 3.65 美元，即 24%。

由 A 下跌到 D，意味着跌幅达到 16%。若跌到目标价位，那么跌幅为 17%。

该卖吗？图 24.8 揭晓该股的未来走势。

仔细看股价图，你会发现，价格在四边旗形得到支撑，持续三个月之久。在目标价位附近横向盘整，持续约一周。然后形成缺口，

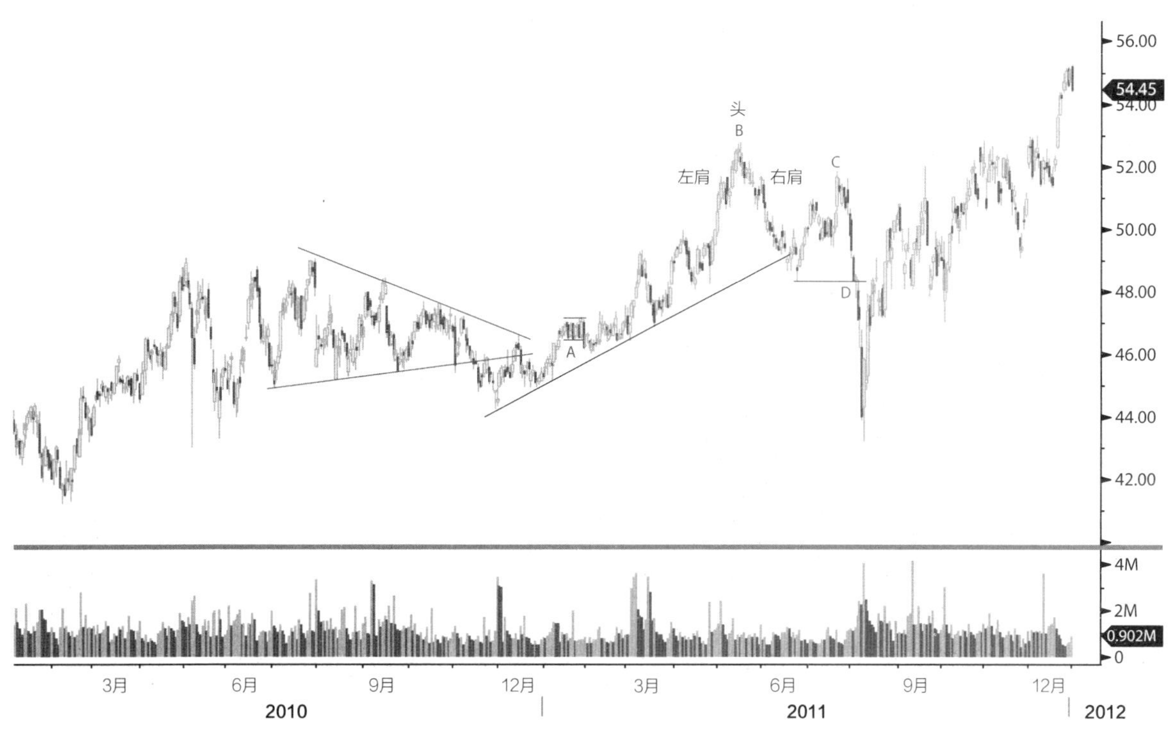

图 24.10 美股 DTE Energy 公司

下跌至 A，最终于 7.56 美元（B 点）形成波谷。总体来看，该股自突破价位以来，下跌多达 50%。

为何该股跌幅如此之大？因为这个时期，美国经济不景气，欧洲发生债务危机，股市轰然坠地。

◎卖出矩形

图 24.9 最右侧出现一个小小的矩形顶。价格于 A 点突破下跌。

矩形的测量规则是，用下跌突破价位减去形态的高度。突破价位即下趋势线价位。

图 24.11 美股 Abbott 实验室

我甚至不用计算，就能知道该形态的目标价位会落在水平支撑线上方。这一个矩形太偏，不足以给价格带来多大的下行压力。但是，熊市足以让任何涨势退去。就本例而言，环境保护署可能会针对公用事业行业实施严格的控污条例，这可能导致股价崩溃。

放眼看整幅图，就会发现该股自 2010 年 3 月起就开始横向发展。这情景是不是非常熟悉？仿佛它已经为下跌做好准备。持有该股一年之后，你应该已经获得约 10%的收益，这还不包括股息。如果你持有该股，你会抛出还是继续持有？

图 24.12 美股 Abbott 实验室

我担心的倒不是矩形，它毕竟太小，掀不起大风浪。我担心的是，下行趋势会继续，跌到发行价，那就一夜回到原始社会。这几个顶部平坦的股价形态让我很焦虑。

我会选择再等等，观望一下股价的走势。如果价格真的收在支撑线下方，那我就会立即抛出，因为这意味着该股已经准备好大探底。

如图 24.10 所示，这个收盘并没有发生。

该股下跌数天后就恢复上升，形成新高，随后沿下方的上升趋势线慢慢爬高，至 C 点形成次高点，略低于 B 点。我把这个形态称作丑双顶，因为它的波峰对明显不在相近价位。价

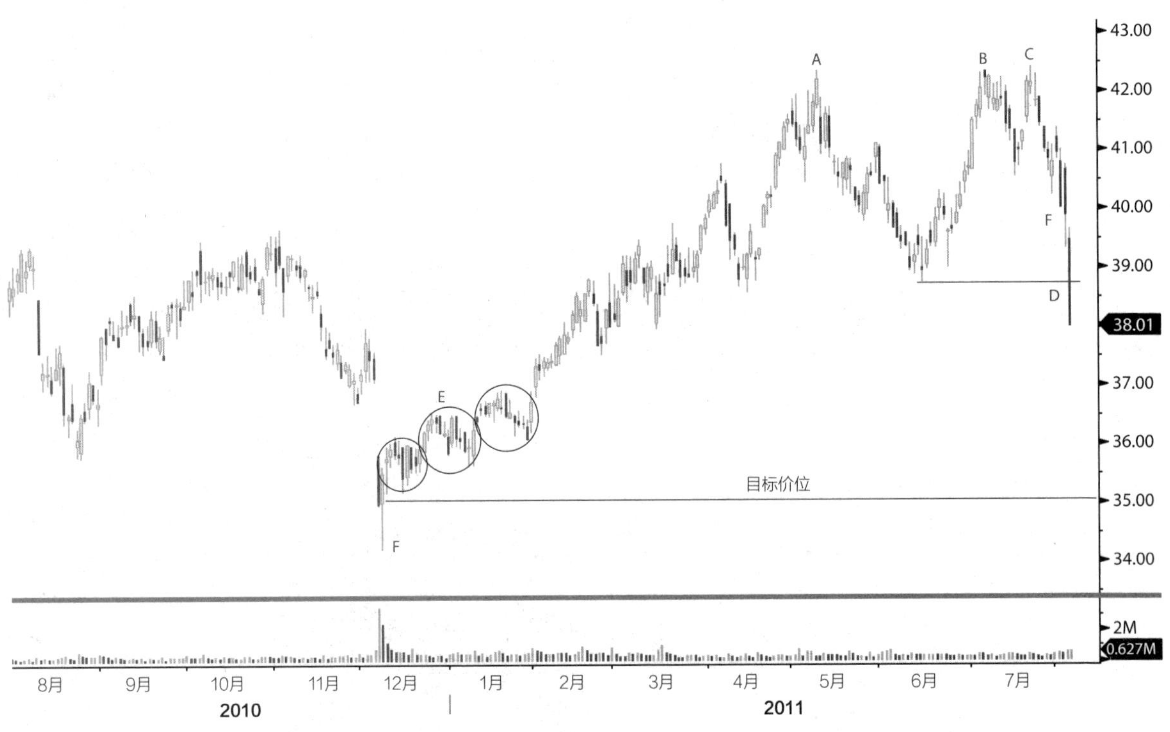

图 24.13 美股 AGL 能源公司

格突破下跌，于 D 点完成证明，向我们释放短期卖出信号。

◎卖出对称三角形

图 24.11 是一幅周线图。假设你是一名长线交易者，正持有该股。对称三角形突破下跌，于 A 点完成证明（或许图上看不太清楚）。

底部支撑线上，除对称三角形，还坐落着一个巨大的头肩顶。价格收在颈线下方，对头肩顶完成证明，同时意味着，该卖了。我没有把颈线画出来，但你应该可以猜到在哪。

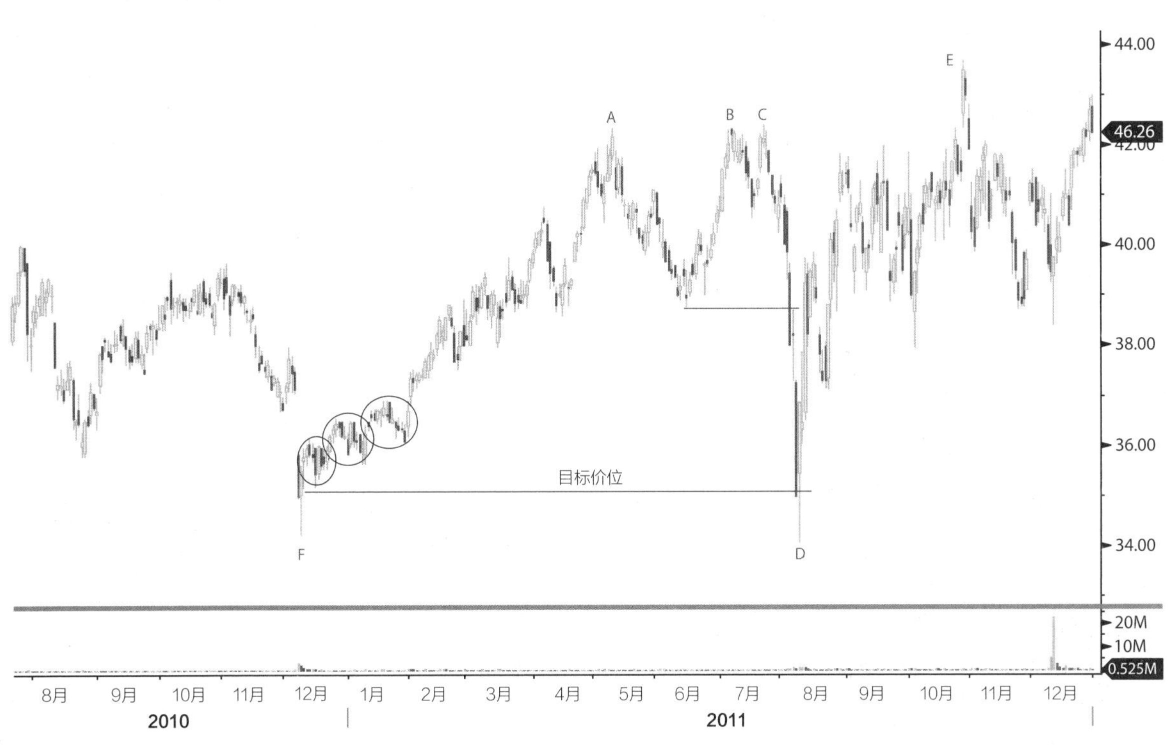

图 24.14 美股 AGL 能源公司

支撑线在早些年起上行阻力的作用。

从对称三角形和头肩顶的高度来看，一次大幅度下跌即将来临。

你会选择在此时抛出，还是像《龙卷风》（*Twister*）片尾部分海伦·亨特和比尔·帕克斯顿一样选择坚持呢？

图 24.12 揭晓该股的未来走势。

如我所说的那样，该股于 A 点突破下跌。几乎就在同时，价格直线下跌到 B 点，又迅速沉底至 C。这一轮振荡一直持续两年。

这是波段交易者喜欢的价格波动，只要持续时间不要太长……你可以在每个波段中低买高卖，只要时机把握得好，就可以大赚一笔。

对称三角形和头肩顶的测量规则都未能预估到价格的长远变化。从百分比看，预测结果似乎差得太多（差距 20% ~ 30%）。

◎卖出三重顶

图 24.13 给出一个三重顶。假设你正持有该股票，那么你应该何时卖出呢？价格会继续下跌吗？

顶点 ABC 形成一个三重顶，尽管三个顶点价位没有完全落在同一价位。价格收在线条下方的 D 点，完成证明。

值得注意的是，该公司在 F 点发布了盈利报告，正值突破前一日。从随后的价格走势来看，市场并不乐意听到这消息，因为该股次日低收，形成一个秃蜡烛。52%的秃蜡烛起到中继形态的作用，所以价格还有可能反转。

测量规则依然是用突破价位减去形态高度。在本例中，形态最高波峰（C 点）为 42.40 美元，最低价位是 38.75 美元，所以形态高度是 3.65 美元。用最低价位减去形态高度，得到目标价位 35.10 美元，如图所示。此时，我们可以知道，价格下跌 9.4%。当然，价格也可能跌得更低。

我用圆圈圈出的三个盘整区，透露出对下跌不屑一顾的“眼神”，全力支撑上升。在这三个盘整区和 D 点之间，我看不出有什么能阻挡股价下跌的力量。

那么，你决定好了吗？图 24.14 揭晓该股的未来走势。

依然是三重顶 ABC，于线条标示的价位得到证明。价格随后下跌形成 V 型，抵达目标价位后又继续下跌一小段。注意，圆圈标示的盘整区对下降趋势也无能为力。如果你选择继续持有该股，一周以后，价格回升至突破价位。如果你熬过这个大大的 V 型波谷，那就说明除颤器起作用。

这幅图显示盈利报告对股价图的影响，但这个例子不大寻常。市场显然并不乐意听到该公司发布的信息，所以股价直线下跌，凿出一个 V 形深谷。

不过，股价触底后却迅速反弹，于 E 点形成新高。D 点附近成交量随之上升，12 月时出现成交量巅峰。在本例中，测量规则成效显著，务必注意价格是如何回到发行价 F。

◎小结

总的来说，熊市股价形态大多是卖出信号，它们有些预示着灾难，有些没那么严重。那些把你吓退的形态，探底后迅即恢复上升，形成新高，可能会给你造成一种安全的错觉。下一次遇到类似的情况，你或许会选择不退出，而是继续持有，最后就只能眼睁睁地看着股价一跌再跌，损失50%以上。

但如果你遵守每一个卖出信号，你就能既给自己省钱，又让经纪人满意。尽管，这意味着你可能会错失一些获取额外收益的机会。

记住，就算下跌的股价反弹回升，你也可以重新买进。甚至，你还有机会在更低的价位买进。

在第25章，我们会讨论破裂股价形态。它们让我想起一个笑话，弄不坏的玩具可以用来弄坏其他的玩具。

自测题

回答下列问题：

1. 判断对错：对买进持有派来说，在盈利报告发布以前撤出总是明智的。

2. 如果你持有的某只股票出现下降三角形，且价格突破下跌。接下来你该怎么做？

A. 卖出。

B. 运用测量规则，来判断该下降趋势的严重程度。

C. 寻找底部支撑，来判断该下降趋势会在何时结束。

D. 当完成 B 和 C 后发现严重的下降趋势时，立即卖出。

3. 判断对错：如果一个头肩顶的颈线向上倾斜，那么价格收在颈线下方便是卖出信号。

4. 判断对错：如果一个头肩底的颈线向上倾斜，那么价格收在右腋窝上方是买入信号。

答案：1. 错误　2. D　3. 正确　4 . 正确

第25章
如何应对形态破裂

每个投资者都会出现选股失误的时候。即便是久经沙场的炒股大牛，也难以幸免。关键在于如何应对接下来的情况，这可以决定你是失败出局，还是30岁前退休。

如果形态突破上升的幅度不足10%就反弹下跌，并在形态下方收盘，就称为形态破裂。但如果严格按照这一标准，会错失许多价格波动。所以，在本章中，我们不妨暂且把股价图中的反转突破视作破裂形态。

◎破裂上升三角形

图25.1的上升三角形于A点突破上升。假设你在高于上趋势线1美分的价位上挂上买单，成交价为42.80美元。

价格在B点突破下跌，形态破裂的可能性很大。如果你持有该股，会立即卖出吗？

该形态最高波峰为42.79美元，最低波谷为38.39美元，那么，形态高度就是4.40美元，突破价位为41.48美元，得出目标价位为37.08美元，这与C点的发行价格相差无几。如果价格跌至目标价位，你的损失将达到13%。如果跌至发行价，那么损失将高达16%。

我把几个波谷连接起来，画出支撑线D，将来价格可能会在此反转。如果价格真的跌

图 25.1 美股 Avery Dennison 公司

至支撑线 D，那么你的损失将达到 22%。

图 25.2 揭晓该股接下来的价格走势。

该股价格跌至目标价位，而后在 C 点得到支撑，徘徊月余，然后向下跳空形成缺口。由于该公司经营不善，评级被下调，股价跌至 A 点，跌幅超过 13%。

该股最终在 23.51 美元探底，此时，比买入价下跌 45%。

◎破裂下降三角形

图 25.3 的下降三角形于 A 点突破上升。

图 25.2　美股 Avery Dennison 公司

价格回抽后持续走低，收在形态下方 B 点，形态破裂。连接前面的波谷做支撑线，注意波谷 C，它和三角形底部的价位一致。

实际上，三角形底部也属于支撑区域。当然，这些的意义并不大，因为价格于 B 点刺破支撑线，大幅下跌。

该公司的网站上也没有透露任何可以解释 A 和 B 之间价格波动的信息。

该三角形的高度约为 1 美元，所以目标价位与支撑线价位非常接近。如果我们在高于上趋势线 1 美分的价位挂买单，那么成交价约为 25.85 美元。如果该股最终跌破支撑

图 25.3 美股 Bristol-Myers Squibb 公司

线价位，那么将带来 6%的亏损。

该股在买入价位置的股息率为 5.1%。你会选择抛出还是继续持有呢？图 25.4 揭晓该股的未来走势。

即便是公用事业股，5%的股息也非常可观，比当时货币市场基金的 1%高太多。这种情况，就算该股跌至支撑线，也不过是盈亏相互抵消（见图 25.3）。

不过要拿到四个季度的分红，你必须持股一年以上。幸运的是，该股在刺破下趋势线的当日达到最低波谷后反弹回升，上涨 36%。

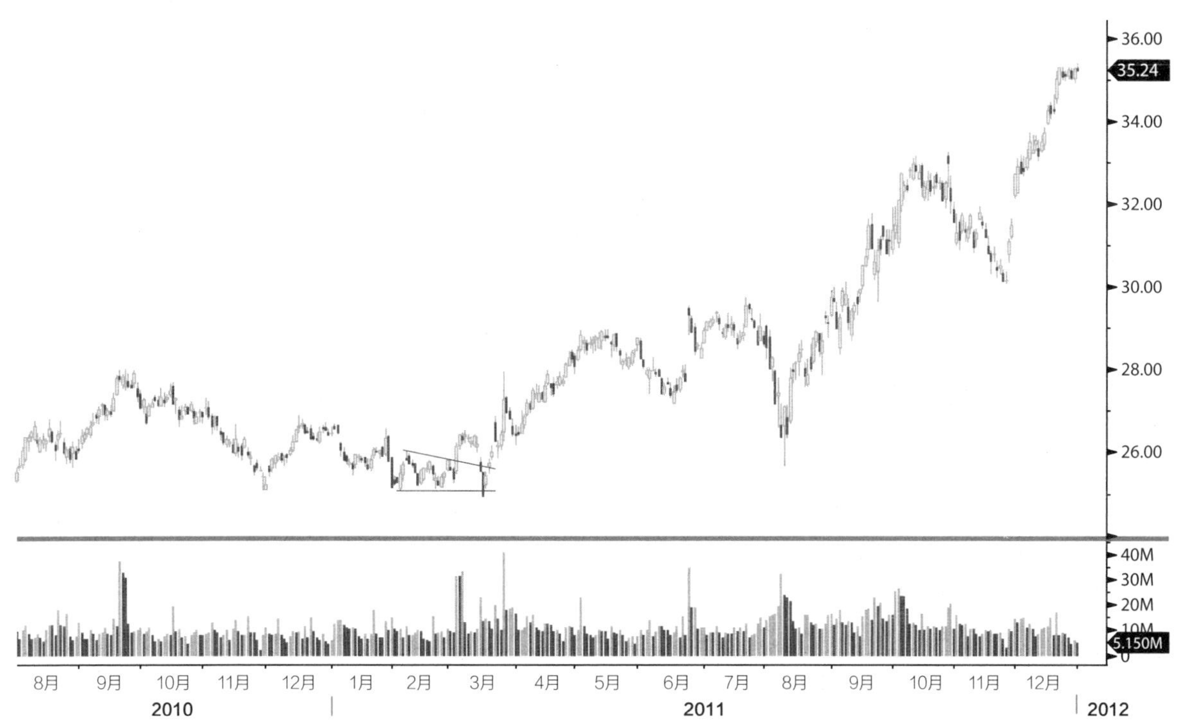

图 25.4 美股 Bristol-Myers Squibb 公司

◎破裂双底

图 25.5 中的双底不太容易辨识，我用 AB 表示，双底之间的波峰高出双底 10%，价格收在波峰上方的 C 点。这个双底出现在价格从双顶 FG 下跌之后。双顶 FG 收在 H 点下方的 D 点，证明该双顶有效。

如果测量规则对该双顶奏效，那么该股跌幅将达到 47%，达到 2009 年 8 月的缺口底部 I 的价位。太难以置信，这可是牛市。

该股向下跳空至 D 点，直冲向支撑线。该股跌回发行价 E，甚至更低也不无可能。

图 25.5 美股 Advanced Micro Devices 公司

或许我们可以这样说，该股下跌所欠缺的就是双底破裂。

假设你在高于突破价位 1 美分的位置挂上买单，那么你现在会抛出还是继续持有？

双底测量规则，即形态底部价位减去双底高度，得到目标价位，可用于预测下降趋势的严重程度。测量规则显示，股价将会达到支撑线，也就是说，较买入价，该股跌幅将达到 20%。目前该股已经下跌 13%。聪明的投资者会在最低波谷下方 1 美分处设置止损点，以避免过多的亏损，不过即便如此，也将亏损 11%。

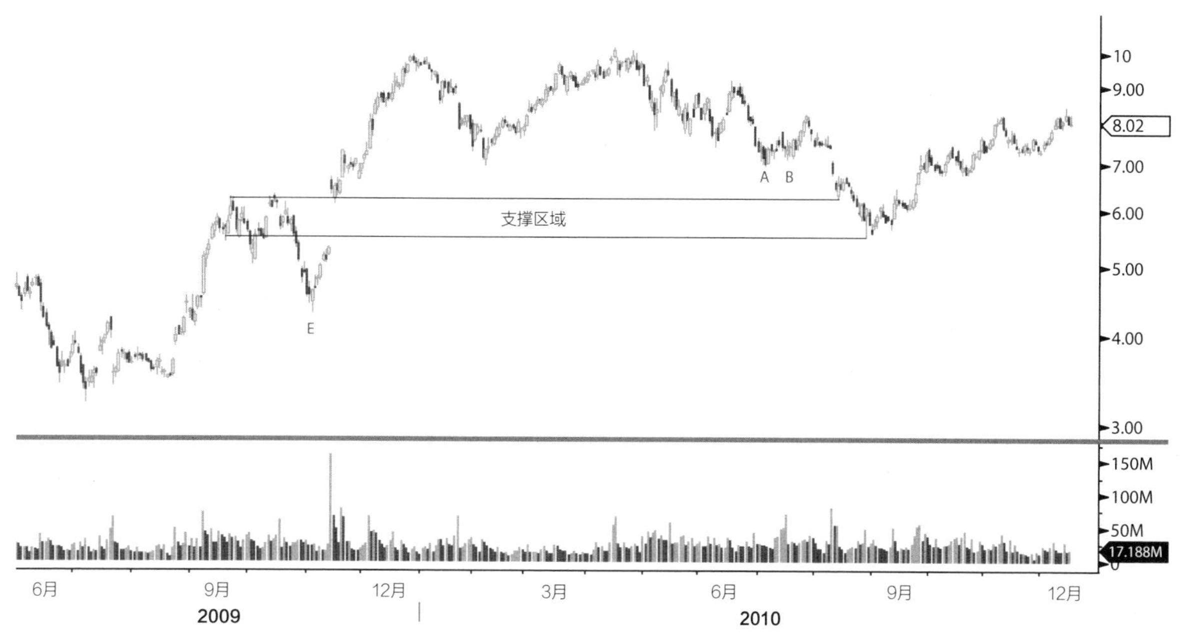

图 25.6　美股 Advanced Micro Devices 公司

图 25.6 揭晓该股的未来走势。

我曾经还担心该股会跌回 E 点价位，不过股价图显示，它在两条支撑线之间停住。第一条支撑线来自一个双顶，第二条趋势线来自几个价位相近的波谷。

跌幅看似不大，但是从百分比来看，却多达 29%。合理的做法应该是设置好止损点，待形态破裂时让系统自动抛出。

◎破裂头肩底

股价图 25.7 给出一个已经完成证明的头

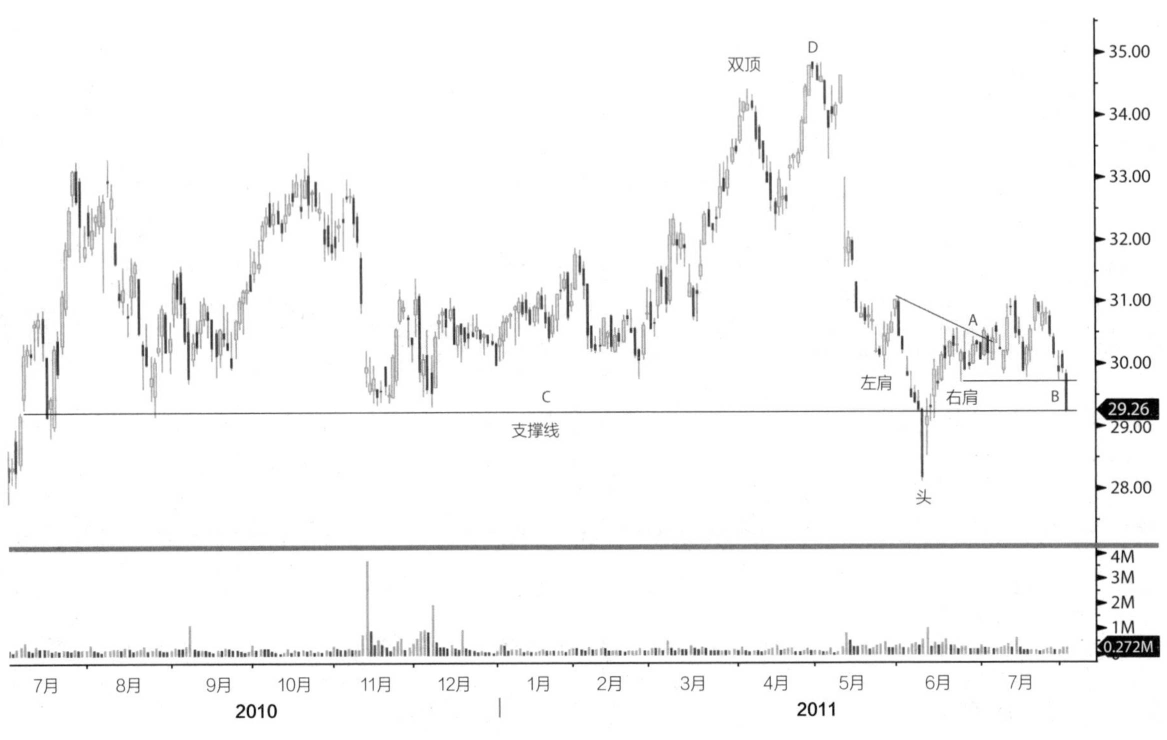

图 25.7 美股 Black Hills 公司

肩底，价格收在颈线上方 A 处。这个头肩和我们平常看到的不太一样。它的颈部特别长，也就是说，它的头部与两肩的价差很大，这让我想到婴儿的奶嘴。

价格从 A、B 之间松散的盘整区（前半部分很像喇叭顶）突破，收在右肩下方（B 点附近），也就是支撑线 C 的价位。

我们看看自顶点 D 开始的强劲下降趋势（一个形状怪异的双顶的一部分）。头肩的反转表明，该股已经超卖。可是图中显示，此次的下降趋势还远没有结束。

考虑到该形态已经突破下跌，我担心价

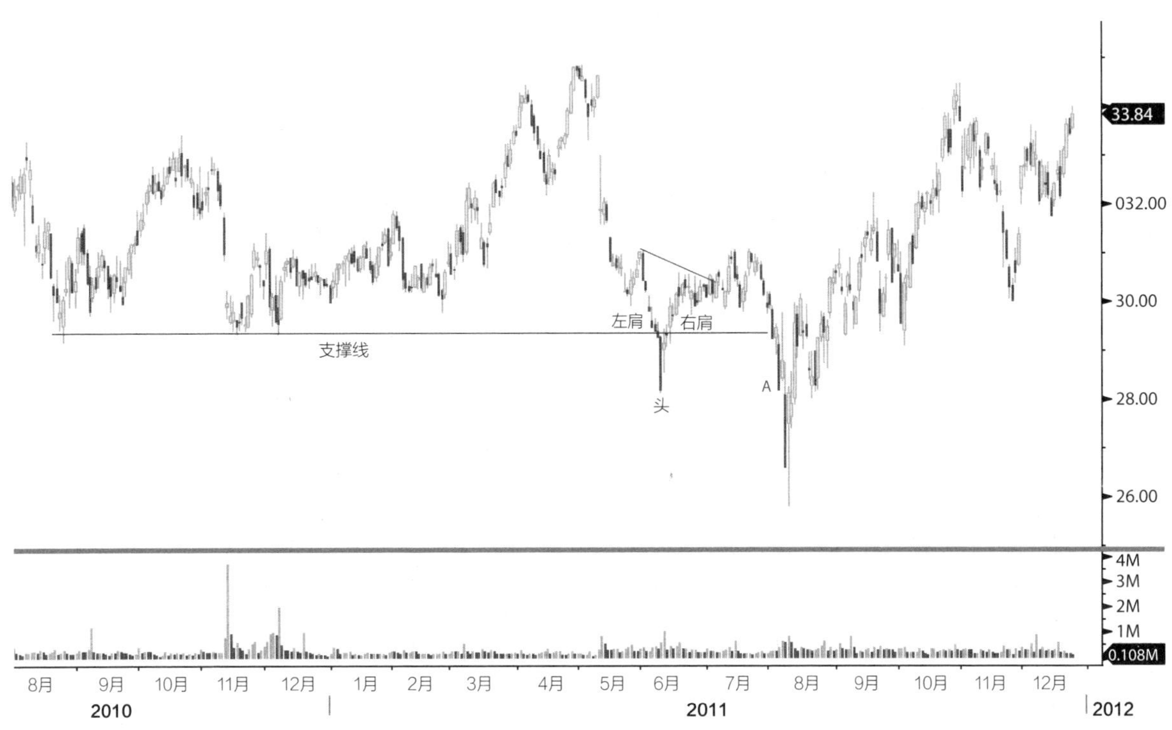

图 25.8 美股 Black Hills 公司

格或许形成一个与头部波谷相呼应的双底。那意味着 7%的跌幅。

图上显示，C 线的支撑力度较强，但 C 线下方鲜有价格波动。长期股价图（未显示）上，头部波谷及 2010 年早期形成的下降三角形底部也提供支撑力量。

这是只公用事业股，而不是什么互联网行业的黑马，所以分红也无力改变下降趋势。但是，头部的形成并非因为卖空者吸得太厉害，而是因为该公司将预期利润削减 20%。

如果你持有该股，你会选择抛出还是继续持有呢。图 25.8 揭晓该股的未来走势。

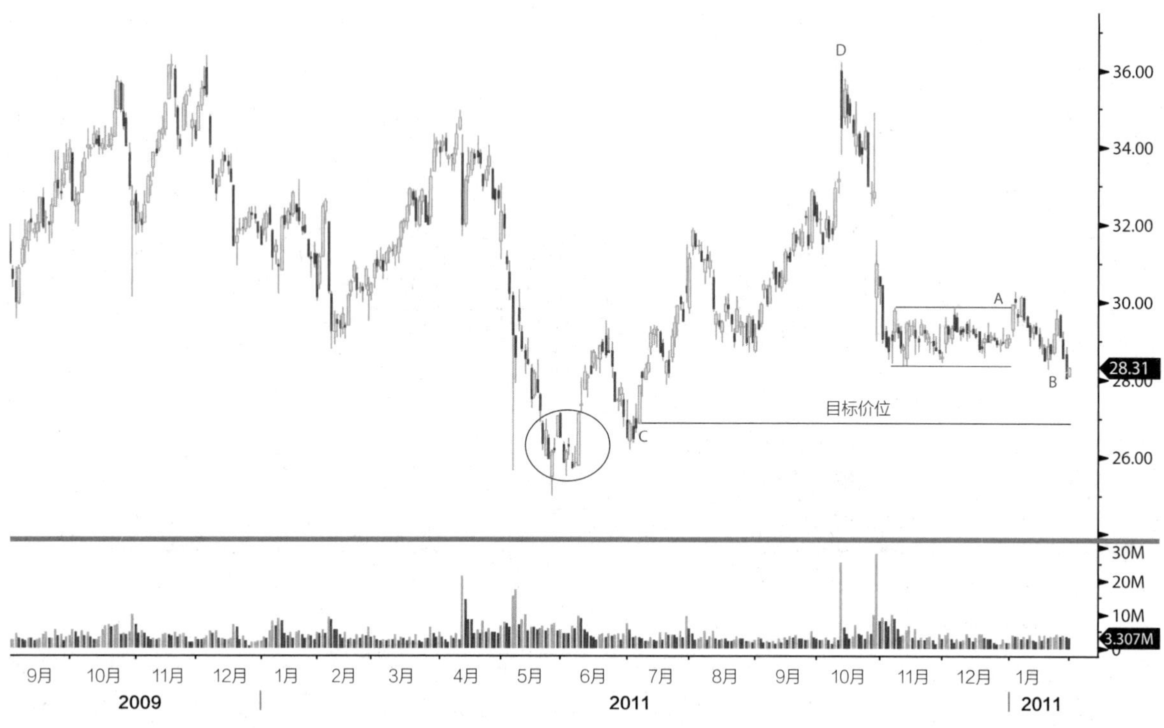

图 25.9 美股 Avon Products 公司

该股探底，形成一个 V 形，随后在我前文提到的下降三角形底部得到支撑。

我有预感，该股会形成双底，所以我在 28.25 美元处挂上买单，并在 A 点成交。这与该日波谷仅相差 4 美分而已，意味着我能拿到 5%的收益。

◎破裂矩形

图 25.9 中的矩形底是一个反转形态，尽管反转趋势仅仅持续几天。股票价格于 A 点突破上升，随后收在矩形下方的 B 点，矩形破裂。

图 25.10 美股 Avon Products 公司

该矩形的高度约为 1.50 美元，根据测量规则，它的目标价位为 26.90 美元，也就是低于买入价 29.85 美元（高于矩形顶部 1 美分）10%的位置。目标价位距离支撑线 C 很近，离圆圈所示的松散盘整区也不远。它们都可以对下降趋势起到支撑作用。

如果该矩形是一个半旗，那么矩形之后极有可能再现 D 点至矩形底部这段下降趋势，这样一来价格将会跌破 22 美元，跌幅多达 27%。这是最糟的情况。你应该要避开这种类型的下跌，其实，为何不直接选择上升的股票呢？

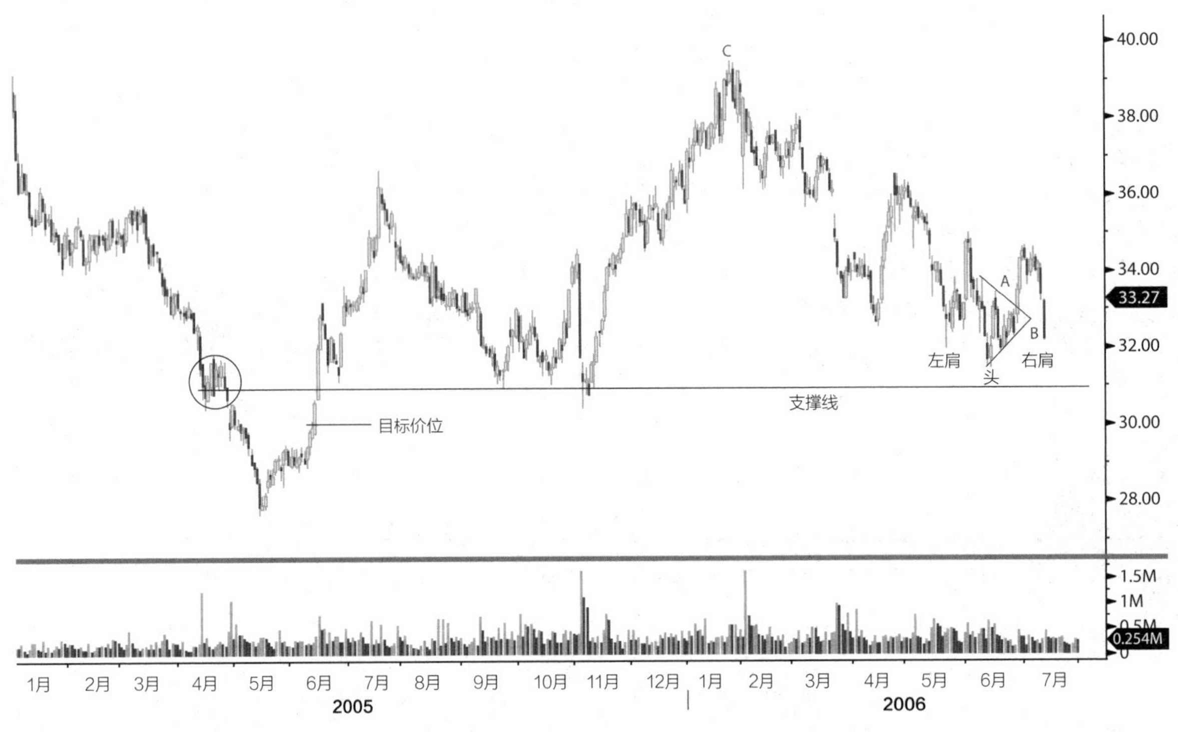

图 25.11　美股 Cabot 公司

假设，你在矩形价格突破上升时买进，如今你会选择抛出还是继续持有呢？

图 25.10 揭晓该股的未来走势。

股价在目标价位、支撑线 C，以及松散盘整区附近得到支撑，持续数月。D 点位置，该公司发布盈利报告。次日（E 点），一证券经纪公司调高该股评级，结果却让人大失所望。F 点位置，另一家证券公司也将该股评级调高。G 点位置，该公司发布盈利报告，真可谓雪上加霜。该股随后直线下跌，于 16.09 美元处探底，仿佛要钻进地心。至此，价格跌幅达 46%。当初果断抛出才是明智之选。

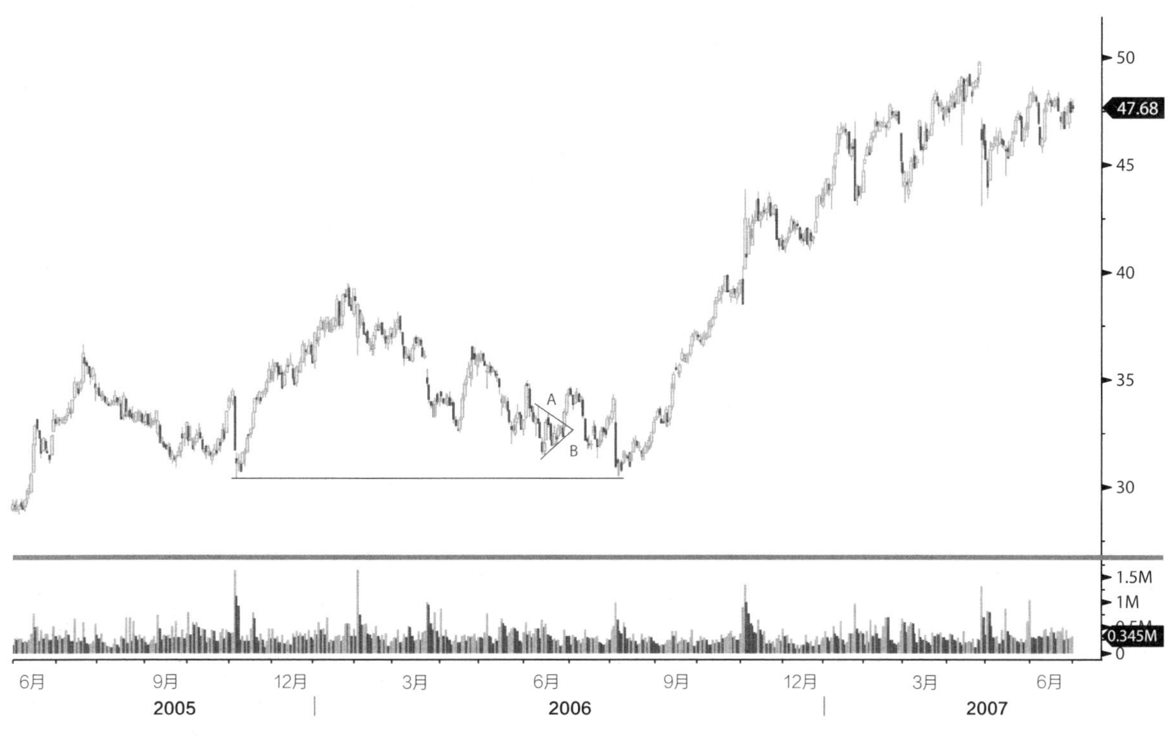

图 25.12　美股 Cabot 公司

◎破裂对称三角形

图 25.11 展示的是喜欢抄底的投资者面临的难题。价格自 39.50 美元（C 点）开始下跌，于对称三角形 31.49 美元处达到最低点，整体跌幅为 20%。

随后，三角形于 A 点突破上升，此时是否应该卖出呢？明显不妥，因为三角形顶点下方出现回抽 B，使得该形态看来更像一个反转的头肩底。

支撑线从左侧的圆圈区域开始，在右行过程中，与几个波谷相接或近似相接。如果价格

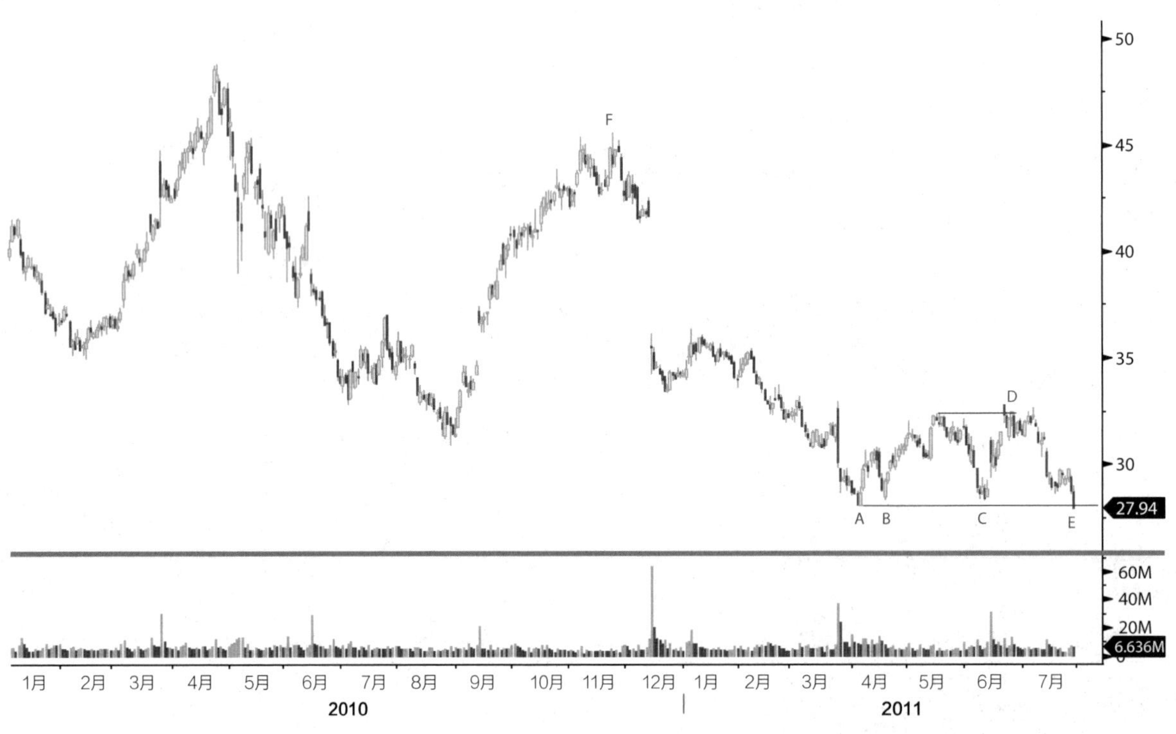

图 25.13　美股 Best Buy Co 公司

抵达支撑线价位，则意味着较买入价 33 美元（三角形突破口上方 1 美分价位），有 6%的跌幅。

对称三角形的测量规则是，用下跌突破价位减去形态高度得到目标价位。但是本例的三角形突破上升，所以我们采用最接近突破口（32.30 美元）的下趋势线触点的价位，得到高度为 2.32 美元，目标价位约为 30 美元。这个目标价位意味着，跌幅将达到 9%。

你会选择卖出还是继续持有呢？图 25.12 揭晓该股的未来走势。该股下跌 8%后便受到支撑，恢复上升，随后股价一路飙升乘势而上。

图 25.14 美股 Best Buy Co 公司

◎破裂三重底

图 25.13 中的情形与上一例类似。价格从顶点 F 的 45.63 美元跌至 E 点的 27.92 美元，跌幅达到 39%。三重底象征买入机会，要抓住最高波峰上方 1 美分的 D 点 32.41 美元买进。

有人走漏风声，让该股一路下跌至 E 点。如果你在三重底底部的下方设置止损单，那么你会被动止损出局。可如果你忘记设置止损点，等着你的将是 14%的亏损。

该股会跌到什么程度呢？价格正创数年来的新低，所以不存在可能起作用的支撑区域。

我们只能参考测量规则。用三重底底部价位减去三重底的高度，得到目标价位 23.78 美元。相较买入价，跌幅达到 27%。目前你的钱包已经缩水 14%。如果从 F 点计算，该股已经下跌 39%。要是从 4 月的波峰计算，跌幅更大。

该股究竟会下跌多少？也许可以试着低位补仓，以降低平均购买成本。你会选择抛出、继续持有，还是低位补仓呢？

图 25.14 揭晓了答案。该股持续下跌，在 F 点探底，相较买入价，跌幅达到 33%。它在 2012 年 3 月回升至 28 美元，但在当年 5 月再次下跌至 18 美元。

◎小结

对本章的每一幅股价图来说，在低于形态 1 美分处设置止损点或许会让你损失不少，但可以帮你避免此后亏损得更惨痛。除了 Bristol-Myers 公司和 Cabot Corp 公司，其他五只股票都跌得非常离谱。换句话说，如果遭遇形态破裂，多数情况会以强劲下跌收场，所以及时抛出是上策。

在第 26 章中，我们将讨论在三角形顶点处的抛出。我要介绍的方法特别适合日内交易者和波段交易者。

自测题

回答下列问题：

1.“随趋势进行交易”，这句话是什么意思？

A. 牛市时，不要卖空。

B. 熊市时，不要买股。

C. 如果市场整体形势大好，不要卖空。

D. 以上都对。

2. 判断对错：形态高度乘以测量规则的准确率可以得到更准确的目标价位。

3. 判断对错：破裂形态卖出信号，是指这个信号不起作用。

答案：1. C　2. 正确　3. 错误

第26章 三角形顶点处的交易机会

本章讨论三角形顶点的卖出信号。尽管这个方法我在本书中已经多次提及，我还是希望再花一些篇幅来讨论。

对任意三角形，不管是上升三角形、下降三角形，还是对称三角形，顶点都标志着价格趋势的改变。三角形顶点，指的就是上下趋势线的交会点。图 26.1 给出几个例子。

我们先看股价图中央的下降三角形 A。我在三角形顶点的正上方画一条线，与股价交于 A 点，而 A 点恰好是一个次高点，即短期转折点。

左侧的下降三角形B在预测转折点方面，不如下降三角形 A 准确。其顶点正上方的 B 点并不是转折点，但也相差不大。距离线条几天的位置就有一个次低点。此例中，价格未能恰好在顶点处发生转折，不过也算相当接近。

上升三角形 C 的表现也不错，不过因为在盘整区，有些难以辨认。其顶点与次低点距离不到一天。

◎顶点位置测量

我选取 1991 年 7 月至 1996 年 7 月间含有三角形的 500 只股票，对比该期间的所有次高点、次低点与三角形顶点之间的距离。

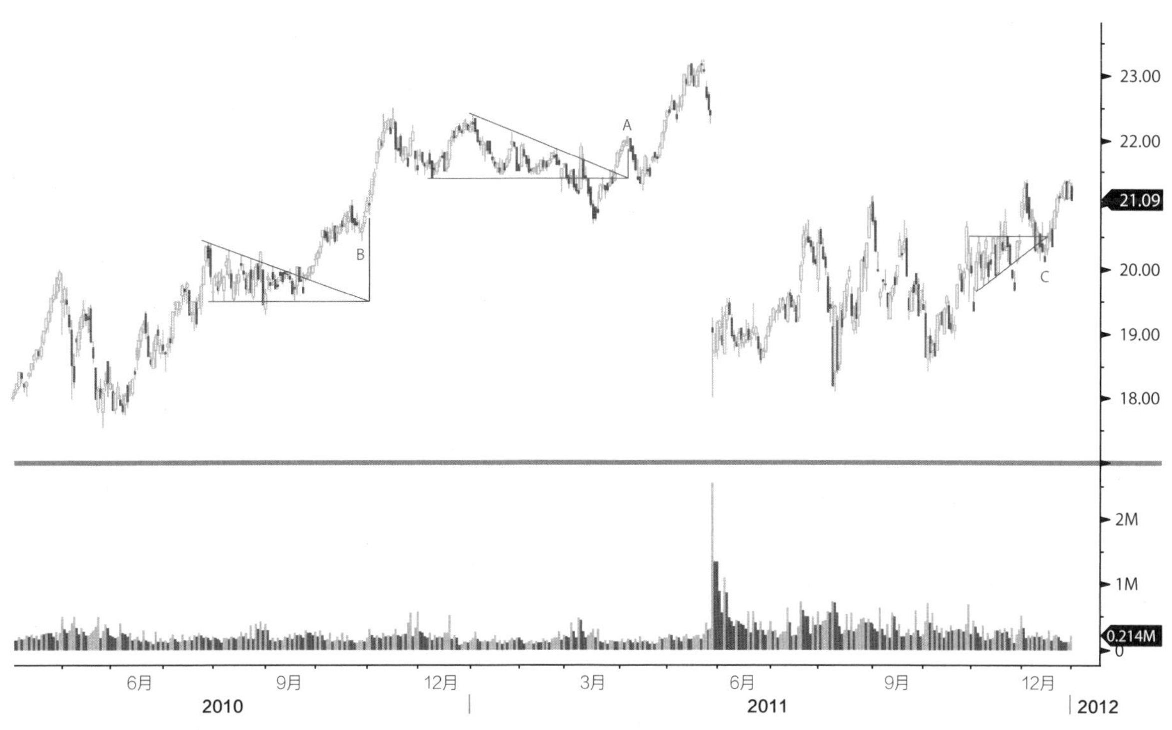

图 26.1　美股 Empire District Electric Co/The 公司

我发现，三角形顶点与次高点、次低点的平均距离是 3.6 天。以三角形顶点两侧一个月数据量为基准，发现次高点或次低点之间的平均距离是 13.1 天。所以如果三角形顶点落在这些次高点或次低点之间，那么它与次高点、次低点的平均距离就是 6.55 天。

三角形顶点应当比所得的平均值要近一些，事实也确实如此：3.6 天 ： 6.55 天。善用顶点的转折意义，可比你靠运气瞎猜好很多。我还做过两项测试，一项是用肉眼比较三角形顶点和距离几天之内的次高点、次低点，并计算这个方法的成功率，所得结

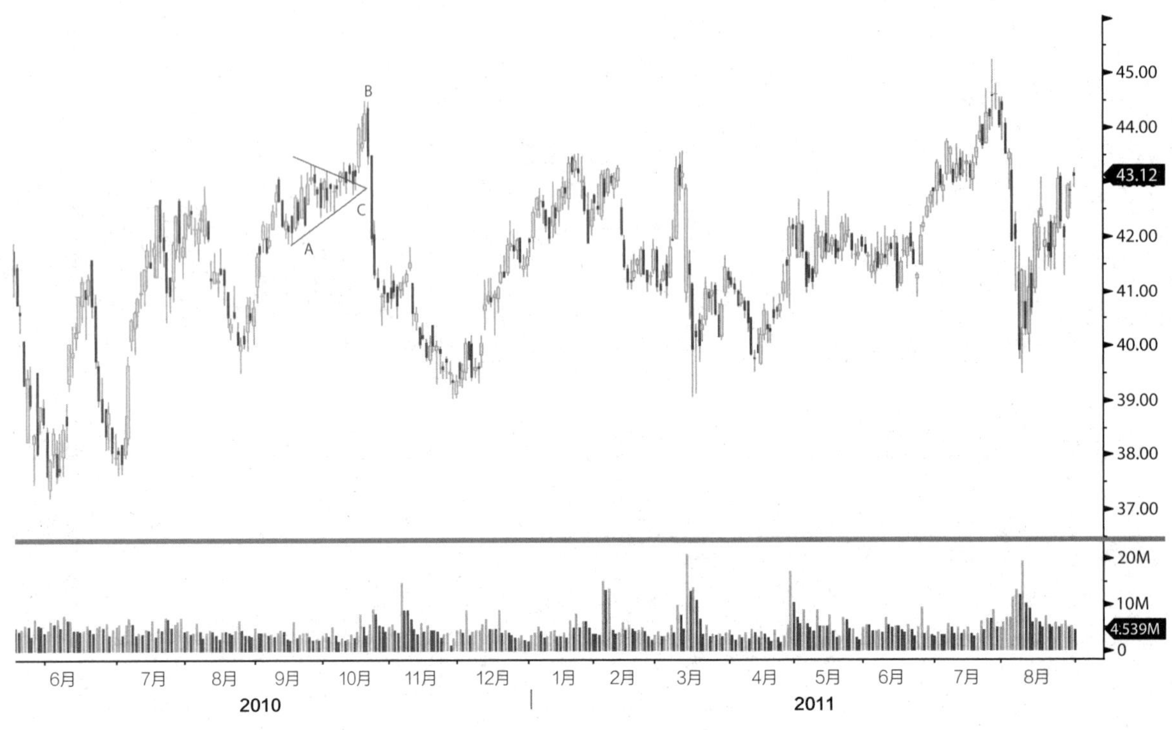

图 26.2 美股 Exelon 公司

果为 75%（221 个三角形中成功了 165 个）。

另外一项测试的三角形是由计算机画的（精准度稍差），成功率为 60%（239 个三角形中成功了 144 个）。这两项测试用到的都是 2006 年 10 月到 2008 年 1 月之间的数据。也就是说这个方法的成功率至少为 60%。

◎三角形顶点处的交易策略

交易示例请看图 26.2。

对称三角形 A 上下趋势线交会于顶点 C。顶点 C 正上方是一个重要转折点 B 点。

不管你选择分时图还是月线图，只要你

看到三角形顶点与价格在一条垂直线上，就意味着这可能是一个赚钱的好时机。本例用的是日线图。三角形顶点指出如此大转变的情况非常罕见。记住，价格转折一般出现在三角形顶点前后四天。如果你是短线投资者，比如日内交易者或波段交易者，这个用肉眼判断的技巧，就可以帮你判定何时该抛出。

在决定利用三角形进行交易前，先观察一下这个技巧是否可以应用到该股历史上已经出现过的三角形。

试着找出本书中的所有三角形，看看其顶点与附近价格转折点的关系。这个技巧有用吗？如果有用，它指出的转折意义有多大？

自测题

回答下列问题：

1. 三角形顶点的意义是什么？

A. 是三角形的起点。　　B. 是三角形的终点。　　C. 是趋势线的交会点。

2. 判断对错：三角形顶点出现的日期，往往对应着未来价格发生转折的日期。

3. 判断对错：上升三角形和下降三角形都有且仅有一条水平趋势线，而对称三角形没有水平趋势线。

答案：1. C　2. 正确　3. 正确

第27章 捕捉趋势线释放的警示信号

趋势线是一种神奇的交易辅助工具。本章介绍如何识别上倾趋势线释放的卖出信号，以及相关交易技巧。

本书出现的所有股价形态，都被我用趋势线勾勒出轮廓。本章出现的趋势线，不再简单地只是标注形态，而是作为一种交易辅助工具，提高我们对趋势变化的警惕，并指导我们卖出。我们的任务就是，判断它们释放的卖出信号究竟有多重要。

我们已经在第 3 章讨论趋势线的画法、股价图刻度（对数坐标线和线性坐标系）、三种趋势线（内部趋势线、外部趋势线、弯曲趋势线）及使用技巧。

图 27.1 向我们展现趋势线卖出信号的强大之处。2011 年，价格走势有些吓人。想象一下，在 B 点买入该股，眼看着价格涨到 D 点，然后一路狂跌至 8 月的次低点，跌破买入价。不知道你有没有买过这样的股票，反正我是已经买过。要避免这种情况，就需要求助于趋势线。

我从 B 点开始画趋势线，画过 A 点，这样趋势线与价格更吻合。

C 点，该公司发布盈利报告。市场反响不佳，股价开始下跌。持续一周，价格迅速反弹。

D 点，该公司因为 2004 年的兼并诉讼，花费 3 900 万美元。这一消息成为股票一路下跌的导火索。

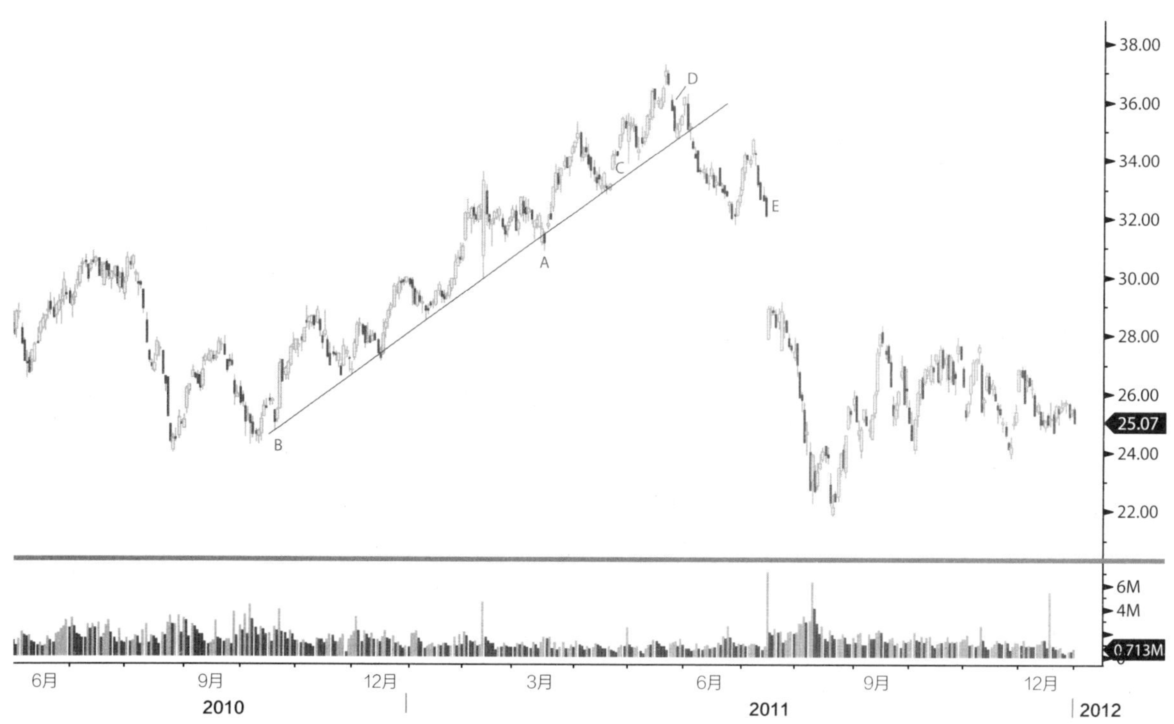

图 27.1　美股 FLIR Systems 公司

价格收在趋势线的下方，这是明显的卖出信号。E 点处，该公司抱怨政府需求过低，引发新一轮猛烈下跌。至 2011 年 8 月中旬该股已跌至 21.86 美元，与 E 点相较，跌幅已达 32%。即便你没有及时捕捉到卖出信号，你也依然可以通过抛出为自己挽回损失。

◎上倾趋势线

图 27.2 中有好几条可以用作卖出信号的趋势线。这是一幅周线图。使用趋势线作为交易辅助工具时，若是切换到间隔周期更长的走势图，可以更直观，因为这会迫使你忽

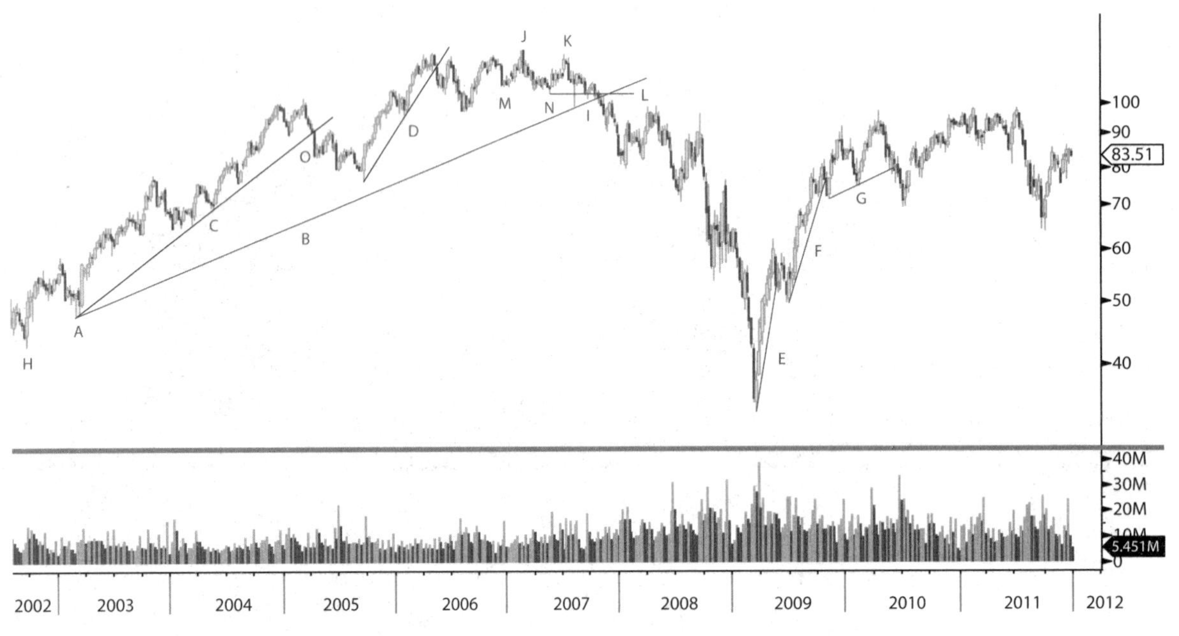

图 27.2　美股 FedEx 公司

略市场短期的波动，把注意力集中在长期趋势发展上。

比如，如果你是个习惯用日线图的日内交易者，总是使用日线图的日终数据，那就切换到周线图。

◎三角形的下趋势线

图 27.3 中的线 A 与上升三角形的下趋势线平行。实际上，这两条线应当重合在一起，但我为看图清晰就画成平行线。当价格收在该线下方时，就该抛出。

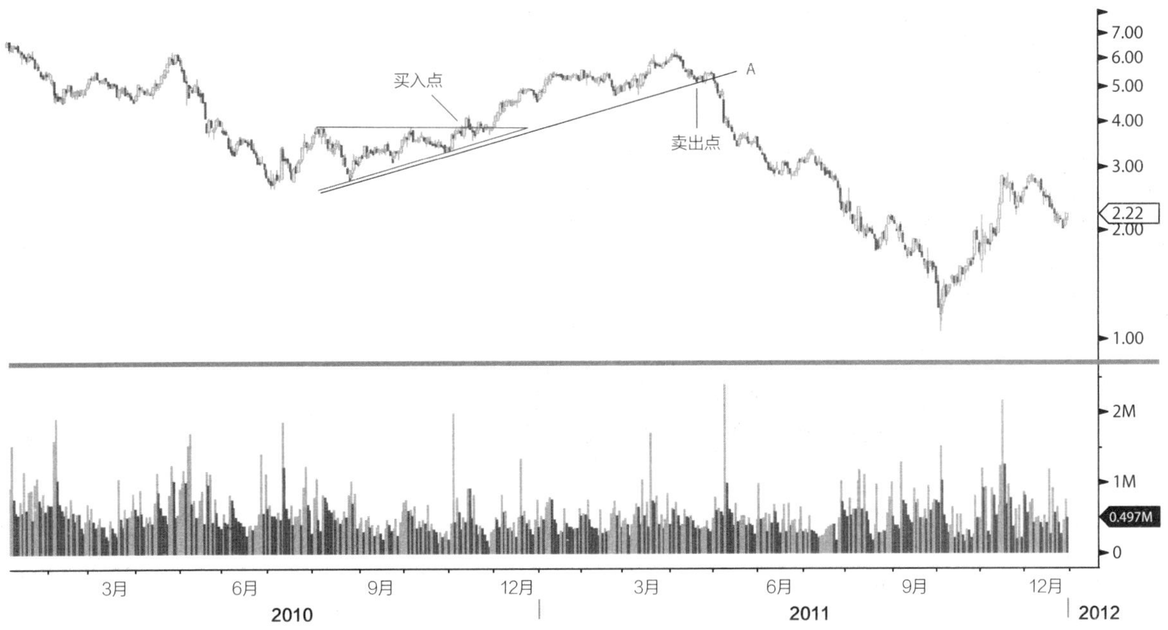

图 27.3　美股 Headwaters 公司

你可以在头一两个月，设置止损点。如果价格形成趋势，等到价格收在趋势线下方的时候，就是一个抛出的信号。

在本例中，买进价格是 3.90 美元，卖出信号出现于 5.31 美元（价格收在趋势线下方之后，次日的开盘价）处，总收益 36%。

这一技巧，对追求长期收益的投资者很有帮助。当价格形成趋势，且价格可以在趋势线上方保持几个月时，这个技巧尤其适用。

自测题

回答下列问题：

1. 用趋势线交易时，为何要切换到间隔周期更长的股价图界面？

A. 长期股价图更可靠。

B. 长期股价图可以让我们更好地观察价格趋势。

C. 你可以看到过去的趋势线如何发挥作用

D. 以上都对。

E.A 和 B。

2. 判断对错：在上行价格趋势中，仅当价格形成第一个次高点和次低点时，价格趋势才会发生改变。

3. 判断对错：延伸三角形的趋势线，可以对未来的价格起支撑或阻力作用。

答案：1. D　2. 错误　3. 正确

第28章
波段交易规则

如果你是波段交易者，那么本章的波段交易规则就是为你量身定做。在上升趋势中，波段交易规则可以帮助你预测股价将于何时形成波峰，准确率高达80%。

波段交易规则是我读史丹·温斯坦所著的《笑傲牛熊》时的发现。本章将会详细介绍这种技巧及其测试结果。

图28.1揭示波段交易规则背后的原理。在上升趋势中，价格不断升高、回落，升高、回落。波段交易规则可以帮助你预测价格的上升空间。

根据波段交易规则，价格从波峰1至波谷2的跌幅，应与波峰1到波峰3的涨幅相当。换句话说，X与Y的高度应该相等。

接下来，我们借助股价图来看一下这个规则是否有效。波峰A点的价位是29.17美元，波谷B点的价位是25.02美元，因此AB高差为4.15美元。

A点价位加上AB高差，即可得到目标价位，33.32美元。波峰C点价位是32.83美元，与波段规则所预测的目标价位仅有49美分之差。

我们再来看看其他例子。从波峰C点32.83美元到波谷D点23.72美元的价差是9.11美元。将该价差加到C点价位上，即得到目标价位41.94美元。而波峰E点确实达到44.58美元。

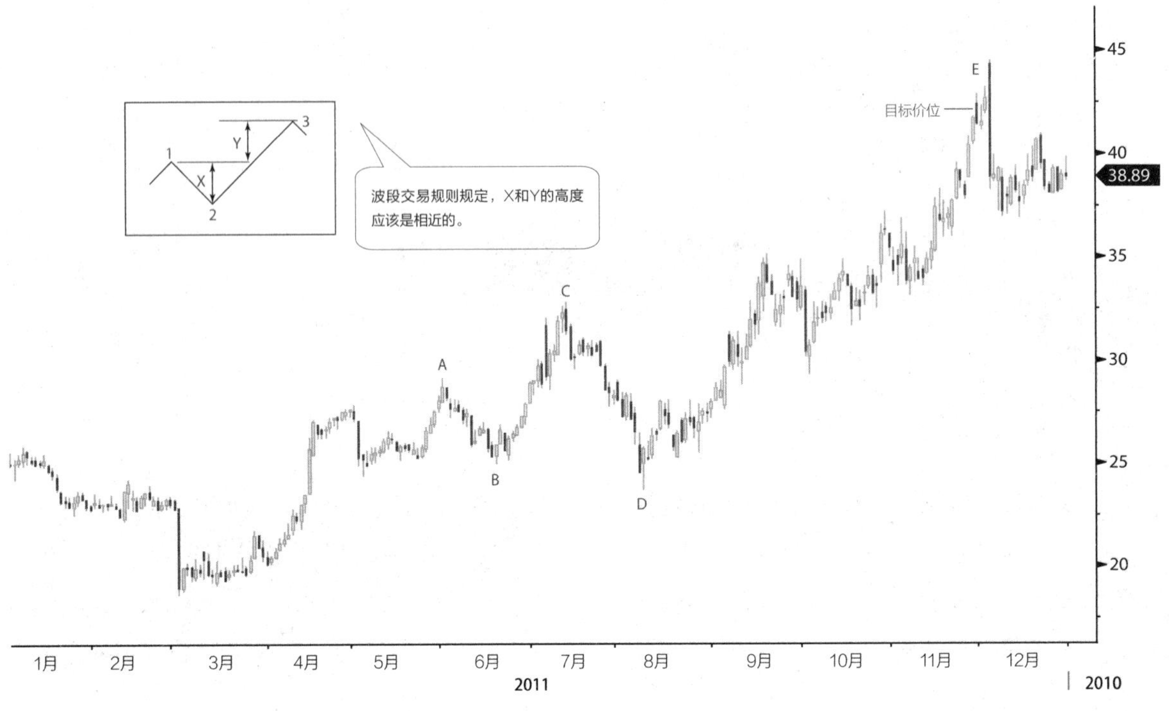

图 28.1 美股 Hi-Tech Pharmacal 公司

◎在下降趋势中应用波段交易规则

图 28.2 揭示波段交易规则应用到下降趋势中的规则。

插图显示，价格从波谷 1 涨到波峰 2，然后从波峰 2 跌到波谷 3。其中 X 与 Y 的高度应该相等。具体如图所示，A 点（45.26 美元）到 B 点（60.44 美元）的高度为 15.18 美元。

用 A 点价位减去 AB 高度，得到的目标价位是 30.08 美元。而波谷 C 点的价位是 30.24 美元，与我们的预测结果仅差 16 美分。

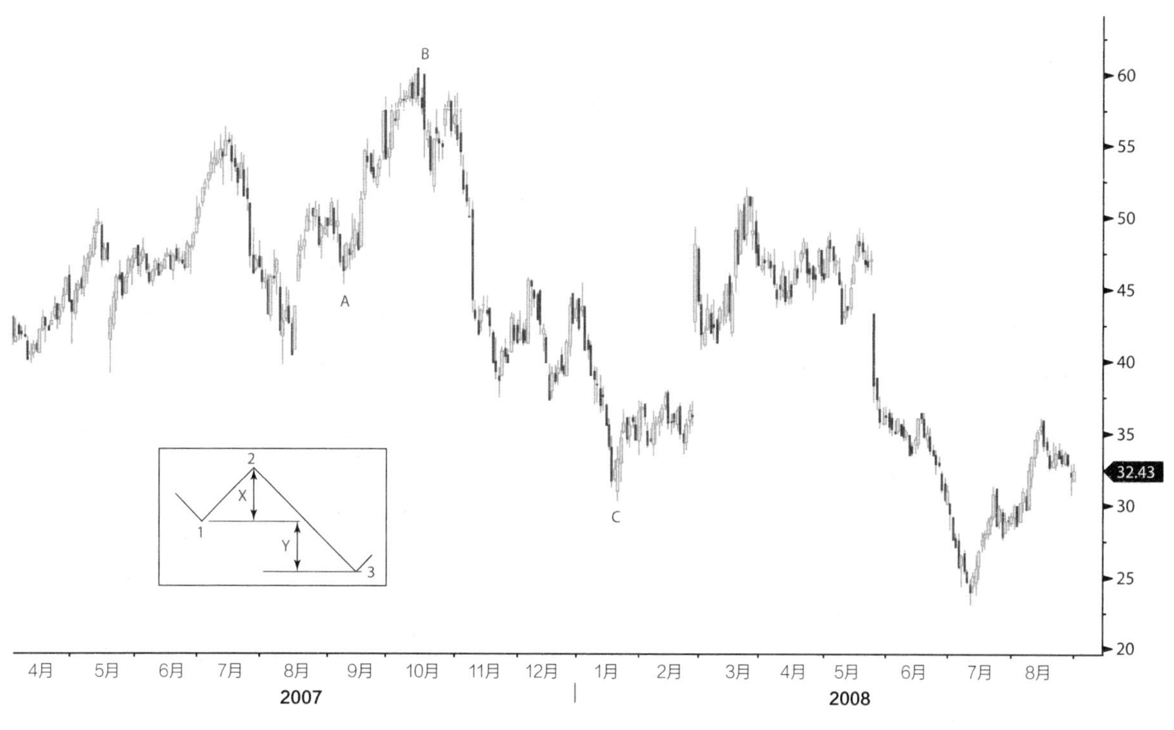

图 28.2　美股 Hurco Cos 公司

◎波段交易规则的有效性评估

波段交易规则的准确率有多高？我选取2000 年 3 月到 2011 年 5 月熊市开始后，925 只股票的数据，其中包含 32 042 个上升趋势样本。

上升趋势中，80%的情况下，预测目标价位与实际价位的误差在 ±5%。比起大幅下跌，10%以内的下跌，预测结果更准确，准确率高达 86%。

而下降趋势中，共有 24 620 个样本。在牛市，预测目标价位与实际价位误差在 ±5% 的结果占 67%。而在不足 10%小幅波段中，预测结果的准确率达到 78%。

自测题

判断下列表述是否正确：

1. 波段交易规则仅对小幅波段起作用。

2. 除应用对象不同，波段交易规则与测量规则一模一样。

3. 波段交易规则可以用于预测价格转折点。

答案：1. 错误　2. 错误　3. 正确

第29章 两类典型交易策略

我们从趋势线、缺口、回抽、支撑线与阻力线等基本知识入手，学习如何辨识股价形态。根据形态形状，可将其分为趋势线形态和鼓包形态。

接下来，我们还讨论买进信号和卖出信号，这也正是股价形态的优势所在。形态每一次突破，都意味着一次交易机会：或者低买高卖大赚一笔，或者股价大幅下跌之前止损撤出。

用股价形态进行交易不难，但要想盈利就没那么容易。股价形态只在市场已经形成趋势时才起作用。如果股价横向发展，要么是这个行业正一头栽向南墙，要么是大盘整体正驶向臭水沟，你所有的盈利幻想都将灰飞烟灭。

本书介绍很多知识和技巧，但是读者千万不要盲目运用，而是应该将其与个人需求、交易风格结合起来，融会贯通，再应用到股市。养成跟踪记录的习惯，从失误中学习，从成功中总结经验。一段时间后，你会发现你的资产负债表已经由红变绿。

结束本书前，我再分享一种新的交易策略。

◎在看涨形态买进

图 29.1 展示我操作过的两次交易。第一次是左侧的喇叭底 A。我们虽然没有具体讨论过这种形态，但这无关大局。喇叭底受两条趋

图 29.1 美股西南航空公司

势线限制，上趋势线向上倾斜，经过数个波峰；下趋势线向下倾斜，经过数个波谷。

价格从下趋势线弹开后的第三天，我于 A 点入手该股。我的笔记本上写着这样几句话："西南航空现在很便宜，而且在这个价位有支撑。石油价格居高不下，所以燃料成本将继续受到影响。同时利率也在上升，有望在下周三的联邦公开市场委员会的会议上再涨 1 ~ 4 个点。"

我那时认为，该股的价格非常适合加仓。但考虑到当时大盘行情比较低迷，我也在担心该股会跌破形态下趋势线。

风向利好，西南航空乘着热气流一飞冲天。

至2000年4月，风向一变，吹出一个下降三角形。

◎在看跌形态卖出

下降三角形这种形态我们在前文已经讨论很多。大部分下降三角形都突破下跌，这让我很担忧。从这个形态的大小来看，测量规则预测将会迎来15%的跌幅。

我的笔记本上记着这样一段话："我已经清仓，因为它已跌破下降三角形的支撑线。利率还是很高，甚至还有上涨空间。这只股看来已涨到头，虽然它已上涨近1美元。"

在这次交易中，包括红利在内，我的收益达到27%。正如股价图所示，西南航空攀至新高，我只能从机场"望股兴叹"。不过，它也同样可能跌回我的买进价A，甚至更低。

我的交易计划告诉我，一旦股价收在股价形态下方就立即抛出。我也正是这么做。

◎交易策略小结

表面来看，这两次交易并没有什么特别。我在一个看涨的股价形态突破后买进，又在另一个看跌的股价形态突破后卖出。

那么，以此为基础总结出的交易策略可行吗？冰上一瓶你最爱的香槟，听我细细道来，我如何对这套策略进行测试。

我选取1991年到1996年中的500只股作为数据库，对我这套策略进行测试。我花费大量精力来进行股价形态的辨识和归类。其中，我用到的计算机模拟系统已经在本书前文有所涉及。

交易策略如下：

1. 股价形态上升突破时买进。
2. 入手后，在低于股价形态1美分的价位设置止损点。
3. 当价格从另一股价形态突破下跌，或达到止损点时，卖出。

我测试17种股价形态。买进形态排除了上升三角形和对称三角形，因为这两种形态作为买进信号时的表现总是不如人意。但是，这两种形态可以用作卖出信号。

经过测试的股价形态有：

上升三角形、对称三角形（仅作为卖出信号）

下降三角形

双顶与双底的八种 Adam 和 Eve 组合

头肩顶、头肩底

矩形顶、矩形底

三重顶、三重底

测试过程中，我没有随着价格上涨上调止损点，而是任由价格在两个股价形态之间发展。

◎交易策略有效性评估

表 29.1 展示在牛市中的测试结果。

其中，样本内一栏取自 1991 年 7 月至 1996 年 7 月的股票数据。样本外一栏和 200 日移动平均线一栏覆盖 1996 年到 2012 年 1 月的股票，数据库更大，筛选工作很粗糙。

未完结交易采用可用的最近一个收盘价。每次交易产生的佣金为 10 美元（一买一卖共 20 美元）。样本内与样本外期间的结果在许多方面都可比。样本内的成功 / 失败比率比样本外高 9%。

之所以出现这样的差距，可能是由于样本内交易次数是样本外的三倍。同样的原因也可以解释两者在持有时间上的不同。

表中显示的最大亏损 72% 的数据来自对 Coldwater Creek 公司股票的一次交易。我于 2009 年低价买进一个高双底。

初期形势大好，股价一度翻了三倍。但近几年遭遇麻烦，所有收益都打水漂。在买进之后，我没有追踪看跌的股价形态。所以当股价跌破股价形态时，我就被迫止损出局。

表格右栏展示另一个买进规则，也就是当突破价低于 200 日移动平均线时才入手。我采用的就是前文提到的样本外数据。

突破价高于 200 日移动平均线的股价形态表现较差。读者可能对这个结论有些意外，但这是我的亲身经历。

◎尾声

这一策略显示，用股价形态进行交易对中长线投资者来说盈利概率更大。

间短线操作。日内交易者则可以把股价

表 29.1 形态在牛市的测试结果

	样本内	样本外	< 200 SMA
交易次数	1 333	4 185	1 685
成功 / 失败比率	59%	48%	50%
平均盈利 / 亏损	27%	25%	26%
平均持有天数	325	254	247
最大亏损	-40%	-72%	-72%
平均盈利	52%	62%	63%
平均亏损	-11%	-11%	-11%

形态用作买进信号，于测量规则预测的目标价位抛出。若本书内容对你的股票投资有所帮助，也推荐给你的朋友吧。

祝你交易顺利。

自测题

判断下列表述是否正确：

1. 喇叭底受两条相交趋势线限制。

2. 下降三角形突破下跌，意味着价格将大幅下跌。

3. 图 29.1 中含有一个破裂下降三角形。

答案：1. 错误 2. 错误 3. 正确

附 录

股价形态术语

喇叭底
上升直角扩散形态
下降直角扩散形态
喇叭顶
上升喇叭口楔形
下降喇叭口楔形
急涨奔逃反转底
急涨奔逃反转顶
带柄杯形
倒置带柄杯形
死猫反弹
反向死猫反弹

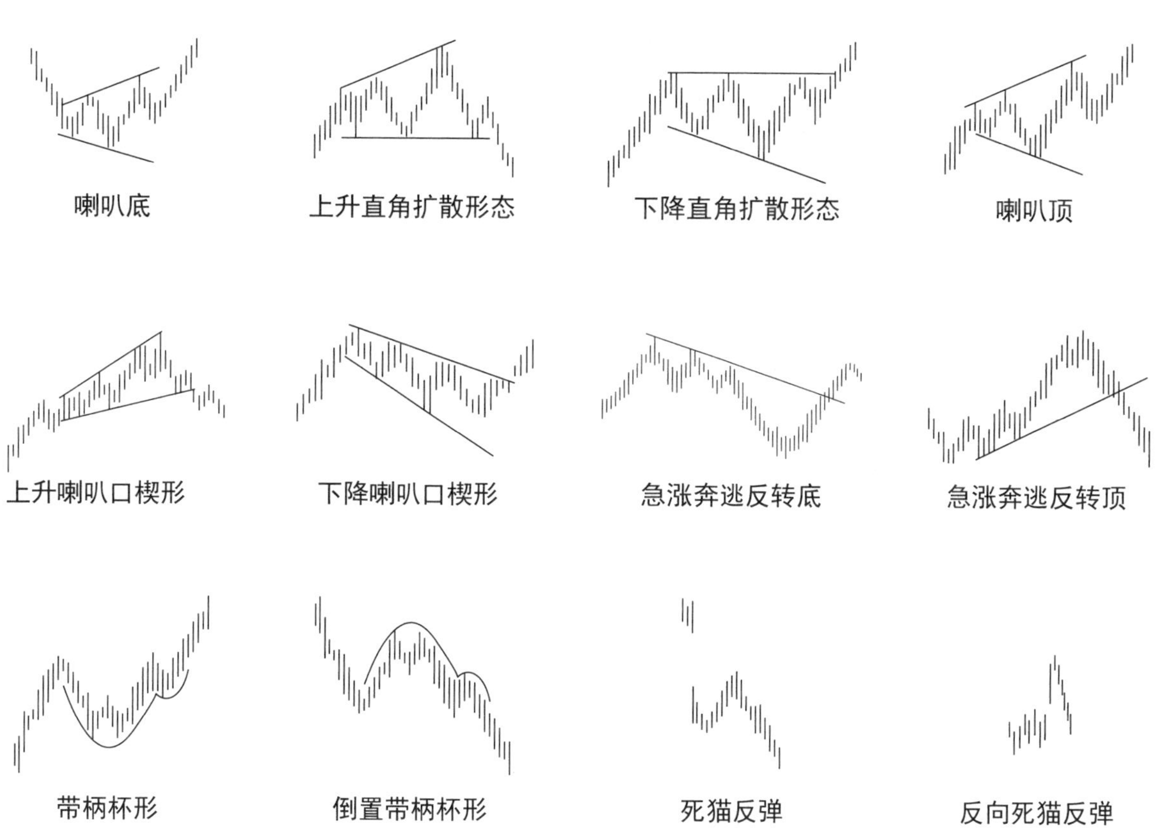

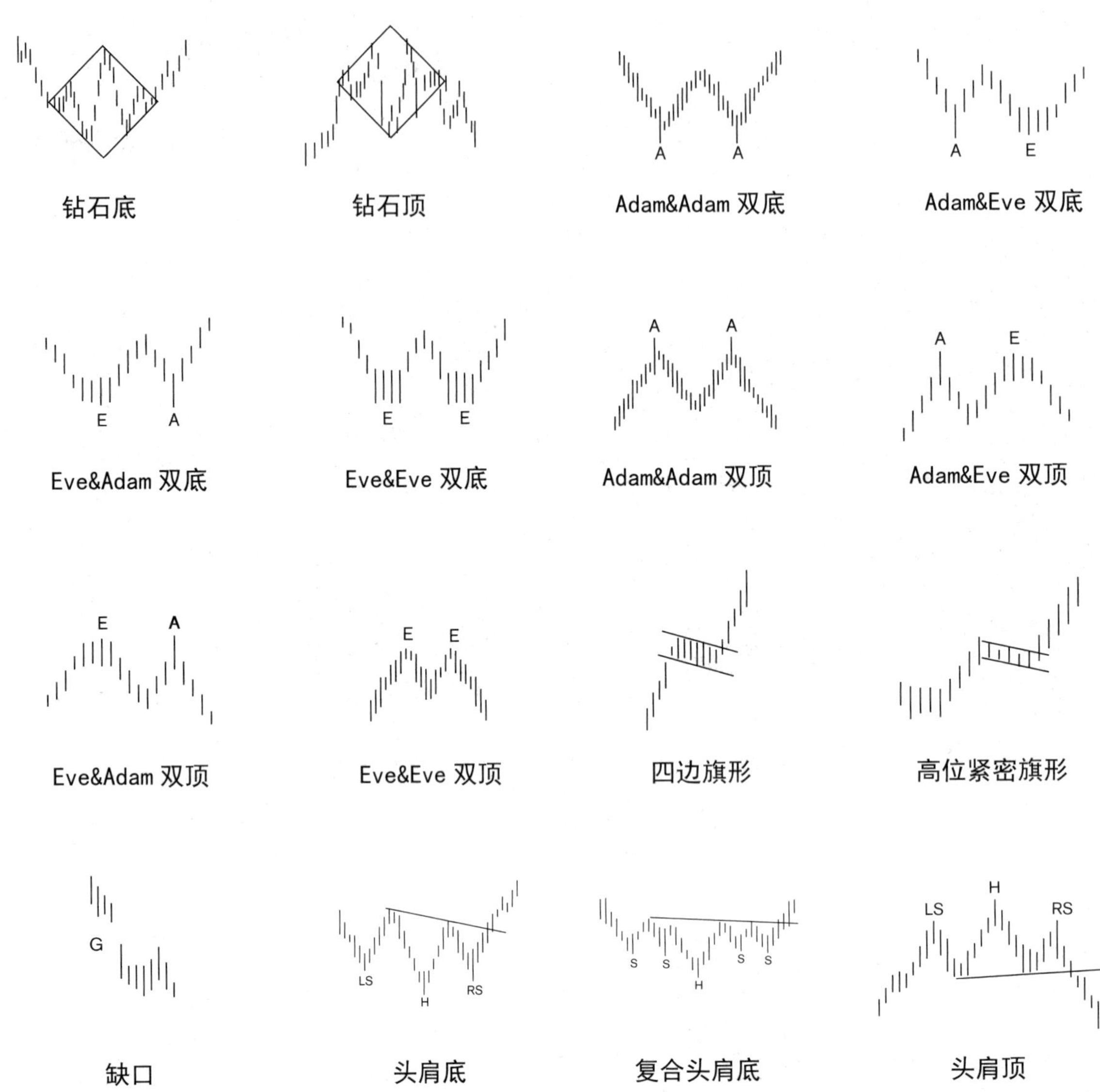
A
A
A
E
钻石底
钻石顶
Adam&Adam 双底
Adam&Eve 双底
E
A
E
E
A
A
A
E
Eve&Adam 双底
Eve&Eve 双底
Adam&Adam 双顶
Adam&Eve 双顶
E
A
E
E
Eve&Adam 双顶
Eve&Eve 双顶
四边旗形
高位紧密旗形
G
LS
H
RS
S
S
H
S
S
H
LS
RS
缺口
头肩底
复合头肩底
头肩顶

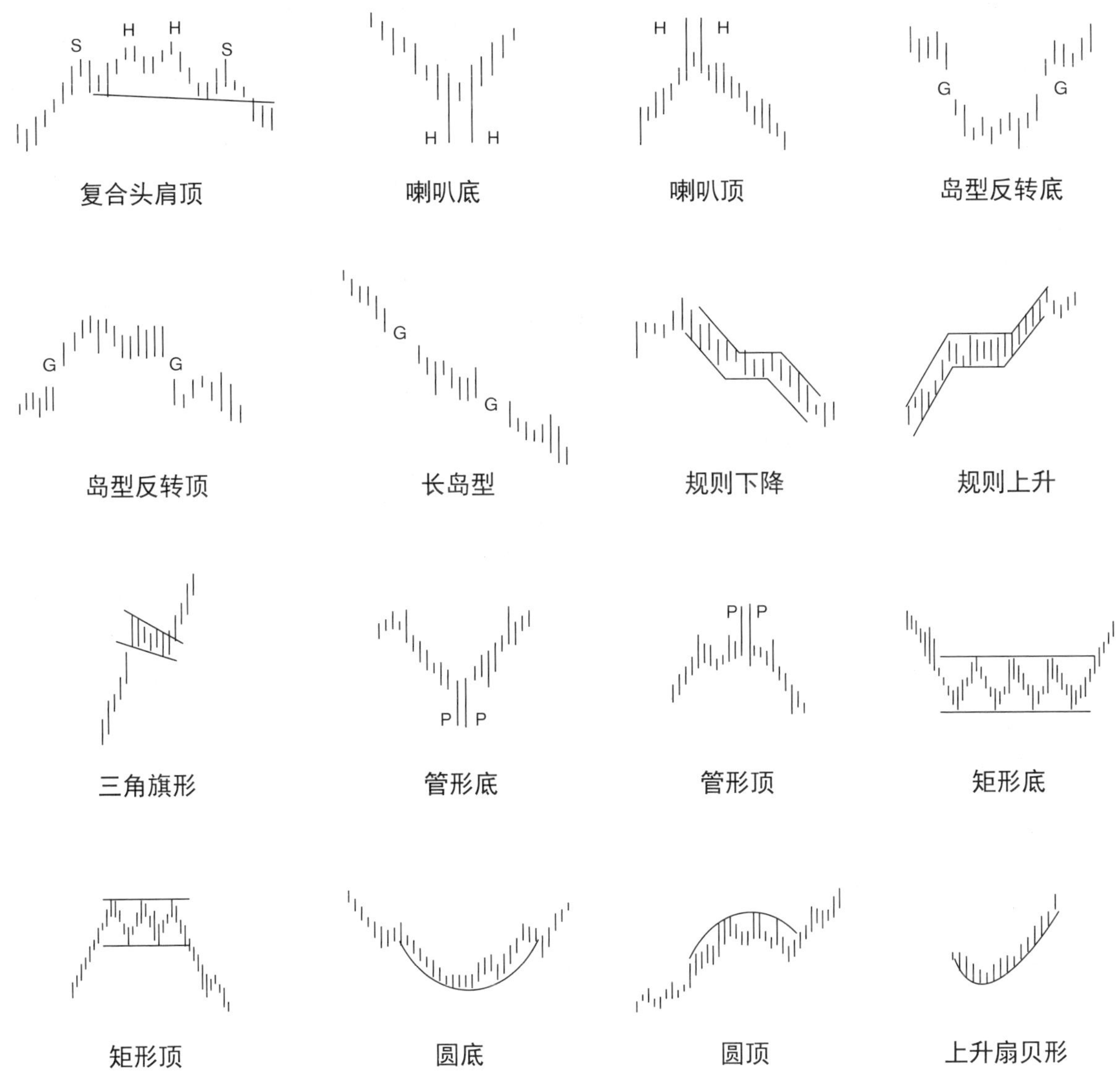
S
H
H
S
复合头肩顶
H
H
喇叭底
H
H
喇叭顶
G
G
岛型反转底
G
G
岛型反转顶
G
G
长岛型
规则下降
规则上升
三角旗形
P
P
管形底
P
P
管形顶
矩形底
矩形顶
圆底
圆顶
上升扇贝形

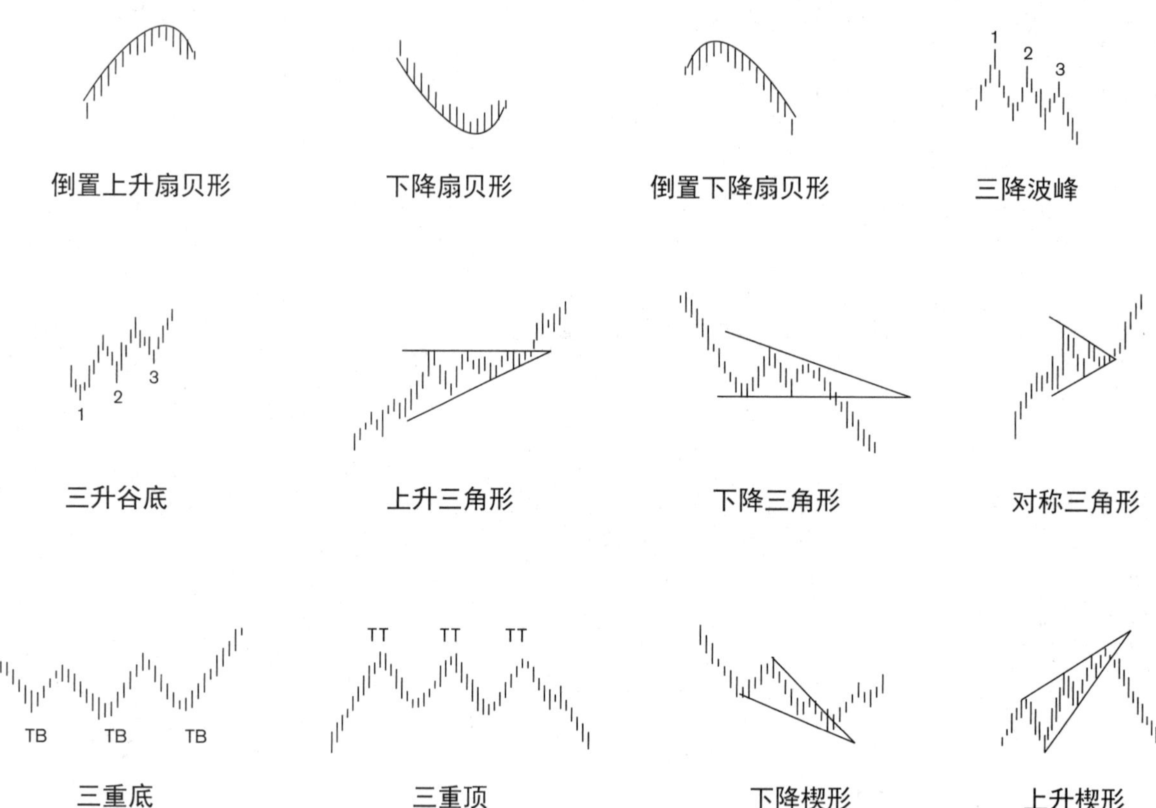
1
2
3
倒置上升扇贝形
下降扇贝形
倒置下降扇贝形
三降波峰
1
2
3
三升谷底
上升三角形
下降三角形
对称三角形
TB
TB
TB
TT
TT
TT
三重底
三重顶
下降楔形
上升楔形

致谢

我喜欢与优秀者同行。本书在约翰·威利出版社和帕梅拉·范·吉森的大力支持下得以顺利编写和出版。

感谢帕梅拉，也感谢出版社的其他工作人员：埃文·伯顿、梅格·弗里伯恩、克里斯·盖奇和史蒂芬·伊萨克。

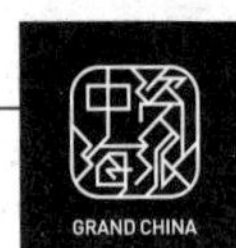

[美]杰西·C. 斯泰恩◎著

谭　浩◎译

定价：49.80 元

我如何在 28 个月内
用 4.8 万从股市赚到 680 万

雪球大 V 陶博士诚挚推荐。

最牛散户从零开始学炒股，成为互联网泡沫破裂后个人投资第一人。

详解创造财富奇迹的“面包 + 黄油”式简单选股交易法则。

作者的短期投资组合盈利率连创新高，真实再现账户从巨幅缩水到戏剧性翻盘的全过程。

[美]韦恩·戈尔曼

[美]杰弗里·肯尼迪◎著

罗　伟◎译

定价：59.80 元

透析股价运动的基本规律
精准把握股票买卖点

择时赚钱，还靠艾略特！

经典热卖作品《艾略特波浪理论》作者普莱切特亲自作序推荐。

研究股市技术分析的必读之作，经典波浪理论与股市实操指南完美结合的典范。

200 多幅高清交易图表，带你深度理解波浪理论的精髓。

GRAND CHINA PUBLISHING HOUSE

扫码购书

[美]帕特·多尔西◎著

刘寅龙◎译

定价：55.00 元

降低风险、提高获利的股市真规则

罗辑思维公号推荐。

当当投资理财畅销榜 top50。

晨星公司首度解密巴菲特的精准选股秘诀。

《股市真规则》作者经典著作，晨星公司创始人乔·曼斯威托亲自推荐。

教你学会寻找投资护城河，提前 20 年锁定下一个微软、腾讯！

扫码购书

[美]肯·费雪

[美]劳拉·霍夫曼斯◎著

刘寅龙◎译

定价：59.80 元

华尔街顶尖投资公司创始人战胜市场的选股策略

李大霄、但斌、刘建位联袂推荐。

详解沃伦·巴菲特和约翰·邓普顿极为推崇的证券投资理念。

“成长股投资策略之父”菲利普·费雪嫡系传人长期战胜市场的交易秘诀。

以交易为生的投资大师，帮你洞悉市场真相，掌握投资要义，获取超额收益，成为聪明的投资者。

GRAND CHINA

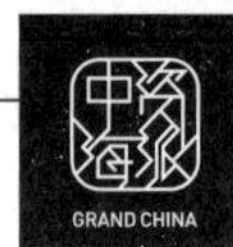

中　资　海　派　图　书

扫码购书

[加拿大] 塞巴斯蒂安・佩奇◎著

庞　鑫　黄　石◎译

桂　林◎专业审订

定价：99.80 元

机构投资者构建体系化的深度认知护城河
战略与战术性资产配置的底层逻辑新范式

《杰出投资者的顶层认知》是普信集团的顶尖资产配置专家塞巴斯蒂安・佩奇撰写，援引 200 多篇金融学家文章，融合马科维茨、萨缪尔森、威廉・夏普、默顿・米勒、罗伯特・希勒、罗伯特・恩格尔等众多诺贝尔经济学奖得主和前沿金融思想家的研究成果，赋予原本枯燥的资产配置理论鲜活的生命，诠释了资产配置、风险衡量和预测收益等领域最新的调查研究成果，带来了超越传统格局的投资新思维。

扫码购书

[美] J. 戴维・斯坦恩◎著

庞　鑫　刘寅龙◎译

定价：79.00 元

搭建投资创富的底层操作系统
练就长期投资成功必修基本功

《杰出投资者的底层认知》是一本通俗易懂却洞悉投资精髓的指南。在书中，斯坦恩提供了一个由 10 个简单、清晰问题构成的最优投资决策框架与流程，帮助我们对投资中所有重要的方面做出理性评估，纠正和避免各种常见的错误行为，并创造令人愉快的长期回报率。